项目资助

中国社会科学院"登峰计划"欧洲经济重点学科

中国社会科学院创新工程重大项目"欧洲经济增长与社会发展"

HISTOIRE DE
L'ÉCONOMIE
FRANÇAISE
DEPUIS 1945

战后法国经济简史

[法] 让—弗朗索瓦·艾克 著
Jean-François ECK

杨成玉 译

中国社会科学出版社

图字：01-2019-5622号

图书在版编目（CIP）数据

战后法国经济简史／（法）让-弗朗索瓦·艾克著；杨成玉译．—北京：中国社会科学出版社，2020.12
ISBN 978-7-5203-7109-4

Ⅰ.①战… Ⅱ.①让…②杨… Ⅲ.①经济史—法国 Ⅳ.①F156.59

中国版本图书馆 CIP 数据核字（2020）第 164099 号

Histoire de l'économie française depuis 1945 By Jean-François ECK
Armand Colin, 2004 for the 7th edition, Paris
ARMAND COLIN is a trademark of DUNOD Editeur-11, rue Paul Bert-92240 MALAKOFF.
Simplified Chinese language translation rights arranged through Divas International, Paris
巴黎迪法国际版权代理（www.divas-books.com）

出 版 人	赵剑英
责任编辑	赵　丽
责任校对	赵雪姣
责任印制	王　超

出　　版	中国社会科学出版社
社　　址	北京鼓楼西大街甲 158 号
邮　　编	100720
网　　址	http://www.csspw.cn
发 行 部	010-84083685
门 市 部	010-84029450
经　　销	新华书店及其他书店
印　　刷	北京明恒达印务有限公司
装　　订	廊坊市广阳区广增装订厂
版　　次	2020 年 12 月第 1 版
印　　次	2020 年 12 月第 1 次印刷
开　　本	710×1000　1/16
印　　张	14.25
字　　数	228 千字
定　　价	59.00 元

凡购买中国社会科学出版社图书，如有质量问题请与本社营销中心联系调换
电话：010-84083683
版权所有　侵权必究

译 者 按

　　2008年秋，当我第一次踏上法兰西土地，一切都是崭新而又陌生的。求知的我，欣然接受着法国所展示的一切，难以想象在未来的日子里，自己会与法国产生千丝万缕的联系，且其影响伴随我一生。

　　在法国4年的学习生活是精彩的，我接受了严谨的数学训练，掌握了前沿经济理论，体会了法国的文化与生活。期间，正值国际金融危机和欧洲债务危机时期，经济负增长、失业率高悬、社会矛盾突出，法国同学面临毕业即失业的窘境，我也体会到一个国家面临经济危机时的焦虑与失落。有人甚至断言法国将就此没落，但当时作为一名留学生，对于这些问题，我只是浅尝辄止，并没有系统地研究。

　　2018年春，由于各种机缘巧合，我有幸作为一名外交官来到中国驻法国大使馆工作。当再次踏上这片土地，一切既熟悉又陌生。熟悉感源于法国情结始终流淌在我生活的河流中，虽离开法国7年，但熟悉的语言、街景、美食犹在，时光仿似从未流逝。陌生感源于身份的转变，作为外交官，我需要做的工作有很多，其中，深入了解法国是必须的。在繁忙的外交工作中，我有了更多深入了解法国的机会，期间有幸走访各地，从北部里尔到南部尼斯、图卢兹，从东部斯特拉斯堡、里昂到西部波尔多、雷恩，从总统府、总理府到议会再到各智库、高校，从银行到企业再到乡村，从核能、芯片、光学研发中心到产学研教育体系再到小农户养殖经验，无不颠覆我对法国的认知，脑海中呈现出与记忆不一样的法国——一个坚守传统与不断革新并存的法国，一个保护与竞争的法国，一个坚持主权与融入全球化的法国，一个发展中有着丰富经验与教训的法国。

　　驻外工作期间，我深刻认识到法国研究还有很多地方值得挖掘。以往的法国研究往往侧重于语言文学、哲学、历史、民族学等领域，不可否认，法国在该些领域有很多可取之处、过人之处，但很多领域的研究还可以更加深入，例如对法国经济的研究。因语言限制，国内经济领域学者鲜有针对法国经济的研究。虽然与英美德比较，法国经济实力相对落后，但不代表没有独特性和参考价值。无论经济模式还是科技体系，法国都独立于欧美，自成一体。

法国是第一个提出宏观经济五年计划的西方大国，11个发展计划贯穿战后经济的繁荣与衰退，一度被其他西方国家模仿借鉴；农业被视为"王牌"，独特的地理优势孕育出多样性的农产品，虽在一定程度上得益于欧盟共同农业政策补贴，但其农产品品质极具国际竞争力，红酒、肉制品、奶制品出口世界各地；战后产业政策培育出了世界著名的"工业之花"，直至今日，民用核电、航空航天、生物技术、高速铁路、医药、环保产业依然享誉世界；服务业出口强劲，零售、旅游、金融等优势部门背后是法国的灿烂历史、得天独厚的旅游资源和路易·威登、罗斯柴尔德等家族的支撑。此外，不同于欧美普遍奉行的新自由主义，法国是西方国家中最具国家干预经济传统的国家，战后很长一段时期保留着统制经济特色。目前政府干预经济活动犹存，国有化程度依然很高。同时，法国坚持科技独立，拥有交通运输、航天、核能、高铁、军工等关键产业的全价值链体系，在西方大国中独树一帜。

中国正处于实现社会主义现代化的关键攻坚期。作为"过来人"，法国做法（或选择）对中国经济发展而言具有一定的参考作用和借鉴意义。例如，如何优化宏观经济计划，让其更好地服务于社会经济发展？如何解决"三农"问题？如何建立现代化工业体系？如何打通产学研通道，实现基础研究和科技创新的有机结合？如何管理国有企业，在其更好地服务于国计民生的同时实现国有资产的保值增值？如何在进一步深化对外开放的同时，保护工业体系的独立性？如何处理好产业政策与竞争政策之间的关系？在百年未有之大变局背景下，如何维护国家经济主权，应对美元霸权和域外法权？这些都是法国"曾经走过的路"。

对法国经济的研究将为中国未来发展带来一定的启示，这也是翻译本书的出发点。

译者按

本书为法国经济学家、法国经济咨询委员会委员、法兰西银行咨询委员会委员让—弗朗索瓦·艾克（Jean-Francois ECK）所著，从第一版开始便畅销法国。该书目前发行至第七版，以时间、产业、问题为脉络分析了法国经济从1945—2003年的发展历程，涵盖农业一体化、工业政策、通胀、失业、融入全球化等内容。译者希望通过本书，能够更好地帮助中国政界、学界及广大读者理解战后法国经济重建与复苏、腾飞与扩张、危机与停滞、成功与教训，同时也希望该书对于新时期优化中国经济发展、深化中法经贸关系起到一定的积极作用。

诚然，该书的遗憾之处也是非常明显的。该书仅分析至2003年，缺少2003年之后法国经济18年间的发展历程。在这18年间，世界经济环境发生了翻天覆地的变化，经济全球化迅猛发展，产业间分工深化将世界各国连接得更为紧密。在某些方面，18年间的变化甚至超过了20世纪后五十年的改变。其间，法国经济分享了欧洲单一市场、经济全球化的发展红利，遭遇了国际金融危机和欧洲债务危机，经历了经济从持续向好到负增长再到艰难复苏的困境。希望通过本书对法国经济"来龙去脉"的梳理，读者能客观理解其历史进程，并对未来相关研究起到补充作用。未来旨在两个方面取得突破，一是宏观经济层面，研究法国经济近年来发展模式和脉络，分析法国经济现状及对未来进行展望；二是发展经验层面，研究法国独特的治国理政经验，与中国国情结合进行经验借鉴分析，如农业产业链、国有企业管理、科技研发等。

本书翻译于驻外工作期间，其顺利完成离不开使馆各位同事的大力支持、中国社会科学院欧洲研究所学术委员会的认可及所提供的出版资助，在此一并感谢。

愿中法友谊长存！

2020年3月4日
于巴黎

目　　录

第一部分　发展

第一章　重建、现代化与封闭（1944—1958年） …………（3）
　　一　前所未有的增长 ……………………………………（3）
　　二　政府与经济增长 ……………………………………（12）
　　三　形势发展 ……………………………………………（20）

第二章　开放的机遇和局限（1959—1973年） ……………（29）
　　一　全新的阶段 …………………………………………（29）
　　二　重塑结构性政策 ……………………………………（36）
　　三　周期政策的成功与失败 ……………………………（44）

第三章　世界危机、欧洲危机与法国危机（1974年后）…（48）
　　一　增长的中止 …………………………………………（48）
　　二　经济周期性演进中的政府 …………………………（58）
　　三　政府角色必须重新定义 ……………………………（63）

第二部分　主要产业

第四章　农业 …………………………………………………（77）
　　一　跨时代的农业 ………………………………………（77）
　　二　复杂演变的结果 ……………………………………（83）
　　三　寻找解决措施 ………………………………………（89）

第五章　工业的优劣势 ………………………………………（95）
　　一　工业实力的根基 ……………………………………（95）

二　国有成分 …………………………………………（108）
　　三　危机的影响 ………………………………………（119）
第六章　向第三产业过渡 ………………………………（131）
　　一　异质性部门的发展 ………………………………（131）
　　二　第三产业的基本面及存在的问题 ………………（138）
　　三　金融中介的特殊性 ………………………………（144）

第三部分　问题

第七章　通货膨胀 ………………………………………（157）
　　一　频繁出现 …………………………………………（157）
　　二　比其他国家更加根深蒂固的原因 ………………（166）
　　三　多重影响 …………………………………………（173）
第八章　失业 ……………………………………………（183）
　　一　三大因素 …………………………………………（183）
　　二　国家采取的措施 …………………………………（190）
　　三　失业率不可逆转地上涨 …………………………（196）
第九章　融入全球化 ……………………………………（199）
　　一　难以平衡的国际收支 ……………………………（199）
　　二　回归平衡的条件 …………………………………（207）

编年表 ……………………………………………………（217）

第一部分

发　　展

第一章

重建、现代化与封闭（1944—1958年）

一 前所未有的增长

1. 戏剧性的变化

1944年9月，当戴高乐将军组建临时政府之时，法国经济正处于风雨飘摇之中。由于部分人口还在德国充当战俘，法国国内劳动力匮乏。受轰炸破坏、燃料和原材料匮乏这些因素之影响，当时法国工业生产水平仅略高于战前水平的三分之一。虽然在战争期间农业产值降幅较小，但农民自给、交通瘫痪等因素使得城市食品供应严重不足，外汇、船只和港口缺乏亦导致无法依靠进口缓解压力。物资短缺、市场隔阂及物价管控不力导致法国年均通货膨胀率高达约30%。在此情形下，改善民众生存条件、重建基础设施、推进经济现代化等经济任务显得极为迫切，但又困难重重。与此同时，此时的法国还面临其他困境。首先，第二次世界大战抵抗德国纳粹的战争消耗了大量国家资源。其次，解放法兰西的革命氛围促使法国人民倾全国之力来肃清贝当派分子，检举从黑市获利的农民和商人，报复破坏人民阵线、支持维希政权甚至是通敌卖国的资本家。

然而，1958年9月，也就是约15年之后，戴高乐在"五一三"危机之际重新上台执政，以全民公投的方式通过了《法兰西第五共和国宪法》，给法国带来奇迹般的经济变革，工业生产蒸蒸日上，工业产值较战前水平翻了一番。一些几乎完全不为人知的产业飞速发展，如家用电器、石油化工和电子制造业。材料设备更新换代的速度可以与其他工业大国媲美。在法国乡村，科技现代化、农业集约化以及生产率的提高为法国未来成为"农业强国"奠定了基础。更重要的是，法国人民即刻感受到了生活环境的变化，他们进入了曾经专属于盎格鲁－撒克逊或斯堪的纳维亚国家的大众消费时代。1956年，雷诺·道芬①和法国万能牌②咖啡研磨机问世，电视机的销量在4年间增加了10倍，合成纺织品改变了传统的穿衣习惯，生活水平提高的种种迹象与第二次世界大战后初期贫困潦倒的情景形成鲜明对比。尽管经济存在不稳定性，殖民战争期间进口高额的军事装备耗费了超过1/4的财政支出，国际收支长期的不稳定阻碍货物贸易和资本流动的自由化，但这些巨大的转变依然发生了。

1944—1958年的经济增长带动了这一转变，这段时期与战前也就是1929—1938年国内生产总值下降的状况截然不同，也与19世纪微弱的经济增长趋势差异巨大，特别是发展规律发生了深刻变化。20世纪初的经济发展屡次被严重的危机中断，并走向经济大萧条③。相反，1945年后开始的增长仅仅经历了几次周期性放缓，例如在1948—1949年、1952年及1958—1959年，但整体上经济增长始终呈现上升趋势。法国历史上第一次进入长达30年的经济增长期，直到第一次石油危机④后的1975年才结束。在这段时期，尽管法国的经济增长率处于国际中等水平，但仍高于除了日本和意大利之外的其他工业大国。

如表1－1所示，除去1944—1949年由于战后重建而人为拉高的经济增长率之外，1950—1959年的国内生产总值增长速度依然高于盎格鲁－撒克逊国家，但明显低于战败国。因此用"法国奇迹"来形容这十年，未免有点牵强。20世纪60年代法国经济呈现加速上升的趋势才

---

① 雷诺·道芬（Renault Dauphine）为法国雷诺汽车厂1956年3月出产的一种车型，该车型于1967年停产。——译者

② 法国万能（Moulinex）是法国厨用小家电品牌。——译者

③ 经济大萧条是指1929—1933年全球性的经济大衰退，是第二次世界大战前最为严重的世界性经济衰退。——译者

④ 1973年10月，第四次中东战争爆发，为打击以色列及其支持者，OPEC成员于当年12月宣布收回石油标价权，并将其原油价格从每桶3.011美元提高到10.651美元，从而触发了第二次世界大战之后最严重的全球经济危机。——译者

真正开启了"黄金三十年"①的巨大发展期。而20世纪50年代的经济活力依然不可否认，它与政治变化毫不相干。在1958—1959年政权发生变化的时候，新一阶段的经济增长也同时出现，但这并不是由政权变化引起的，而是来自外部环境的彻底转变。1957年《罗马条约》②的签署开启了欧洲共同市场，法国经济摆脱了持续近四分之三个世纪的保护主义，外部环境突然改变是法国经济全新变革的关键动力。

表1-1　　　　1950—1973年主要工业国家经济年均增长率　　　　（%）

	1950—1959年	1960—1973年
法国	4.6	5.5
英国	3.0	3.2
美国	3.5	3.9
意大利	5.4	5.1
联邦德国	8.6	4.8
日本	9.5	10.5

2. 发展的背景

事实上，在1959年以前，法国长期处在保护主义的封闭中。除了少数成功的对外贸易尝试之外，法国历届政府维持着《梅利纳法案》③传承下的关税保护主义以及1939年制定的外汇管控政策。法国进口商必须持有许可证才能从法兰西银行④的外汇管制局获得外汇，法兰西银行同时也将法国出口商的外汇收入兑换成法郎，这些出口商要在优先满足内需的条件下才能获得出口许可证。至于非贸易活动（借贷、直接投

---

① 黄金三十年是指第二次世界大战结束后1945—1975年这段时期。在这30年间，法国经济快速增长，并且建立了高度发达的社会福利体系。法国国民工资大幅提高，重新拥有全球高水平的生活品质。但在1973年石油危机爆发之后，法国经济增长减缓，黄金三十年亦随之结束。——译者

② 《罗马条约》，正式官方名称为《建立欧洲经济共同体条约》，创立了欧洲经济共同体，于1958年1月1日生效。该条约于1957年3月25日由比利时、法国、意大利、卢森堡、荷兰及西德签署通过。——译者

③ 费利克斯·朱尔·梅利纳（Félix Jules Méline, 1838—1925），1896—1898年任法国总理。最具标志性的事件是1892年由他提议实行的农产品贸易保护措施"梅利纳关税"。——译者

④ 法兰西银行是法国的中央银行。——译者

资和证券投资、外汇和黄金交易），则需要财政部的预先批准，否则就会被禁止。

通过执行这样的政策，法国基本上在国际处于"孤立"状态。作为 1948 年《哈瓦那宪章》①的签署国之一，法国维持着与《关税与贸易总协定》②原则截然相反的限额制度：除了 1954—1955 年以及 1957 年 6 月—1958 年 10 月之外，法国其他时期的自由贸易比例（无限额进口所占份额）极低，甚至为零。作为 1950 年建立的欧洲支付同盟③的成员国之一，法国没有履行 1955 年签署的《欧洲货币协定》④要求，反而采取了与英镑和马克截然相反的管制措施，规定非法国公民不得将法郎兑换为外币且不可向境外转移。在法国提出"舒曼计划"⑤后，欧洲煤钢共同体⑥建立，之后法国与另外 5 个成员国又进行了墨西拿会议⑦，建立了欧洲经济共同体⑧。《罗马条约》在 1959 年 1 月 1 日生效，此时的法国似乎没有做好取消关税和贸易限额的准备。

法国做出这个选择的原因是多方面的。诚然，要结束百年来的传统会不可避免地遇到一些困难，贸易保护主义为一些利益集团提供赖以生存的"土壤"，利益集团将不遗余力地施加压力抵制改革。除此之外，

---

① 1947 年 11 月至 1948 年 3 月，在哈瓦那举行的联合国贸易和就业会议审议通过了《国际贸易组织宪章》，又称《哈瓦那宪章》。——译者

② 《关税与贸易总协定》，简称"关贸总协定"，是在布雷顿森林体系中为了规范和促进国际贸易和发展而缔结的国际协定。——译者

③ 欧洲支付同盟是西欧国家的多边清算组织。1950 年 7 月建立，主要任务是为了解决当时西欧国家外汇收支的困难，通过发展多边清算体系促进对外贸易。——译者

④ 《欧洲货币协定》于 1955 年 8 月签订，以新的国际收支制度代替欧洲支付同盟，协议于 1958 年 12 月执行。——译者

⑤ 舒曼计划是 1950 年 5 月 9 日法国外交部长罗贝尔·舒曼在一次记者招待会上公布的一个计划，建议把法国、德国的全部煤钢生产置于一个其他欧洲国家都可参加的高级联营机构的管制之下，各成员国之间的煤钢流通将立即免除一切关税。——译者

⑥ 1951 年 4 月 18 日通过《巴黎条约》成立，1952 年 7 月 23 日生效。根据条约规定，成员国无须缴纳关税而直接取得煤和钢的生产原料。欧洲煤钢共同体的缔约国有法国、西德、意大利、比利时、荷兰及卢森堡。——译者

⑦ 墨西拿会议是欧洲煤钢共同体成员国外交部长级会议。1955 年 6 月 1—2 日在意大利的墨西拿（Messina）举行。——译者

⑧ 法国、联邦德国、意大利、荷兰、比利时和卢森堡 6 国于 1957 年 3 月在罗马签订《建立欧洲经济共同体条约》，1958 年 1 月 1 日欧洲经济共同体成立，总部设在布鲁塞尔。——译者

我们也可以看到法国的保护主义具有其自身逻辑和内在协调性。

首先，贸易保护主义符合法国与殖民地之间的优先贸易关系。从1928年起，殖民地在长达30年的时间里一直是法国本土的首要贸易伙伴。

其次，维持封闭的贸易体系能够保障法国经济在稳定的内部环境中扩张。不同于20世纪多次法郎贬值导致对外出口大幅增加、经济迅速增长，战后法国经济发展活力主要源于内部市场，且受益于家庭消费快速增长和居民生活水平明显改善。1950年法国人均国民生产总值仅为美国的30%，1960年上升至47%。同样，企业投资与十年前相比也更具活力，1938年企业投资仅占国民生产总值的16%，1944—1959年增长至20%。

最后，对外封闭能够保证政府执行干预性的经济政策。政府保护本国企业利益不受外国竞争的影响，几乎不鼓励企业参与对外竞争。国家政策往往对通货膨胀保持宽容态度，从而刺激经济增长，有时甚至会主动追求通胀率的提升。与此同时，政府通过发行国债或从法兰西银行贷款，来平衡数额巨大的财政赤字，也就是通过或快或慢的方法实现货币扩张。正是通过这些财政支出，国家才能够实现基础设施现代化、刺激生产并改善社会不平衡。正是国家的决定性干预使得重建工作能够快速进行。国家干预政策使得工业、农业分别在1948年和1950年恢复到战前水平。20世纪50年代法国在计划经济下完成了"华丽转变"，这样的发展是在对全球竞争开放的经济框架下永远不可能实现的。总之，通过保护主义政策，法国实现了这一时期最重要的经济发展目标。

3. 增长的局限性

深受19世纪经济结构影响的法国，战后十年间真能发生如此变化吗？经济增长是否带来了生产结构的彻底改变？过去状态的持续像是现代经济观察者的"眼中钉"，他们将法国形容为一个僵化落后的国家，事实上观念固化来自于几个外在表现，这些症状注定要随着时间的流逝才能部分消除。

如表1-2所示，十年间，法国经济结构几乎没有发生改变。尽管能源、交通、大型基础工业都实现了令人惊讶的发展，农业产量也大幅增加，但每个领域在国内生产总值中所占的比重在十年间几乎保持不变。

表1-2　　　　　　1945—1959年法国经济结构　　　　　　（%）

细分部分占国内生产总值份额	1949年	1959年	细分产业占劳动人口份额	1949年	1959年
农业	12.8	11.1	第一产业	29.2	22.1
农产品和食品加工业	7.9	7.3	第二产业	35	35.2
能源	5.3	6.8	第三产业	35.8	42.7
制造业	31	33.1			
建筑业	8.5	8.1			
交通和通信业	6.6	6.6			
贸易	12.5	12.2			
其他服务业	15.4	14.8			
总额	100	100	总额	100	100

"黄金三十年"法国经济增长的原因

生产要素论。提高生产要素是任何经济发展的必要条件。

（1）劳动要素：雇佣员工人数增加、工作时间延长、更高水平的教育和职业移民使劳动力质量提升，低产量部门的劳动力（如农业）向其他高产量部门的劳动力（如资本品工业）转移；

（2）资本要素：由于投资以及资本使用和更新条件的改善，资本总量上升。

劳动和资本根据不同产业和技术以不同的比例相结合，使生产力大幅提升。按照劳动、资本或全部要素来估算，生产力提升是经济增长最主要的原因。

让·雅克·卡雷[①]、保罗·迪布瓦[②]和埃德蒙·马兰沃[③]三位学者在1972年出版的《法国经济增长》一书中认同上述观点，他们衡量出每

[①] 让·雅克·卡雷（Jean—Jacques Carré, 1945—　），法国经济学家。——译者
[②] 保罗·迪布瓦（Paul Dubois, 1950—　），法国经济学家。——译者
[③] 埃德蒙·马兰沃（Edmond Malinvaud, 1923—2015），法国经济学家，曾任法国国家统计与经济研究所所长。——译者

第一章　重建、现代化与封闭（1944—1958年）

个生产要素在不同时期对法国经济增长的贡献，如下表1-3所示。

表1-3　　　　不同时期各生产要素对法国经济增长的贡献　　　　（%）

对经济增长的贡献（年均）	1929—1951年	1951—1973年	1973—1984年
就业人数	-0.30	0.15	-0.30
工作时长	-0.15	-0.30	-0.80
劳动力质量	0.30	0.40	0.70
职业移民	0.10	0.50	0.30
资本总量	0.15	1.30	1.30
资本寿命与使用时长	-0.05	0.25	-1.25
剩余要素	0.85	3.10	2.25
国内生产总值增长率	0.90	5.40	2.20

如表1-3所示，1951—1973年，法国就业人数几乎没有增加。尽管从1965年开始，越来越多的年轻人进入就业市场，但他们的职业生涯开始得较晚，并且平均工作时间有所缩短。在质量方面，经济增长得益于更高的教育水平和大量劳动力在行业之间的转移。总体来说，劳动要素的影响非常微弱。由于投资率提高，资本要素相对劳动要素来说，影响更大。

用经济增长率减去劳动和资本的贡献后得出的"剩余要素"对经济增长的贡献达到60%。这是因为引进新的生产方式、更加高效的企业管理、企业规模壮大以及技术进步等因素将劳动与资本更好地结合起来，促进了经济规模效应发挥作用。作为"黄金三十年"经济增长的主要动力之一，技术进步在1973年后依然持续发挥着促进作用。1973年后经济增长放缓，不仅取决于生产要素的约束，而且还受到其他因素的影响。

全球需求论。这种解释与前一种理论密不可分，但它没有从资本要素角度分析，而是结合凯恩斯主义，分析全球需求的增加对经济增长的促进作用。

（1）家庭消费受消费需求限制，人们不会在工资上涨之后将可用于储蓄的部分用于消费。1951—1973年，国家为了大力刺激家庭消费，通过社会福利（补贴、退休金、社会保障金）对劳动（工资、补贴、酬金）和资本（农业、工业和商业利润、利息、股息）的名义收入进行补充。国家抑制物价上涨使其不超过名义收入的增长。消费需求随着人口增长（直到20世纪60年代中期）、城市化和社会转型（进入大众消费）而更加持续。

（2）企业（资本品订购）以及家庭（住房）和行政机关（集体基础设施）的投资为其他经济部门（中间产品和资本品工业、建筑、公共工程）创造了需求。这类投资带来的经济增长事实上超过该领域所占的市场份额（投资乘数理论）。1951—1973年，在战后重建完成后，社会投资依然保持在很高的水平，不仅因为企业和政府希望实现现代化，而且资本相对有利的价格也促使机器逐渐在生产过程中取代了人工。

（3）从出口贸易角度，国际市场带来的需求。从1959年开始，出口贸易成为拉动经济增长的主要动力之一，该动力受宏观政策影响较小，主要取决于贸易伙伴的经济活力、法国与外国的相对价格水平以及专业化出口的程度。

（4）一些非常重要但无法量化的因素也为经济增长做出贡献：国家实行中长期计划经济政策，提高了宏观经济信息的公信力、大幅降低了经济风险；倾向于经济扩张的思想出现；对外开放和政府政策所带来的市场竞争，在使产品价格下降的同时，也使薪资、利率、能源和原材料成本降低。

因此，法国"黄金30年"的经济增长是一系列因素相互影响的结果，即供需关系、资本与劳动、消费与投资、内部因素与外部因素、经济发展的自然趋势与政府政策的指导方向。

虽然战后现代化建设与第二次世界大战前的经济衰退形成鲜明对比，但在1959年的一项国际研究显示，法国投资总额占国内生产总值比例在14个工业化国家中仅排在第10名，企业集聚程度并无实质性进展。在冶金等领域仅有的几项成果难以令人满意（如1948年成立齐诺尔钢铁公司、1950年成立西代尔钢铁公司），而且这些操作仅局限于合并生产单位，并未在集团内部以优化效率方式进行重组。即便丰厚的军民两用订单保证了经济的欣欣向荣，但冶金、海事建设和纺织业并没有抓住机遇对生产结构进行深层次重组。是否应当责备关税保护使这些产业隔绝于世界其他地区？对于纺织业而言，确实如此。马塞尔·布萨克①彼时尚能利用他成立于30年代的庞大经济帝国服务上流社会、施加政治影响，但对于冶金业则不然，1951年欧洲煤钢共同体的成立直接将法国冶金业暴露于欧洲竞争之中。

事实上，人们的思想几乎没有发生变化。企业管理者还没有完全相信经济增长的潜在趋势。1952—1953年，大部分企业领导者认为，经济增长减缓实际上是战后重建和朝鲜战争之后经济发展重回正常状态的表现。直到后来，经济扩张才成为一种显而易见的趋势，即使最微弱的节奏放缓都会引起人们的不安。

封闭的贸易体系使一些个体能够得以幸存，而之后他们必须用这样或那样的方法逐渐适应，比如小商人、手工业者以及转向自给自足的农业种植者。这些个体不再跟得上经济发展的节奏，1953—1955年，他们面对稳定的价格却表现出不满，从而引发了布热德运动②。

通货膨胀能够增加商业利润，提升手工制品的定价和农产品价格，在没有通货膨胀的情况下，这些个体无法维持现状。因此，法国为了保留一定的社会独特性而尽力维持一定的通胀水平，但同时使得通过国际竞争和出口刺激促进经济增长之路变得困难。20世纪50年代法国的出口占法国国内生产总值的比重低于20世纪20年代，并呈现持续下降趋势（1951年占12%，1960年占11.4%），与西德的出口发展趋势（1951年占12%，1960年占16%）截然相反，因此观察家对于法国未来的怀疑态度可以理解。1944—1958年，法国做好了进行深层次结构性改革的准备，但最终并没有进行改革。作为战后重建的重要责任人和现代化的创造者，政府决定着这一时期的发展。这仅仅是法国经济步入现代化的一个阶段，这一阶段具有决定性的作用，但并不意味着现代化就此完成。

---

① 马塞尔·布萨克（Marcel Boussac，1889—1980），法国企业家，纺织业巨头。——译者
② 1956年，法国掀起的一场以小商人、手工业者为主体的右翼运动。——译者

二 政府与经济增长

1. 设规立矩

此时的经济发展受到了很大程度的国家干预：政府单独制定重要的发展目标，并寻找措施达成这些目标。由于历史、意识形态和实践因素等综合影响，统制经济成为法国解放之初的经济体制。这种体制只有出现危机并遭受批评时才会逐步被改变。

指示性计划是统制经济最独特的体现，也因此将法国与其他资本主义大国区分开来。但统制经济与社会主义经济体制有所不同。社会主义经济体制将发展目标强加给企业，中央政府会为其提供必要的劳动力、原材料和资本等生产要素支持，而企业仅保持完成计划所必需的独立性。而法国的计划仅限于做出预测，对于经济主体来说，即使最后计划没有实现也并不会导致任何后果。统制经济只是政府将传统的激励政策按照实际情况进行调整，如减免税收、财政贴息、政府采购、津贴、补助金等。即使统制经济试图在国家、雇主和员工之间建立一种新型的关系，与市场经济也毫不冲突。除了国家在预算选择、经济政策方向以及对国有企业下达的指令中对自身有所限制外，统制经济再无其他限制。

计划的概念在法国并不是一个新生事物。很早之前，汇集了多元视野的多个思想流派便从计划经济中看到了帮助法国走出 20 世纪 30 年代经济危机的道路。在维希政府时期，"计划经济理论" 只能吸引反对自由个人主义的政客，但是他们也为心系现代化的技术官僚提供了机会。1942 年，弗朗索瓦·勒伊德①领导的团队制定出《国家装备十年计划》，但并未执行。法国民族抵抗运动委员会也提出能够实现 "真正的经济与社会民主" 的战后经济计划。这些因素最终促使法国在 1946 年 1 月成

---

① 弗朗索瓦·勒伊德（François Lehideux，1904—1998），法国工业家，维希政府成员。路易·雷诺的侄女婿以及雷诺工厂的负责人。——译者

立国家计划署。其第一任署长让·莫内①在两次世界大战期间作为商人和社会活动家在与同盟国的合作中扮演了重要角色。他在法国领导人中的威望以及与美国的良好关系保证了计划署工作的顺利推进。美国提供的援助成为法国非常重要的资金来源，使法国能够将第一次计划的有效期从 4 年延长至 6 年，直到马歇尔计划②结束（如表 1 - 4 所示）。1952 年，让·莫内成为欧洲煤钢共同体高层管理局主席，随后任命其曾经的属下艾蒂安·伊尔施（Étienne Hirsh）为继任者，彼时的计划总署已蓬勃兴盛。

指示性计划构想之初是为了让美国相信马歇尔计划的援助资金会得到充分的运用。计划最初负责制定发展目标和量化性指标，后来逐渐成为总体预测、调控增长、达到平衡目标的工具，以期经济增长保持均衡。在计划准备期，政府、雇主和工会代表聚集于现代化工作委员会，通过协商讨论的方式使各方就经济增长的可能性和局限性达成共识。然而，议会代表并不能参与制定计划，只能投票通过法案，因此民主未能得到尊重。此外，出于时局性的考虑，政府不时推迟制订经济发展计划，尤其是在 1952—1953 年（第二份计划筹备延后导致计划执行延后一年）和 1958—1959 年（紧缩政策导致第三份计划未达成预期）。

1945 年以前，法国几乎不存在国有部门和国有企业。仅存的国企局限于以下几个领域：工商业（如西塔③、PTT④）、19 世纪成立的特殊金融机构（如法国信托局和法国土地信贷银行）、处理 1919 年德国战败赔付物资的企业（如国营阿尔萨斯钾碱矿业公司⑤、国家氮化工局⑥）、

---

① 让·莫内（Jean Monnet，1888—1979），法国政治经济学家、外交家，被认为是欧洲一体化的主要设计师及欧盟创始人之一。——译者

② 马歇尔计划，官方名称为"欧洲复兴计划"，是第二次世界大战后美国对战争破坏后的西欧各国进行经济援助、协助重建的计划，对欧洲国家的发展和世界政治格局产生了深远影响。——译者

③ 法国烟草专卖局（SEITA），已于 1995 年初实施私有化。——译者

④ PTT，即邮政、电报和电话局，成立于 1921 年的国营企业，后分立为法国邮政和法国电信。——译者

⑤ 国营阿尔萨斯钾碱矿业公司是一家成立于 1910 年的公司，该公司在法国东部阿尔萨斯地区开采钾矿提炼钾肥。——译者

⑥ 国家氮化工局，1919 年由法国政府建立，负责使用哈伯法合成氨，和平时期主要生产氮肥。——译者

表1-4　1947—1961年法国经济计划

时间	规划负责人	制定方式	目标	结果
第一个计划 1947—1953年	让·莫内	组建18个现代化委员会协助计划署 完全不受议会控制	8个优先发展部门 ·煤炭 ·电力 ·钢铁 ·水泥 ·交通 ·农业机械 ·石油 ·氮肥 相比1929年，1950年工业产值提高25%	部门发展目标实现，产量增幅从87%（钢铁）到115%（石油） 截至1950年工业产值未能达到1929年水平，但到1952年比1929年反超12%
第二个计划 1954—1957年	艾蒂安·伊尔施	组建24个现代化委员会协助计划署 由议会检查执行（根据1956年法令）	工业和农业产值年均增速达4.4% 鼓励生产力，科研及手工业转型	超额完成目标（实际增速5.4%） 公共财政，外汇市场及劳动力市场失衡
第三个计划 1958—1961年	艾蒂安·伊尔施 之后为皮埃尔·马塞①（从1959年开始）	组建25个现代化委员会协助计划署 完全不受议会控制（除涉及公共拨款的立程序外）	经济年均增速达4.7% 恢复内部和外部经济平衡 鼓励发展公共、卫生和教育基础设施	目标未能实现（实际增为3.8%）

① 皮埃尔·马塞（Pierre Massé，1898—1987），法国经济学家，工程师。——译者

20 世纪 30 年代国有化形成的一些混合所有制公司（如法国大西洋海运公司、法国航空、法国国家铁路公司以及一些军工企业）。

到法国解放时，国有企业的发展与政治、意识形态和经济等因素复杂交织。因此，社会并存几种国有化类型：一是"惩罚性国有化"，用于惩罚一些通敌的大规模工业企业（如雷诺、斯奈克玛公司①的前身飞机发动机制造商尼奥姆罗纳公司②）；二是基础部门国有化，以实现全国抵抗运动委员会预想的将主要生产资料收归国有的计划（如法国煤炭公司、法国电力公司、法国燃气公司）；三是信贷银行和保险公司国有化，以调动现代化所需的资金来源（如法兰西银行、法国里昂信贷银行、法国兴业银行、法国国民工商银行③、巴黎全国贴现局④及 11 家保险集团）。然而，反资本主义的意志与对经济现代化的追求之间似乎没有牢不可破的界限，正是私人资本主义的失败才使得国家干预基础设施现代化建设变得不可或缺。

此外，国有部门的扩张也源于政府在私人资本不关注的领域建立了企业。例如，在第二次世界大战爆发前夕（1939 年建立国有石油开发公司⑤）及维希政府时期（1941 年建立国有阿基坦石油公司⑥），政府将国有部门力量投入法国本土和殖民地区的石油资源勘探中，并在 1951 年发现了拉克⑦的天然气资源，在 1956 年发现了哈西迈萨乌德⑧的石油资源。为了和平使用核能，法国政府于 1945 年成立了原子能委员会。除此之外，一些民生工程也由混合所有制企业完成，例如 1955 年为解决葡萄单一种植导致的土壤问题而成立的罗纳—朗格多克国家公司（CNARBRL）。

---

① 斯奈克玛公司（Snecma S. A.），是总部位于法国库尔库罗纳的飞机和火箭发动机制造商。——译者
② 尼奥姆罗纳公司，成立于 1915 年，是法国主要的飞机发动机制造商。——译者
③ 法国国民工商银行，成立于 1932 年 4 月，后与另外 3 家银行组成了法国巴黎银行。——译者
④ 巴黎全国贴现局，成立于 1848 年，后与另外 3 家银行组成了法国巴黎银行。——译者
⑤ 国有石油开发公司，后合并为埃尔夫阿基坦公司。——译者
⑥ 国有阿基坦石油公司，后合并为埃尔夫阿基坦公司。——译者
⑦ 拉克是法国比利牛斯—大西洋省的一个市镇。——译者
⑧ 哈西迈萨乌德是阿尔及利亚瓦尔格拉省的一个镇。——译者

如此大规模建立的国有部门在 20 世纪 50 年代的经济扩张中发挥了重要作用。如果没有煤炭工人进行的"煤炭生产大作战"①，没有法国铁路公司实现的铁路电气化［尤其是在瓦朗谢讷（Valenciennes）②到蒂永维尔（Thionville）③ 的运输干线］，没有法国电力公司在水利建设方面的努力，战后重建和现代化就永远无法达到如此庞大的规模。如果没有像雷诺这样的国有企业，家庭生活水平也无法快速提高。雷诺公司领导人抛弃传统汽车发展战略，认为汽车应面向更广大的消费群体，促使私营汽车企业追随其步伐。1946 年，雷诺推出 4CV 款小轿车 2 年后，雪铁龙随即推出 2CV 款小轿车，后者在战前即研发问世，但曾被认为不具备市场推广能力。此外，雷诺公司因其劳资对话政策成为法国"社会模式之窗"。1955 年，"雷诺协约"规定员工工资与企业产量增长挂钩、给予员工每年 3 周带薪休假，成为集体协约的范本。很快，其他大型公司开始效仿并启发了政府相关举措。没有人能想到，1945 年的没收充公和政治报复为法国带来了一个模范企业，日后成为引领法国工业活力和社会进步的领军力量。

2. 经济刺激政策

国家不仅局限于规划经济发展方向，还通过两种决定性手段达到经济最大限度地增长，即生产要素和维持内需。

在生产要素方面，政府首先需要解决就业人口不足的问题。在这一时期，法国劳动力人口数量一直停滞在不到 2000 万人的水平，低于 20 世纪 30 年代，对于飞速发展的经济来说，这样的人口规模严重不足。直到 1939 年，法国都长期承受着停滞不前的人口数量带来的不利影响。尽管出生率明显上涨，但婴儿潮对于劳动力市场的贡献直到 20 世纪 60 年代中期才开始显现。因此，人们希望求助于移民，从 1945 年开始，移民事项由法国移民局负责，包括对外国劳动力的集中管理、给外国雇

---

① 第二次世界大战后，法国煤炭资源短缺，在国家的动员下，30 万名煤炭工人奋力工作，每天生产 10 万吨煤，成为帮助法国战后重建、刺激经济发展的英雄。——译者
② 瓦朗谢讷是法国北部诺尔省的市镇和副省会，位于斯凯尔特河畔。——译者
③ 蒂永维尔是法国洛林大区摩泽尔省的市镇，位于摩泽尔河左岸，邻近卢森堡。——译者

员发放工作许可证等，但当时的移民规模远不如 20 世纪 60 年代。1946 年的人口普查显示，定居在法国的外国人口数量明显少于 1931 年（1946 年占总人口数的 4.4%，而 1931 年占 7.1%）。1962 年的人口普查结果表明，外国人口仅占总人口数的 4.7%，并且基本上都是 1945 年前定居法国的移民后代，这些移民来自邻国（如比利时）或很久以来与法国保持密切联系的国家（如波兰），还有一些出于经济之外的原因来到法国的移民（如反佛朗哥①的西班牙人、反法西斯的意大利人）。

　　为了使明显不足的就业人口达到最佳生产效率，劳动群体必须付出艰辛的努力。法国也成为所有西方工业化国家中，唯一没有减少总工作时长的国家。自 1956 年起，尽管带薪假期从两周延长至三周，每周的工作时间却从 1946 年的 44 个小时增加到 1962 年的 46 个小时，并且法律允许可以最多增加到 60 个小时。虽然 1946 年颁布的法律一度重新建立起被维希政府取消的每周 40 小时工作原则，但提高了企业管理者能够强迫员工加班的比例上限。法国还利用跨领域、跨地域劳动力转移，将劳动力由落后地区或低产能领域向现代工业领域转移。最后，由于其他发展要素限制，政府不能显著提高职业培训投入，但也利用一切资源刺激现有资本的更新和有效利用。于是，团队协作的工作方式得到了普及，如在纺织工业领域，1960 年实行"三班倒"的员工数量是 1950 年的两倍。人们开始采用一些新的制造方式，如在钢铁工业领域，吨钢综合能耗降低减少了高炉消耗的焦炭量，热轧方法则提高了机器制造钢板的产量。一些设备也得以从国外进口，例如雷诺公司从美国购买了连续自动工作机床。从 1948 年起，一些企业考察团前去美国，在企业实习或担任工程师、领导或工人。1954 年，生产力委员会成立，后被归入 1959 年成立的经济计划部门。上述措施均反映出法国政府在战后重建期间高度重视集体努力和发挥工人的自主性，而非将其忽视，正如同 1947 年末那样，工人的力量曾得到法国共产党和法国总工会的有效组织。

---

　　① 弗朗西斯科·佛朗哥（Francisco Franco，1892—1975），西班牙内战期间推翻民主共和国的民族主义军队领袖、西班牙国家元首，自 1939 年开始到 1975 年独裁统治西班牙长达 30 多年之久。——译者

除了增加生产要素，政府还在努力维持内需。家庭消费通过社会保障体系的建立得以维持。1945年之前，法国的社会保障体系不但不健全，还会随着就业部门的不同而变化，与其他工业化国家相比显得落后且不完善。解放后，法国建立了覆盖全体国民的全面社会保障体系，包含医疗、养老、伤残和生育四大保险。当然刚开始只有领薪人员受益，但国家发放的数额能够保证转移支付、社会公正、促进生育以及支持内需等综合目标的实现，尤其是在经济增速放缓时期。此外，解放后开始设立的家庭收支商数（quotient familial）减少了多人口家庭的收入税。1947年设立最低工资标准，1950年更名为各行业最低工资保障（SMIG），并于1952年与通货膨胀率挂钩，以保证居民购买力得到保障。1945年建立新型劳资社会关系，通过设立企业委员会增强工会影响力，工会因此成为职业选举首轮唯一有权推举候选人的机构，以此推动员工薪资增长、拉动居民消费。

法国是凯恩斯主义国家吗？法国奉行非常积极的投资政策，为国有和私营的基础部门、大企业提供拨款或长期贷款。用于拨款和贷款的这部分资金来自于税收、贷款以及最重要的1948—1952年马歇尔计划的援助。美国免费向法兰西银行提供美元，法兰西银行再将其卖给美元资产购买者以发行法郎。这些"与马歇尔援助计划等价"的法郎使得法兰西银行有能力给国库贷款，由国库将其贷给政府认为需要优先发展的一些产业领域。这个流通过程确保了法国一方面引进了急需的美元资产，另一方面也为现代化建设提供了长期的资金支持。

从1953—1955年开始，在担任财政部长并在之后成为总理的埃德加—让·弗雷①的推动下，由国库直接贷款逐渐被其他机构的措施所取代。政府主张减少投资预算、减轻通货膨胀和财政赤字，将负担转向大型国有金融机构。与政府不同，这些机构拥有稳定的储蓄收入。国家信贷银行、房地产信贷银行、酒店业信贷银行、国家市场基金会等机构参与其中，在各自的领域为没有政府直接保障的投资提供资金。其中，由

---

① 埃德加—让·弗雷（Edgar—Jean Faure，1908—1988），法国律师、政治家、散文家、历史学家和传记作者。两次担任法兰西第四共和国总理，也是第五共和国时期最著名的戴高乐支持者。——译者

第一章　重建、现代化与封闭（1944—1958 年）

弗朗索瓦·布洛克—莱恩①领导的法国储蓄及信托银行利用其巨大的资金体量承担起"商业银行家"的投资角色。从 1816 年成立之初，这家银行就管理着公证人资金，1931 年起管理了储蓄银行积累的资金，从 1945 年起又先后管理社会保障机构、养老机构、保险公司和公积金机构的收入。法国储蓄及信托银行将这些资金转变成长期贷款，用于帮助社会住房建设、地方政府设备采购以及大型交通基础设施建设。

除此之外，法国政府还通过多种方式保障私人投资。例如，对企业的支出给予补贴，使其能够留有一部分自筹资金（如 1951 年通过的旨在帮助海事建设的《德弗雷②法》），以及通过财政贴息弥补市场利率和某些领域借款人（如农业现代化、住房、工业设备）享受的优惠利率之间的差额。另外，1954 年设立了增值税制度，实施刺激性税收措施，允许企业将购买设备时支付的税款从销售税中扣除。

总体看来，向企业提供长期贷款的著名大型储蓄银行面临着家庭储蓄不足的问题。因此在这段时期里，国家的优势在于能够以直接或间接的方式掌控不同渠道的资金，以资助经济扩张所需的投资。

人们已经注意到这样一个事实：1944 年后的经济政策变化表明统制经济在逐渐放宽。解放后，国家干预无处不在。但是在 1958 年，法国国家层面表现出对市场机制更多的尊重以及保证其良好运行的愿望。自此，政治变化也成为转变的一部分，政治波动是经济制度转型的原因之一。自 1947 年起，中间派和右翼政治家接连执掌财政部长职位（只在 1956—1957 年由左翼社会党人执掌）。该时期的政府摒弃统制经济体制，主要源于对经济发展状况的不满。商业银行储蓄增多以及政府不得已压缩财政赤字，导致国家投资占总投资的比例持续下降。战后重建初期，国家投资一度占比巨大，但此后迅速由 1949 年的 47% 下降至 1951 年的 33% 和 1958 年的 23%。一些国有化成果令人失望，1945 年国有化后的大型储蓄银行仍延续传统发展方向，将资金投放到短期商业贷款，对于

---

① 弗朗索瓦·布洛克—莱恩（François Bloch—Lainé，1912—2002），法国高级官员，1952 年 12 月 4 日—1967 年 7 月 12 日担任法国储蓄及信托银行行长。——译者

② 加斯通·德弗雷（Gaston Defferre，1910—1986），法国政治家，在法兰西第四共和国和第五共和国时期多次担任议员和部长。帮助船舶制造业的《德弗雷法》是其在 1951 年担任商业海运部长时制定并通过的。——译者

长期发展较为短视。当然，在与私营领域竞争激烈的情况下，国有企业或许没有其他选择。最后一点也是最重要的原因，从1954年起，法国经济持续增长，伴随危机和战争而产生的统制经济体制因而显得过时。从此，人们更注重经济计划的指导性而非目的性作用，明白了国有部门更希望以最少的成本获得补贴而不是进行大量投入生产。归根结底，经济的快速发展使经济基础逐渐得以修正，也正是这些基础又使经济发展成了可能。战后快速的经济发展又反过来促使人们反思来时的路。

三　形势发展

1. 管理手段

1944—1958年，政府在经济政策上具有相对宽松的操作空间。劳动力匮乏消除了失业问题，封闭的对外贸易体制导致法国的通货膨胀水平和国际收支逆差高于开放的经济体。然而，法国经济发展进程中极具不稳定性，政策调整往往是棘手的问题，一直在可能导致经济过热的复苏政策和限制现代化的紧缩政策之间不停摇摆。

事实上，无论采取多么重大的政策措施都无法避免经济的不稳定。从1945年开始，法国在传统的财政和货币政策基础上又加入了大量干预手段：一是控制贷款。国家信贷委员会将银行业代表集结在财政部长和法兰西银行行长周围，共同决定利率；二是控制物价。1945年行政令要求政府在任何时候禁止物价上涨，或通过征税的方式决定上涨幅度，抑或将物价浮动置于监控之下（按行业确定物价涨幅，但政府有权随时叫停）；三是控制薪资。1950年以前，政府部门通常直接主导薪资水平，之后政府转向只控制最低工资涨幅。

在政府机构设置方面，除了传统负责财政、预算、国库和债务管理的财政部以外，法国于1944年成立经济部，负责物价、薪资和对外关系。早在1936年，政府便开始谋划这一创举，但因职能分工和人员竞争问题一度陷入困境。1947年起，财政部和经济部由同一位部长统管。与此同时，技术部委的数量不断增加，除了第二次世界大战前已存在的农业部、公共工程部、贸易部、劳动部之外，新增了工业部、重建部、补给部、人口部等"花销"部委，导致财政部的监督更加严苛。在凯恩斯主义的影响下，国家机器进一步完善。1946年成立的国家统计局与1950年财政部内部的经济和金融研究局合并，成立了国家层面的统计部门——国家统计与经济研究所（INSEE），旨在建立统一的宏观经济预测机制。至此，1939年以前形成的经济规划机制逐渐消失。不过，政府真的因此提高执政效率了吗？

2. 战后重建时期（1944—1948年）

飞速发展的恶性通货膨胀引起了严重的问题，影响着政府的决策，更高速的通货膨胀则仅仅发生在像德国或意大利这些因战败严重影响的国家。一切问题好像都加速了通货膨胀的恶化，比如资源短缺，法国货币供应量骤增到战时的5倍，过重的公共支出负担造成的财政赤字在军费支出的影响下雪上加霜（1945年军费支出占财政总支出的43%，到1948年依然占28%）。同时私人储蓄匮乏使得国家不得不依赖于法兰西银行的贷款。外汇的缺乏则限制了进口，这可能是唯一快速提高供给的办法。与此同时，在被德国占领期间滋生的黑市交易被延续下来，政府的价格管制因此形同虚设。

从1945年1月开始，临时政府总理戴高乐将军做出了一项现在看来后果非常严重的决定。与经济部长皮埃尔·孟代斯－弗朗斯[1]建议的紧缩政策相比（即通过票币兑换和银行账户冻结提取3/4的现金，征收资本税，完全冻结物价和工资[2]），戴高乐将军更倾向于财政部长勒内·普莱文[3]所坚持的灵活政策，即可自由兑换现金；虽成立"解放借贷"，但仅控制1/3的现金；虽设立国家团结税，但可在未来十年内支付；物价和薪资在监管下自由浮动。为何戴高乐将军会采取如此不明确的政策？除了可以假设他轻视经济工作之外，还要考虑到当时存在的其他问题，尤其是在戴高乐将军看来最为重要的对外政策问题。当时的大

---

[1] 皮埃尔·孟代斯－弗朗斯（Pierre Mendès—France, 1907—1982），犹太裔政治家，第二次世界大战期间被德国监禁但成功逃狱并加入自由法国运动。——译者
[2] 政府在特定条件下采取的抑制物价上涨的强制性措施。——译者
[3] 勒内·普莱文（René Pleven, 1901—1993），法国政治家，两度出任法兰西第四共和国总理（1950—1951年、1951—1952年）。——译者

众舆论反对紧缩政策，尤其是共产党和社会党等左翼政党担心紧缩政策将加剧贫困。

　　戴高乐将军的政策带来了严重的后果。通货膨胀急剧恶化，粮食供应匮乏，在解放时被取消的面包配额制度被重新设立，且每日份额较纳粹占领时期更低；薪资涨幅被物价上涨所抵消，政府既管控物价又调整薪资水平，导致经济陷入毁灭性循环，仅1946年一年就连续进行了4次薪资调整。法郎官方价值较1940年贬值63%，在黑市实际贬值达到80%。

　　直到三党制度终结、1948—1949年美国经济衰退导致国际经济形势变化以及新的政治条件滋生，法国重新采取紧缩的经济政策。

　　1948年1月由舒曼政府发起的"勒内·麦耶计划"① 不但逻辑严密，而且具有创新性。舒曼政府认为，前任政府只顾提升政府管制，向企业提供补偿性补贴，但造成公共财政赤字高企，不得不通过增发货币的方式发放补贴，结果严重损害了经济的健康发展。"勒内·麦耶计划"以调控物价为主要手段，取消了大部分管制，甚至允许国有企业大幅提高商品价格，短期内通货膨胀的风险在中期将由市场经济复苏带来的红利弥补，使得私营企业重新找回利润空间、国有企业账务得到平衡。"勒内·麦耶计划"同时减少了公共预算，大幅削减了公务员数量和企业补偿性补贴。最后，通过多元汇率制度贬值法郎、限制进口、吸引国际资本进入法国。此外，还恢复了巴黎黄金自由交易市场，并对流出法国的避税资本进行赦免。

　　该计划取得了积极的成效，通货膨胀得到控制。尽管只实施了一段时间，但取得的效果依然令人惊叹：经济增速虽然减半但足以满足现代化建设的需求，战后重建工作得以完成，配额制度被取消，经济衰退得以避免，经济增长基础不断优化。

3. 第一阶段增长周期（1949—1953年中期）

　　起初，经济形势在短期内保持稳定，通胀水平虽高但呈逐渐下降趋

---

　　① 勒内·麦耶（René Mayer, 1895—1972），法兰西第四共和国激进派政治家。——译者

势。温和派财政部长亨利·奎维尔①、莫里斯·派特什②等掌管财政政策，通过逐渐减少财政赤字、恢复贸易平衡等手段，使法郎汇率恢复到稳定水平并持续8年之久。即便如此，1950年6月仍出现了一次通货膨胀导致的经济过热。朝鲜战争引起原材料价格暴涨，导致企业成本价格上升，再次打破对外贸易平衡。分崩离析的"第三力量"③政府无法阻止生产者尤其是农业种植者要求价格上涨的呼声，继而通过频繁上调最低保障工资来维持收入上涨。此时由于支持越南独立同盟会④，第一次印度支那战争也开始变得艰难，这些都导致了军费支出上涨。而购买军备物资也加剧了外汇流失。

安托万·皮奈⑤在1952年3月至12月采取多种不兼容的措施稳定国内经济。为了降低物价，他既采取了自由经济的手段，同时又借助于统制经济的约束力；与资本家会面的同时也听取小商贩的意见；此外还强制降低煤炭、肉类、牛奶以及肥料价格，甚至强制将物价冻结4个月（1952年9—12月）。为了解决现金过剩的问题，他主导发行了大量低利率长期国债（60年期，3.5%），通过将国债偿还价值与拿破仑金币⑥挂钩以及免除购买者需缴纳的继承税等方式增加国债吸引力。与此同时，他任由银行放贷快于经济增速，以保证温和的贴现率。最后，为了减少财政赤字，他大量削减公共开支，使得公共投资水平自1945年以来首次下降。不过，他没有选择提高税收压力，也没有努力达到国家财政的绝对平衡。

安托万·皮奈采取的经济政策带来的结果是喜忧参半的。1952年

---

① 亨利·奎维尔（Henri Queuille，1884—1970），法国激进党政治家，在法兰西第三和第四共和国时期多次担任政府部长。第二次世界大战后，他曾三次担任法国总理。——译者

② 莫里斯·派特什（Maurice Petsche，1895—1951），法国政治家。——译者

③ "第三力量"是法兰西第四共和国时期由社会党、人民共和党、激进党以及温和派组成的联合政府。——译者

④ 越南独立同盟会，于1941年成立。1941年5月10日，印度支那共产党中央委员会第八次会议在高平省河广县北坡村召开，胡志明主持会议。会议决定发展游击战争，成立"越南独立同盟会"。该同盟会的目的是要带领越南脱离法国的殖民统治，以及抵抗日军的入侵。——译者

⑤ 安托万·皮奈（Antoine Pinay，1891—1994），法国保守派政治家。1952年2月—1953年1月担任法国总理。——译者

⑥ 法兰西第二共和国时期发行价值20元法郎的金币。——译者

物价涨势退潮，1953年明显下降，并在随后两年保持稳定。通胀在4年内保持停滞，1953年甚至实现战后唯一一次物价下降。然而，家庭储蓄上升幅度偏小，仅由1950年占家庭可支配收入的9%上升至1952年的12%。财政赤字也未得到有效控制，占GDP比例在一年内增长了1/3。更严重的是，皮奈的政策导致经济在1953年明显放缓。虽不是经济衰退，但几乎停滞的经济增长为现代化进程按下了"暂停键"。这一令人担忧的结果显示出法国经济结构依旧脆弱，难以维持经济的长期增长。然而对公众而言，皮奈是使物价降低的人。在经济、社会和政治等各领域的"皮奈神话"都凸显了皮奈的现象级成功。

4. 第二阶段增长周期（1953年中期—1958年）

这一阶段的最初三年经济发展顺利，被担任过财政部长并在1953—1955年担任总理的埃德加·弗雷（Edgar Faure）称为"在稳定中发展"。他比前几任总理都更加相信低水平通货膨胀下的经济持续发展是可以实现的。安托万·皮奈时期的稳定物价一直延续，因此埃德加·弗雷能够放心大胆地在1954年2月推行为期18个月的投资计划，其中包括降低利率、减免税收以及推动住房建设。通过削减预算，他将财政赤字控制在了通过非货币政策就能够轻松降低的水平。上述成果推动其进一步采取长期行动，如工业去中心化、组织农业市场、设立增值税，创造有利于竞争的营商环境。经历过政策徘徊和困难期后，法国经济终于实现决定性增长。1955年，法国的对外贸易终于在1926年之后第一次出现贸易顺差，贸易自由化程度也在3年内从18%上升至80%，算是实现了欧洲一体化（墨西拿会议）的期望。

"皮奈神话"

安托万·皮奈于1958—1959年在戴高乐政府任财政部长，是法兰西第四共和国的关键人物。直到他去世以前，法国一大批政治家在重大决策前都向他咨询，似乎他能够传递智慧和幸运。不可否认，皮奈为欧洲一体化等众多领域做出了重大贡献，但他最大的成功还是在1952年率领法国成功抗击通货膨胀。

第一章　重建、现代化与封闭（1944—1958年）

然而，这一举措的经济学意义却是模糊的。通货膨胀停滞对于当代人来说是个奇迹，在当时却是全球性现象，特别是朝鲜战争后在西方国家内部具有一致性。一些目标之所以达成，只是因为经济放缓或一些具有争议性的人为操作，例如认购大量公共金融资产以保持经济中长期贷款规模。

这代表着自由主义回归吗？正如1926—1929年担任财政部长的雷蒙·庞加莱①，安托万·皮奈允许推迟启动第二个经济计划，也忽略了经济现代化。他重视储蓄和货币稳定，拒绝通过贬值来刺激出口。正如战后其他政治人物，皮奈不阻碍银行增发贷款、容忍财政适当赤字，并且身边围绕着许多主张现代化的高级公务员。

那么，他会是一个善于利用财政赤字避免经济衰退的"伪装起来的凯恩斯主义者"吗？事实上，安托万·皮奈只是在承受而非刻意追求财政赤字的影响。经济减缓带来的税收降低以及第一次印度支那战争产生的大规模财政支出使其无法建立财政收支平衡。当某些观察者发现扩张性财政政策与鼓励私营企业积极性可以共存时，他是否就应该与这些观察者站在同样的角度将自己变成一位像罗纳德·威尔逊·里根②那样的先驱者呢？这是一件可能性极小的事情。

至少"经验"带来的社会和政治影响是非常清晰的。作为自解放以来被排除在国家管理体系之外的右派议会成员，安托万·皮奈取得这样的成就得益于中产阶级的信任。皮奈本身作为圣尚翁③（法国卢瓦尔省）一家制革厂的老板，代表了外省保守派资本家的立场，然而众多企业老板、高层管理人员和高级政府官员都纷纷指责他阻断了经济发展。与此同时，小商贩又不满于价格的稳定而发起了布热德运动。因此可以说有多少人支持皮奈就有多少人反对他。皮奈既保持传统又是一位革新

---

① 雷蒙·庞加莱（Raymond Poincaré，1869—1934），法国政治家。1912—1913年担任法国总理和外交部长；1913—1920年担任法兰西第三共和国的总统；1922—1924年与1926—1929年再次出任总理。——译者

② 罗纳德·威尔逊·里根（Ronald Wilson Reagan，1911—2004），美国政治家，第40任美国总统，第33任加利福尼亚州州长。他的演说风格高明而极具说服力，被媒体誉为"伟大的沟通者"，美国人心目中最伟大的总统之一。——译者

③ 圣尚翁是法国卢瓦尔省的一个市镇，位于该省南部。——译者

者，身处政府机关却又反对议会的最高权力，他完美地体现出一位坚持法兰西第三共和国财政原则的自由主义右派内心的犹豫，但随着实用主义战胜热情，皮奈还是逐渐接受了经济发展的趋势性和必要性。

1956—1957 年，通胀浪潮使一切陷入困境，阿尔及利亚战争对经济的冲击比印度支那战争更大。尽管军费支出在财政支出中的份额有所减轻（1953 年占 34%，1956 年占 28%），但派遣部队作战使得劳动人口数量减少，并刺激了薪资上涨。另外，由于英法两国对纳赛尔①的反对行动，苏伊士运河被暂时封闭，导致国际石油价格上涨，企业因此需要承受上升的成本。最终，国家军工业无法满足武器尤其是直升机的需求，因此增加的进口量再次造成对外贸易的不平衡。

1956 年 1 月，左派掌权导致更严重的通货膨胀。社会政策（改善老年人福利、提高公务员待遇、实行三周带薪休假）的恢复加重了财政赤字和企业负担，金融界对政府政策表示质疑，长期国债因此不受欢迎。此外，时任财政部长的保罗·拉马迪埃②推行失败的物价政策，通过管制物价和征税掩盖了通胀规模。虽然没有出现最严重的物价上涨，但是通胀周期被人为拉长。政府对生产者的补偿性补贴也导致财政赤字进一步加剧。对内层面，物价和薪资收入交替上升，国家似乎又回到了 1948 年以前的管理模式，例如根据农业的必要供给和农业相关行业薪资水平计算农产品保障价格。对外则请求美国的帮助，将让·莫奈派往美国进出口银行考察，在国际货币基金组织最初分配的提款权被用尽之后，政府就借助额外援助来整顿国家债务。

政策的失败使民众对法兰西第四共和国失去信心。不过从 1957 年 6 月开始，第四共和国的领导人之一，任财政部长之后又成为总理的弗里

---

① 贾迈勒·阿卜杜·纳赛尔（Gamal Abdel Nasser，1918—1970），阿拉伯埃及共和国的第二任总统，1952—1970 年埃及实际最高领导人。纳赛尔被认为是历史上最重要的阿拉伯领导人之一。他执政期间，曾是阿拉伯民族主义的倡导者。——译者

② 保罗·拉马迪埃（Paul Ramadier，1888—1961），法兰西第三和第四共和国时期左翼法国社会党著名的政治人物。1947 年 1—11 月任第四共和国第一任总理。1952—1955 年任国际劳工局局长，在国际劳动运动中深具影响力。——译者

第一章 重建、现代化与封闭（1944—1958年）

克斯·盖拉德·戴梅①率先开始严格的经济重振行动，为一年后戴高乐将军将皮奈召回财政部奠定了基础。戴高乐将军将皮奈再次任命为财政部长，虽然机构内部发生变化，但经济发展政策仍在延续。这种延续性在与价格有关的政策中得到了体现。弗里克斯·盖拉德如同1948年的勒内·麦耶一样专注于重建市场机制，发动了"真实价格行动"，取消了多项税费，以阻止通货膨胀。安托万·皮奈则进一步提高行动力度，在1958年12月禁止对除了最低保障工资以外的任何价格和工资进行调整。针对现金的政策也同样得以延续，弗里克斯·盖拉德在1958年第一次实行了信贷限制政策，冻结了银行贷款。安托万·皮奈维持了这一政策，并采用与1952年相同的方式开始大量发行以黄金做担保的第二期国债。在财政政策方面，弗里克斯·盖拉德和安托万·皮奈都削减了多项开支（如私营企业补贴、国有企业赤字保证金、社会拨款，其中包括1958年遭受批评的取消退伍军人退休金），同时通过调整个人所得税、提高公司税率、增加多项间接税等措施，在两年内将税收收入提高了近1/3。上述政策极大削减了财政赤字。自1959年起，财政赤字不再仅仅依赖于国库贷款。要知道在此之前，法国税收收入甚至难以抵消绝对开支。

1958年12月，经济政策出现了决定性的变化——实行对外开放。18个月之前，面对贸易逆差以及由通货膨胀带来的汇率危机，弗里克斯·盖拉德不得不重新实行进口限额。为了缩小法国物价与全球物价的差距，他在1957年8月决定实行"20%计划"，即对全部外汇买入交易征收20%的惩罚税，对全部外汇卖出交易给予20%的补贴。但当时的政府过于软弱，并没有对1949年后的第一次货币贬值做出正式的承认。不过政府已经预料到无法履行《罗马条约》的规定，因而寻求救助条约以规避于1959年1月1日开始执行的"取消关税计划"。

1958年12月，在协议规定期限到来的前几天，政府推出了3项改革措施：在关税领域，取消了对所有欧洲经济合作组织工业化国家之间

---

① 弗里克斯·盖拉德·戴梅（Félix Gaillard d'Aimé，1919—1970），法国激进党政治家，1957年11月—1958年5月任法兰西第四共和国总理。他是自拿破仑之后最年轻的法国政府首脑。——译者

90%的配额，履行《罗马条约》规定的对欧洲经济共同体伙伴的第一次降税（降税幅度为10%）；在金融领域，取消外汇管制，给予非法国公民在外国用黄金或外汇兑换法郎的权利；在货币领域，法郎再次贬值17.4%，于1945年后首次参考金价而非美元汇率定价。由此法国完成了作为国际货币基金组织、关贸总协定、经合组织和欧洲经济体成员国的义务。通过大力刺激出口，法国做好了充分的准备以开始完成这决定性的一步。

促成这一巨大变化的原因是新的政治环境，国家恢复权威使得曾经难以执行的政策变为可能。1958年12月制定的取消挂钩、货币贬值、收窄财政赤字、外汇交易自由化等货币和财政政策由专家委员会在3个月前制定而成。雅克·莱昂·吕埃夫①是专家委员会主要负责人。他因支持自由贸易和金本位而出名，曾是前总理普恩加莱在1926年法郎稳定政策时的顾问，曾于1935—1940年多次警告政府金融政策的风险。正是因为他获得了戴高乐将军的支持，才使安托万·皮奈实施该计划，即使这些政策违背了安托万·皮奈的政治信仰，并且在诸多问题上（比如货币贬值和提高税收方面）与他1952年的行动完全相左。"皮奈振兴计划"实质上就是"皮奈—吕埃夫—戴高乐计划"。正是由于政府坚持实施政策，不考虑可能会受到的指责，才开创了伟大的戴高乐主义。要知道，最高权力机关的成功抉择无一不建立在对戴高乐主义的坚持之上。

---

① 雅克·莱昂·吕埃夫（Jacques Léon Rueff，1896—1978），法国经济学家和政府经济顾问。——译者

第二章

开放的机遇和局限（1959—1973 年）

一　全新的阶段

1. 发展的表象

从法兰西第五共和国初期到第一次石油危机，法国经济经历了一段具有决定意义的转变时期。国内生产总值增速加快（20 世纪 50 年代平均每年为 4.6%，其余时期平均每年实现同比增长 5.5%），成绩斐然。除此之外，还有一些指标也引人注目，因为它们同样反映出本轮经济的巨大转变。

首先，与活跃的工业化国家相比，法国有着相同甚至更优秀的经济表现。法国经济增速不再像过去那样仅仅高于盎格鲁－撒克逊国家的水平，而且超过意大利、西德及荷兰。法国投资水平在 1959 年之前一度比较落后，勉强维持在国内生产总值的 20% 水平，但到 1974 年已经超过除日本外的所有 OECD 成员国，占到国内生产总值的 24%，而同期西德为 21%，英国为 20%，美国为 18%。在 20 世纪 50 年代，法国国内储蓄水平不足，家庭储蓄仅占可支配收入的 12%，企业储蓄也受限于微弱的利润空间。这导致投资不得不依赖于货币扩张，但货币一旦扩张就会造成通货膨胀，使未来储蓄减少，造成恶性循环。但截至 1973 年，法国家庭还是将储蓄提高到了可支配收入的 17.5%。这一进步在很大程度上弥补了 1968 年后企业在自筹资金能力方面因为增长受限甚至降低而面临的问题，保证了需求能够得到满足。尽管法国企业更频繁地求助于银行贷款，但它们依然在繁荣发展。例如1974年一项针对1000家欧洲企业的研究表明，与人们固有想法不同，法国企业的净利润要高于德国企业。

出口贸易终于不再屈居次要位置，成为经济增长的主要动力。按照对国内生产总值的贡献率衡量，1959年法国的出口总值处于西北欧国家的最低水平。但到1973年，其出口总值占其国内生产总值的14.5%，尽管依然远低于小国水平①，但已经接近英国（17%）和德国（19%）。同时，在OECD成员国中，法国出口增速从1959年之前的倒数第二名提升至1959—1974年的第三名，仅次于日本和意大利，位列西德之上，年均增长率为12%，远超国内生产总值和世界贸易的发展速度。

法国不仅跻身于工业化国家前列，同时还经历了一次结构转型，比过去更加专注于工业化发展。1959年之前，其国内生产总值的产业构成并未变化，劳动人口分布也只是开始发生改变，但1959年之后，一切都开始加速。

如表2-1所示，即便不与之前提供的以1956年为基准的1949—1959年数据相比较，仅以1970年的相关价格为参考，不难看到，法国国内生产总值中每个产业的相对份额都发生了改变，服务业和农业比重降低，工业部门比重上升，其中尤以资本品生产工业为甚。而资本品工业的活力又带动了能源和中间产品工业的发展。在劳动人口分布方面，尽管服务业相对比重的增长超过工业，但它依然是工业发展的补充，并且离不开工业。因为发展最快的第三产业的工作岗位正是那些或多或少直接依赖于工业的行业（银行与保险、广告机构、专业会计事务所、法律与税务咨询事务所），而不是那些与贸易或与国家行政相关的行业。

最终，工业企业、农业企业和贸易公司的规模均得到扩大。在工业领域，员工人数超过500人的企业在1962年的附加值贡献仅占50%，雇佣劳动力数量仅占全国的38%，而到1970年，这两者的份额分别超过63%和57%。在农业领域，尽管那些不受国家重视并被视为普通农民的开垦面积低于20公顷的企业依然占大多数，但1970年它们耕地的非利用率仅为25%，而在1955年这个数字曾达到40%。在服务行业，

---

① 那些小国家由于面积有限，国际专业化程度更高，因此出口贸易占比更高。——译者

直到1960年才出现了大型商场，比美国晚了整整30年。

表2-1　　　　　　1959—1973年法国经济结构　　　　　　（%）

细分部分占国内生产总值份额	1959年	1973年	细分产业占劳动人口份额	1959年	1973年
农业	9.7	6.4	第一产业	22.1	10.9
食品加工业	4.0	4.4	第二产业	35.2	37.8
能源	4.0	5.0	第三产业	42.7	51.3
中间品制造业	7.4	9.6			
设备制造业	6.2	9.5			
消费品制造业	5.6	6.1			
建筑业	7.8	7.2			
交通和通信业	5.3	6.0			
商业	11.3	11.0			
其他服务业	38.7	34.8			
总额	100	100	总额	100	100

总而言之，法国经济仿佛在这15年间完成一次巨大的转变。在众多历史学家看来，在工业革命时期，法国仅实现了部分的"经济腾飞"，到了此时才终于可以称得上是一个现代化工业大国。那么我们应该如何理解这一次转变呢？

2. 发展的动因

毫无疑问，对外开放是所有可以解释经济发展中最具决定性的因素。这项政治和经济上的决策是对未来的赌博，但同时也造成了去殖民化，而去殖民化正是新一轮经济增长的基础力量。

首先，去殖民化使得蓬勃发展的贸易伙伴（包括欧洲经济共同体）取代了那些日益成为负担的欠发达的殖民地，如表2-2所示，在1959—1973年完成了由法郎区向欧洲经济共同体的贸易地理结构转移。

表2-2　　　　1959—1973年法郎区与欧洲经济共同体所占份额　　　　　（%）

	进口份额			出口份额		
	1959年	1973年	变化	1959年	1973年	变化
法郎区	24	3	-87	32	5	-84
九国欧洲经济共同体	31	55	+77	33	56	+70

其次，法国主要与其他工业化国家开展贸易，开始专注于培育那些相对竞争力更具优势的产业，比如在欧洲共同农业政策实施后得到刺激的农产品与食品行业，以及一些资本品工业，尤其是在大力发展汽车制造和航空工业下迅速崛起的交通运输设备产业。与此同时，进口总值的迅猛增长也给法国带来了利益。如果不依靠从意大利进口的家用电器，国民生活的舒适度会得到如此巨大的提升吗？如果不依靠从西德进口的机械，企业机床配备速度会如此之快吗？1968年7月1日，关税取消计划最终得以实施。1973年1月1日，欧洲经济共同体又扩大至9个成员国，欧洲的开放程度随之提高，并成为促进法国经济结构转型的重要因素。

与此同时，国际贸易的开放进程也在世界范围内发生。在过去，法国需要从法郎区国家获取部分能源和原材料，虽说是使用法国货币支付，但其中也包含大量的超额费用。随着世界经济发展，法国可以利用全球市场来满足其国内需求。尽管需要使用外汇支付，但在这一时期外汇价格处于下降趋势。特别是在1965年法国同意以高于国际水平6%—20%的价格与阿尔及利亚开展贸易之后，与从中东、荷兰和苏联进口石油相比，购买20世纪50年代末撒哈拉地区的石油逐渐失去了吸引力。法国经济以及其经济区域化进程由此开始了"黄金三十年"的快速发展。需要指出的是，这次发展建立在基础产品的低价化以及重要消费活动区域化的基础之上。1963年位于敦刻尔克的钢铁联合企业法国优基诺钢铁公司投入生产，铁矿石原料来自毛里塔尼亚、巴西和澳大利亚，这意味着20世纪50年代在其他地方（如荷兰的艾默伊登）发生的转变开始在法国出现了，同时这也为之前北部煤炭资源与洛林地区铁矿石资源之间的互补模式敲响了丧钟。

从1958年12月开始，对外开放不但出现在商业领域，也扩展到了

第二章 开放的机遇和局限（1959—1973 年）

金融行业，不过非法国公民还是不能完全拥有兑换法郎的自由。不管是出于民族主义还是基于必要性的考虑，法国政府有时会限制法国与外国之间的资金流动。另外，从外资占到法国企业资本的 20% 以上那一刻起，法国政府开始并长期保留限制对外投资的权力。但 1959 年以来，海外资本的渗透有增无减。进入法国的美国企业希望通过欧洲经济共同体来绕过关税壁垒；德国和比利时的公司之所以进入法国，是因为想利用比它们国家更低的工资成本；另外还有更多被法国经济的高速发展和政策的稳定性所吸引的投资者。在这些推动力的共同作用下，法国在 20 世纪 60 年代所吸引的海外投资规模增长了 4 倍。海外投资倾向于石油精炼、农业机械、化学、电气和电子制造等产业领域，为这些产业带来了改善，包括优化产业结构、增加就业岗位、加强地区发展、引进技术以及传播新型管理模式等。

法国资本家面对对外开放和企业创新的态度，展示出令人惊讶的转变。一次伟大的集中化运动领导着工业企业的发展，这毫无疑问是由国家大力推进的，但同时也展示出了企业的活力。通过职工分红、收购以及合并，一些强大的集团在外向型经济发展的过程中建立起来，这一过程实现了规模化经济，也带来了更强的创新能力。这些集团通过出口或直接在当地设厂，推动海外市场的发展。集中化运动以增加价值为基础，也在外向型经济发展中加速成长。从德温德尔钢铁厂[①]建立法国萨西洛尔钢铁集团[②]，到标致收购雪铁龙，同时还包括业务多样化联合大企业的诞生，比如佩希内—于吉纳—库尔曼集团[③]将业务扩展至涵盖铝、特种钢和基础化学品的多个领域，以及行业横跨玻璃工业、铁管和绝缘材料的法国圣戈班集团[④]，这些惊天动地的转变全都发生在 1964—1974 年。

而以家族企业形式存在的小中型企业也没有停滞不前，在这一时期也得到蓬勃发展，并通过在市场中的专业化发展，或者通过在低收入的

[①] 德温德尔家族是来自法国洛林地区的实业家庭，是法国资本主义的象征。——译者
[②] 法国萨西洛尔钢铁集团成立于 1964 年。——译者
[③] 佩希内—于吉纳—库尔曼集团成立于 1855 年。——译者
[④] 法国圣戈班集团，为法国国王路易十四世的柯尔贝尔大臣于 1665 年因制造凡尔赛宫玻璃镜廊所创办。最早是一家镜子制造商，现在则是多种建筑材料的制造商。——译者

乡村地区建立工厂来增强企业优势。这些家族企业甚至形成了更大的规模（如位于奥恩省①的法国万能牌、位于利穆赞②的法国罗格朗公司③）。从眼镜业制造商法国依视路（Essilor）④到发电机制造商法国利莱—森玛电机公司（Leroy–Somer）⑤，从制药工业的梅里埃生物公司（Biomerieux）⑥到休闲活动产业的法国金鸡滑雪品牌公司（Rossignol）⑦，一些早期（远远早于20世纪60年代）就成立的公司此时都已纷纷进军国际市场。

与20世纪50年代不同，我们可以看到许多企业家代表人物主要出身于公务员系统［如法国圣戈班集团（Saint–Gobain）董事长罗歇·莱昂·勒内·马丁⑧］，甚至有些人曾是高级官员，后来转向个人事业（如奥布鲁瓦兹·鲁⑨在法兰西第四共和国时期曾任工业部长，之后成为通用电气公司董事长）。这些人有着共同的特质，他们都热衷于欧洲的开放以及经济增长（奥布鲁瓦兹·鲁在20世纪70年代初甚至主张经济增长率达到"日本水平"，实现年均增长率8%），他们都对1964年起巴黎高等商学院所教授的美国管理课程非常迷恋。与传统理论课程不同，这项课程主张企业家与国家和工会对话，同时维护私有财产，反对统制经济。企业家代表人物的这些共同特质最终在1965年法国雇主委员会自由宪章中体现了出来。

在对外开放政策的基础上，人口和社会结构的转变也带来了新的经济增长。在20世纪60年代中期，婴儿潮一代已经成长到适龄劳动年龄；大量移民从地中海地区来到法国；同时妇女也希望能从事专业工作。在以上三个因素的作用下，法国的整体劳动人口数量持续增长。与

---

① 奥恩省（Orne）是法国西北部下诺曼底大区所辖的省份。奥恩省得名于奥恩河。——译者
② 利穆赞大区（Limousin）是法国中部一个已撤销的大区名称。——译者
③ 法国罗格朗公司创立于1904年。——译者
④ 法国依视路眼镜制造商创立于1849年。——译者
⑤ 法国利莱—森玛电机公司创立于1919年。——译者
⑥ 梅里埃生物科研中心创立于1897年。——译者
⑦ 法国金鸡滑雪品牌公司成立于1907年。——译者
⑧ 罗歇·莱昂·勒内·马丁（Roger Léon René Martin, 1915—2008），曾任法国高级官员，1941年开始从商。——译者
⑨ 奥布鲁瓦兹·鲁（Ambroise Roux, 1921—1999），法国商人和政治顾问。——译者

1959 年前的停滞状态不同的是，1962 年与 1975 年的两次人口普查期间劳动人口数量增加了 250 万。同时，劳动人口的内部结构反过来又刺激了经济增长。在学习时间逐渐延长的趋势下，移民、妇女和年龄较大的劳动人口所占比重的增加减缓了工资上涨。此外，农业获得的巨大生产力解放了一部分劳动力，使他们可以转移到其他产业。在一些地区，特别是西部农村以及一些居民生活安定的行政首府，部分巴黎企业被这些地区的补贴政策吸引而至，并在当地兴建加工工厂。这些企业由此提供的就业岗位非常适合年轻、受教育程度低、未加入工会因而工资水平低的劳动力。

以上一切变化刺激了投资。城市化及职业流动性加快住房需求，以致住房建设投入在 1973 年达到了整个战后时期的顶峰。法国人开始迫切希望通过教育提升自己的社会地位，而公共基础设施也因此发展得更快。然而，学校和大学爆炸式增长时期爆发了 1968 年的"五月风暴"①，并为一个"停滞的社会"② 画上句号。在短期内，这种爆炸式增长加快了小学、初中、高中以及大学校园的建设速度。

尽管大众消费的出现可以追溯到 20 世纪 50 年代，但直到 60 年代大众消费才得到快速发展。1960 年，30% 的家庭拥有一辆汽车，1973 年这个数字增长到 62%，其中 9% 的家庭拥有两辆，我们还可以列举出很多类似的例子。当然，这样的进步不一定全是依靠法国企业实现的。在某些行业，法国企业放弃了与外国企业的竞争，比如大型家用电器行业，或是需要保护主义手段来维持的行业。与德国和盎格鲁－撒克逊标准不同的法国电视广播制式"819 行"，在法国电视制造商的参与下还是被维持到了 1966 年。然而总体来说，耐用品设备的技术进步扩大了制造范围，成本因此降低，企业利益最大化得以实现，从而保证了企业在国际市场的竞争力。

---

① "五月风暴"是 1968 年 5—6 月在法国爆发的一场学生罢课、工人罢工的群众运动，五月风暴的爆发主要有以下几个原因：出生率激增，大学生人数骤长；大学生对大学教育和旧的教学法不满；两代人之间的鸿沟加深；对物质消费无止境的担忧；经济发展了，但文化还是老样子，它们之间的差距是爆炸性的。——译者

② 《停滞的社会》是法国社会学家米歇尔·克罗齐埃在 1970 年出版的著作，他认为国家官僚体系已导致法国社会停滞不前。——译者

我们应该将法国在 1959—1973 年实现的经济增长与其他国家的情况进行比较。法国曾在其他时期经历过快速增长，比如 20 世纪 50 年代法国获得的成就成为其不可或缺的发展基础。虽然 1973—1975 年，法国的工业能力依然明显低于它的主要伙伴——西德，主要表现在第二产业中劳动人口所占的份额（法国 39%，西德 47%），资本品在工业出口中的地位（法国 24%，西德 51%），以及企业的集中化程度（19 家法国企业年营业额超过 10 亿美元，而西德有 34 家）三个方面；但是 1959—1973 年法国经济变化是十分显著的，短短 15 年间法国实现了其他国家需要用半个世纪甚至一个世纪才能实现的目标。令人感到意外的是，20 世纪 50 年代政府承担着现代化的主要任务，却没有为此贡献太多力量。

二 重塑结构性政策

1. 适应对外开放的要求

政府再也不能像 1959 年之前那样局限于指导性的经济政策，并通过经济计划和国有企业使经济尽可能快地实现增长。实际上，统制经济从 20 世纪 50 年代中期就开始出现局限性，我们只看到了经济政策在面对财政赤字和企业竞争力匮乏时的无能为力。然而，对外开放的选项带来了不可避免的结果。任何经济过热都会让人们再次对 1958—1959 年的稳定带来的结果产生怀疑，并且会导致法郎新一轮的贬值，使对外开放成为诸多困难的源头，而非强大的动力。让解放时期延续下来的统制经济手段适应新的情况变得势在必行。

经济计划的特点也发生了改变。过去的计划被封闭的贸易制度所简化，可以忽视国际层面可预见的变化。从第四个计划开始，内容变得复杂而不确定，这次计划由法国电力公司前副总经理、1959 年之后的计划总署特派员皮埃尔·马塞制订，其内容根据经济模型和投资预期进行了调整，并利用计量经济学的方法修改了多次，不仅要考虑到国内情况，也要考虑到主要贸易伙伴的改变。计划还纳入了可预测的物价水平以及它对产业平衡、需求组成、工资上涨的影响，并在准备过程中采用了含有 1600 个方程式和 4000 个参数的"物理金融模型"。

第二章　开放的机遇和局限（1959—1973 年）

过去，计划的主要目的在于规划长期公共投资，其次是为私营企业决策提供参考性框架。但之后，前一个目标逐渐淡出，而后一个目标成为主角。计划需要避免任何通货膨胀的失控，警报指数因此建立（第五个计划的"闪光灯"、第六个计划的"目标指示器"），在计划执行过程中只要达到警报水平，就可以促使经济主体重新审视自己的行为，做出适当的经济政策调整。出于同样的目的，计划总署在计划制订过程中尝试了一项收入政策，保证收入的变化与生产力相符。在煤炭行业一次长时间的罢工之后，皮埃尔·马塞在 1963 年成立了一个专家委员会，该委员会负责就增加收入提出建议。最终在 1966 年，收入与开支研究中心成立，以帮助计划署了解难以掌控的变化。

政府将计划执行权力重新交给总理，使其更好地为国家服务。根据戴高乐将军 1961 年的说法，这具有"强烈的必要性"，但事实上，除了以上所有的进步以及政府的干预，计划实施的结果依然令人失望。虽然实现了增长率的总体目标，但没有实现预期的经济平衡，之前提出的结构转型也几乎没有实现。第四个计划最初希望通过降低工资水平，实现经济的快速增长与稳定，但 1963—1965 年国家迫不得已采用专制措施才保证了经济稳定。第五个计划最初倾向于相对温和的经济增长，避免经济过热的风险，并通过增加失业率保持企业竞争力，但 1968 年的"五月风暴"导致经济政策提前取消，动摇了该计划的执行，1969 年 8 月的货币贬值更使该经济政策备受抨击。而第六个计划最初希望"将法国变成一个工业强国"，但由于 1945 年以来法国生产的第一次"大倒退"，该计划也陷入混乱（见表 2-3）。

在法国计划受挫的同时，其他工业化国家看错了法国经济增长的关键因素，纷纷不合常理地复制法国的经济计划。那么这样独特的经验是不是就应该被称为失败甚至彻底惨败呢？这未免有些夸张，并且毫无疑问是一个误解。计划的结果的确有待商榷，它既不是经济发展的主要手段，也不是社会伙伴之间民主对话的方式，但不容置疑的是它为经济有序发展创造了条件。1967 年，80% 的工业企业了解计划的总体目标，有 60% 表示无论通过哪种方式都愿意按照计划进行发展。与不可能实现的平衡增长模式相比，他们的投资决定毫无疑问获得了成功。

国有企业的角色同样需要重新定义。现在人们以一种新自由主义的

表 2-3　1962—1975 年法国经济计划

	执行时期	计划总署特派员	制定方式	目标	结果
第四个计划	1962—1965 年	皮埃尔·马塞	27 个现代化委员会助计划署议会通过投票对计划规定进行审查	年均国内生产总值增长率达到 5.5%优先发展公共设施（特别是城市化相关设施）通过工资政策保持财政平衡针对地区发展提供特别帮助	超过总体目标（增长率达到 5.8%）但经济过热引发通货膨胀，导致 1963—1965 年实施稳定计划
第五个计划	1966—1970 年	弗朗索瓦—格扎维埃·奥洛托利①，之后为勒内·蒙绍②	32 个现代化委员会助计划署议会双重审查：对预备选项的投票（1964），对计划规定的投票（1965）	年均国内生产总值增长率达到 5%通过强化尖端产业以及放松劳动市场，优先发展企业竞争力遵守 5 个监督经济发展的预警指数将国家投资分配到地区	实现总体目标但 1968—1969 年通货膨胀失控并且法郎贬值
第六个计划	1971—1975 年	勒内·蒙绍之后为让·里佩尔③	25 个现代化委员会助计划署议会对预备选项（1970）和最终计划（1971）的双重检查	年均国内生产总值增长率达到 6%通过创造有利环境，优先发展工业化遵守 13 个衡量工业表现和竞争力的"目标指示器"继续实行国家投资地区化	由于 1975 年的经济衰退，未达到总体目标（增长率达到 3.5%）

① 弗朗索瓦—格扎维埃·奥洛托利（François—Xavier Ortoli，1925—2007），法国政治家，1973—1977 年担任欧盟委员会第五任主席。1968—1969 年，担任法国经济部长。——译者
② 勒内·蒙绍（René François Marie Montjoie，1926—1982），法国经济学家。——译者
③ 让·里佩尔（Jean Ripert，1922—2000），法国经济学家，外交官。——译者

眼光期待国有企业带来经济效益和财政收益。1967年，一位高级官员起草了《诺拉报告》①。这位官员曾于1954—1955年在皮埃尔·孟代斯·弗朗斯身边工作，1969—1972年在雅克·沙邦—戴尔马②身边工作。他的这份报告建议调整国家与国有企业之间的关系。他批评国家的行为给企业强加了沉重的负担，比如低于成本价格的定价或者非常优越的薪资制度，获得大量财政补贴，造成无法避免的财政赤字。另外，他还进一步指出，政府掌控国有企业的这样一种管理模式对于国家来说是非常危险的，会增加财政支出；对于纳税人来说是不公平的，因为税收支撑着国家补贴，只有使用者可以从中受益；对于私有企业来说是受到约束的，它们被国有企业规模巨大的贷款排挤出资本市场。《诺拉报告》建议国有企业与政府签订多年期的合同，将企业和政府的责任清楚地区分开来。一方面，公共服务是一项无论成本高低都必须完成的任务，国有企业有权以国家的名义给予无条件支持；另一方面，政府在竞争活动中要为国有企业提供与私营企业相同的条件，并允许其从中获得收益。出于经济原因，这个新方向使得"真实价格"政策在多年之后终于落实，勒内·麦耶在1948年就曾发起该计划，之后在1957年又由弗里克斯·盖拉德再次提出。1969年，政府与法国国家铁路公司签订第一份规划合同，"真实价格"这一新政策才终于得以落实。在接下来的一年，国家又与法国电力公司签署了合同。

2. 探索有利于经济增长的环境

与解放时期或法兰西第四共和国时期所不同的是，直接刺激经济的方式不再作为经济政策的主要方针。人们认为直接刺激经济不仅会扰乱自由竞争，同时也是对私有资本主义的不信任，从而导致通货膨胀，并且危害企业竞争力。因此，这种方式被另一种方式所取代。政府致力于创造能够让经济同时达到快速和平衡发展的条件，而不再用政府本身直接取代经济主体。

---

① 该报告由西蒙·诺拉（Simon Nora, 1921—2006）起草，法国官员。——译者
② 雅克·沙邦—戴尔马（Jacques Chaban—Delmas, 1915—2000），法国戴高乐主义者、政治家。——译者

应当说，集中化政策的目的在于扩大企业规模，使其有能力迎接国际竞争。在每个产业中，政府都会鼓励一到两个龙头企业的发展，使其达到欧洲级规模，甚至是世界级规模。有时政府会通过重组国有企业做出示范，以刺激私有产业重组。于是，在航空制造业，那些1936年被收归国有并在1957—1959年被并入法国北方飞机制造公司①和法国南方飞机公司②的企业都在1970年让位给一个单独的企业，即法国航空航天公司③。一年之后，为了避免处于不利竞争地位，两家大型私有制造商，即宝玑手表④和达索航空⑤也进行了合并。同时，相似的变化也在石油工业（1966年埃尔夫石油勘探与开采公司成立）、基础化学工业（1967年法国阿尔萨斯钾肥矿业公司被并入矿业化工公司⑥）、客货运输车辆制造工业（1974法国贝利艾特汽车公司⑦被雷诺收购）、银行业（巴黎银行⑧成立）以及保险业（巴黎保险联合会⑨、国家保险集团⑩、法国AGF保险公司⑪于1973年进行合并）发生。

除了做出示范，政府也可以强制那些犹豫不决的私营企业进行集中化。1962年，政府将是否给予补贴与5家船舶制造龙头企业是否能重组挂钩。1966年，政府与钢铁工业的大资本家签订协议，给予其巨大的支持以完成法国优基诺钢铁公司、法国萨西洛尔钢铁集团和克斯洛瓦公司⑫三家企业的集中化经营。1974年，对于濒临破产的雪铁龙集团，

---

① 法国北方飞机制造公司，国有的法国飞机制造商，创立于1954年。——译者
② 法国南方飞机公司，于1957年成立，由国有东南飞机制造公司和国营西南飞机制造公司合并而成。——译者
③ 法国航空航天公司（Aérospatiale），一家总部位于巴黎十六区的法国国有宇航制造商，创立于1970年，主要生产民用和军用飞机、火箭及卫星。——译者
④ 宝玑手表，奢华钟表品牌、制造商，1775年由亚伯拉罕·路易·宝玑在法国巴黎创立。——译者
⑤ 达索航空是法国的一家军用航空和商用机制造商，附属于达索集团。在1929年由马歇尔·布洛契建立，后来在1990年公司改名达索航空。——译者
⑥ 矿业化工公司，创立于1967年。——译者
⑦ 法国贝利艾特汽车公司是一家汽车、公共汽车、卡车和军用车辆制造商，创立于1899年。——译者
⑧ 巴黎银行成立于1848年。——译者
⑨ 巴黎保险联合会成立于1968年。——译者
⑩ 国家保险集团成立于1968年。——译者
⑪ 法国AGF保险公司成立于1818年。——译者
⑫ 克斯洛瓦公司，一家法国工程集团，创立于1970年。——译者

政府在其接受并入标致的条件后，才同意对其进行救助。

　　法国政府的一系列措施最终刺激了私营企业的集中化。1967年，一个新的合法形式，即经济利益联合体出现了，它可以使不同的企业联合起来，实现共同的生产目标或共同开发某些项目。3年之后，法国航空航天公司正是采用了这一形式，与来自欧洲经济共同体中其他成员国的国有和私营企业合作，发起了空中客车①计划。

　　在储蓄政策方面，像其他工业化大国一样，法国通过依靠银行吸纳私人储蓄并将其引向证券市场，以努力形成不会造成通货膨胀的市场融资机制。与19世纪一样，储蓄银行对企业或家庭的长期贷款不感兴趣，它们一贯求助于法兰西银行再贴现，并因此造成了货币扩张。同时，1945年对于商业银行通过开放业务窗口网络与储蓄银行竞争的禁令限制了商业银行的活动。在被如此分割开来的银行系统内几乎不存在什么竞争，这促进了利率上涨，加重了企业负担，并加速了政府（国库放贷）和法兰西银行（再贴现）的干预行为，而以上这些都是造成通货膨胀的原因。储蓄方面的这种体制经过1966—1967年的米歇尔·德勃雷②改革后得到彻底转变，改革允许储蓄银行募集定期资金，允许商业银行募集活期资金，部分放开利率竞争和柜台业务，取消了储蓄银行和商业银行之间的区别。改革取得的成果一目了然：在1962年，银行仅为经济贡献了不到一半的贷款（49%），而在1973年这个数字达到64%；与此同时，同期国库的贡献从26%大幅下降至6%，而专业国有机构例如法国储蓄及信托银行或法国地产信贷银行的比重则基本保持不变，从25%变为30%。

　　证券市场的复苏则没有这么幸运，它在投融资方面逐渐降至次要地位。政府努力帮助证券市场吸引家庭储蓄，为家庭储蓄者推荐收益可观且无风险的投资（1964年可变资本投资公司③成立）。政府还增加了有

---

①　空中客车是欧洲一家民航飞机制造公司，于1970年由德国、法国、西班牙与英国共同创立，总部设于法国布拉尼亚克。——译者

②　米歇尔·德勃雷（Michel Debré, 1912—1996），法国政治人物，被誉为法国现行宪法之父，曾任法兰西第五共和国首任总理。——译者

③　可变资本投资公司是指在法国和卢森堡注册的可发行包括对冲股份在内的不同类别股份的投资公司。——译者

利于股东（1965年的税收抵免）和债券持有人（1966年的单一税）的税收减免政策，但被其他投资方式尤其是不动产投资等投资方式所占据的储蓄并没有被证券市场吸引。奇怪的是，只有等到经济危机出现时，证券市场才得以真正复苏。而在短期内无法通过自有资金完成投资的企业，也无法在证券市场通过增加资本或发放债券的方式融资，只能求助于银行贷款。

3. 限制

1959—1973年的转变是非常明显的。面对对外开放的要求，国家的角色变得更隐蔽，但这并不意味着国家的作用不再具有决定性意义。尽管如此，在具有柯尔贝尔主义传统的法国，在一个由国家权力机关控制并且被一个像戴高乐这样的人领导的体制下，如果自由主义不会遭到严格的限制，那么这将会是一件令人震惊的事。

在戴高乐将军的领导下，统制经济的持久性是显而易见的。这种持久性最终带来了与经济逻辑不太相符的结果。国家付出了大量的努力，使国内生产总值在1959—1967年翻了一番。但这种努力大多都是为了建设伟大的国家力量，并给市场带来了一系列不确定的后果。例如为了实现原子能等军事计划，由原子能和替代能源委员会（Commissariat à l'énergie atomique et aux énergies alternatives）于1956年成立了法国天然铀核电部门。该核电部门在20世纪60年代正式投入运转，然而这个没有任何收益的核电部门在1969年就被放弃，反而还助推了浓缩铀核电公司美国西屋电气公司[1]的发展。同样，虽然1960年由亨利·乔治·德佛让斯[2]发明的塞康制彩电的生产成本高昂，但国家不得不出于政治原因扩大其生产。因此，舆论嘲讽这些产业是"将军的舞者"。不过这种观念是非常错误的，因为这些领域的变化不可预测。比如，1962年发明的协和式超音速飞机在石油危机爆发期间（1976年）被投入商业化

---

[1] 美国西屋电气公司，创立于1886年，是美国著名的电气设备公司。——译者

[2] 亨利·乔治·德佛让斯（Henri Georges Defrance，1911—1986），法国电视发明的先驱。他的发明包括819系列法国标准和塞康制颜色系统。——译者

第二章　开放的机遇和局限（1959—1973 年）

运营，后来却成为国家财政的灾难①。

　　带来严重后果的某些错误同样应当归咎于一些政治因素，尤其是戴高乐的反美主义。引起多重后果的著名"法国布尔集团事件"②至今仍是法国计算机工业落后的直接原因。1964 年，法国政府出于财政原因拒绝为布尔集团提供支持。然而，布尔集团是法国唯一一家具有研究潜力，并能够在计算机领域对抗美国公司的企业。在得不到法国政府支持的情况下，布尔集团不得不向为其提供必要发展资金的美国制造商靠拢，并被通用电气公司收购，之后又被美国霍尼韦尔国际公司③收购。后来，法国政府通过花费巨大的补贴来努力弥补这一错误，建立了一个新的"可靠的国有企业"，即国际计算机公司（CII）④。1966 年开始，法国进行了连续的"计算机计划"。然而由于拒绝与欧洲其他公司合作，计划变得更加失败，导致 1975 年濒临破产的国际计算机公司被美国霍尼韦尔吞并。法国只能在 1982 年通过国有化和向霍尼韦尔支付巨额的征用赔偿金来弥补最初犯下的错误。

　　考虑到保护国家不遭受经济增长和对外开放产生负面影响的必要性，法国政府采取了另一个限制措施。该限制措施涉及社会结构或产业活动的再分配，因为任何对外开放的经济增长都会使这两方面出现不平衡，由此引发的压力很快就使国家无法承受。基于以上背景，政府不得不放缓转型的速度，有时甚至要违背自己的基本方针，以保护受到威胁的产业。比如，对于农业种植者，从 1960 年开始，他们便承受着导致"贫困"的结构政策。国家因此试图通过大规模的劳动力迁移、有利的税收条件和对发展薄弱区域的特殊保护来缓和农民受到的威胁。再如，法国为了减少小商贩遭受的大型商场带来的竞争压力，规定大型商场从

---

　　①　协和式超音速飞机巨大的资金投入和漫长的研发过程使英法两国政府蒙受了不小的经济损失，而且两国政府还不得不拨款资助英航和法航购买协和飞机。——译者
　　②　法国布尔集团，法国电脑硬件制造公司，创立于 1931 年。——译者
　　③　美国霍尼韦尔国际公司，是美国一家以电子消费品生产、工程技术服务和航空航天系统为主的跨国性公司，创立于 1906 年。——译者
　　④　国际计算机公司（La Compagnie internationale pour l'informatique，CII）创立于 1966 年 12 月。——译者

1973 年开始受到《鲁瓦耶法案》①的限制，需要进行行政审批。对于国土整治政策，国家努力修正有利于某些地区的空间过度集中问题。这里暂时不讨论这些经过相关产业政策的确切内容，要强调的是这些政策已然存在，并在结构选择方面给法国带来了细微的变化。

三 周期政策的成功与失败

1. 第三阶段增长周期（1959—1967 年中期）

1959 年，法国经济在一些有利的政策支持下开始发展。法兰西第四共和国和第五共和国时期实现的稳定与开放，促使经济在不受通货膨胀的影响下得以保持 3 年持续增长。1959 年，经济增长首先从某些产业开始，随即扩展到整个经济领域，1958 年 12 月货币贬值为出口带来活力，物价的稳定使人民的购买力有所提高，这两者都刺激了经济增长。另外长时间的财政紧缩避免了通货膨胀的失控，同时对外贸易也出现顺差。资本回流使得国家能够积累外汇、提前偿还 1957—1958 年的外债并使法兰西银行的黄金储备量翻了一番。1960 年 1 月，法兰西银行前行长威尔佛德利·鲍姆加特纳②接替安托万·皮奈担任财政部长，与此同时，相当于 100 旧法郎的"重法郎"③开始投入使用，这一简单的财政措施却有着重要的象征意义。几乎与德国马克和瑞士法郎等值的法国法郎不但代表着一种重要的货币，还象征着法国重回强国行列的坚实基础。

然而汇率下跌却紧随其后发生了。从 1962 年开始，新的通货膨胀迹象开始显现，但原因与前几轮明显不同。相比于财政赤字加剧（以及用于发展军事威慑力量的贷款取代了阿尔及利亚战争的花费），此时的

---

① 让·鲁瓦耶（Jean Royer, 1920—2011），法国天主教和保守派政治家，前部长，前图尔市长。——译者

② 威尔佛德利·鲍姆加特纳（Wilfrid Baumgartner, 1902—1978），法国政治家。——译者

③ 此处"重法郎"是"新法郎"的别称，意指比"旧法郎"价值更"贵重"。——译者

第二章 开放的机遇和局限（1959—1973年）

通货膨胀更多来自于银行贷款年均20%的过度增长，以及过快的外汇流入导致的法郎扩张。法国最终为其成功付出了"代价"：快速的现代化导致投资需求上升，特别是在住房以及公共基础设施方面，银行只有依靠法兰西银行的自动再贴现才能为这些投资提供资金支持；另外，货币力量和政治稳定的恢复吸引了海外资金，出口贸易成功的同时也增加了外汇流入，此时的法兰西银行只能在外汇持有者的要求下将其所持有的外汇兑换为本国货币。

在以上条件下，只需要一些其他的偶然因素就可能引发通胀危机。1962年夏天大批阿尔及利亚移民造成了各方面需求的突然增长，加之少数人罢工以及1963年冬天一股意外寒流导致的供应短缺，这两者导致经济发展再次失衡。1963年第一季度物价以年均6.5%的速度上涨，这使得戴高乐将军变得警惕，并命令他的新任财政部长瓦莱里·吉斯卡尔·德斯坦[①]对这一情况进行纠正。

1963年9月，法国政府推行了十分严格的稳定计划。整整两年内，稳定计划都依赖于统制经济手段，并且政策明显比1958年12月的计划更加具有限制性。物价被冻结，严格的信贷限制措施使银行贷款的年均增速下降了一半；财政紧缩也达到极限，在1964年和1965年通过停止法兰西银行所有贷款和国债供给，财政收支达到了1930年以来的第一次平衡；赋予某些投资的融资便利条件被取消，特别是给予建筑业中期贷款的再贴现。这些手段与其他更传统的手段（提高再贴现率、发行长期国债、限制外国投资）相结合带来了姗姗来迟却作用深远的影响。法国经济增长率直到1964年末才有所下降，但之后一直保持在中等水平。1963年以来的经济放缓对于重建对外贸易来说的确是十分必要的。进口量减少使得1965年的对外贸易重新呈现顺差状态，维持了货币稳定，物价上涨接近于其他工业化国家。同时由于戴高乐将军下令将美元全部兑换为黄金，黄金储备因此骤然上升，1966—1967年的黄金储备接近1932—1933年水平。然而，当婴儿潮一代进入就业市场时，法国的经济增长仍不足以满足法国人口的充分就业。法国的失业者人数在1964

[①] 瓦莱里·吉斯卡尔·德斯坦（Valéry Giscard d'Estaing, 1926— ），法国政治家，法国前总统。因为主持起草《欧盟宪法条约》，又被誉为"欧盟宪法之父"。——译者

年还不到 20 万，然而到 1967 年已经超过 30 万。在这种背景下，法国重新推动经济发展变得刻不容缓。

2. 第四阶段增长周期（1967 年中期—1973 年）

从 1966 年 1 月开始，财政部长米歇尔·德勃雷肩负着摆脱经济发展相对不景气的重任。但重回宽松政策存在局限性，其可能导致货币再次不稳定。据此，德勃雷十分谨慎地将各个行业职业机构与国家签订的计划协议代替了价格冻结。作为与 5 年内实现投资、职业培训以及生产力目标的交换条件，法国政府同意了企业提出的物价上涨。同时，从以往经验可知，消除对银行活动的限制可以保证在不造成通货膨胀的情况下满足投融资需求。但通过结构手段达到经济目标需要时间，而当时的法国经济迟迟不能恢复增长。基于以上两大原因，政府于 1968 年初同意对投资给予财政补贴，同意降低增值税以刺激消费，亦即同意财政赤字上涨。由此，一年前提出的经济复兴计划终于得以实现。

1968 年的"五月风暴"对法国经济的冲击显而易见，在短时间内危及了企业业绩。通货膨胀再次上涨，《格勒奈尔协议》[①] 所允许的工资上涨导致就业需求明显高于 1936 年 6 月（在不同领域上涨达到 9%—35%，而非预计的 7%—15%）；企业被强征了新的社会负担，而员工四周带薪休假制度导致劳动者的年均工作时长减少，这两者都造成了企业生产和经营成本的上升；当时的罢工导致企业生产中断一个月，进而引发供应不足；财政赤字高达预期的 6 倍；虽然信贷放宽政策使企业能够消化上升的成本价格而毫无破产风险，但也因此造成了法国的货币扩张。当时通货膨胀的压力体现在多个方面：价格上涨再次超过 5% 的限制，贸易逆差增加，经常项目赤字严重，资本外流都反映了法国政府对法郎估值过高并且导致法国企业对法国未来的经济失去信心。许多观察者都认为法郎贬值已不可避免。

然而戴高乐将军拒绝接受法郎即将贬值这一观点。曾先后任工业部

[①] 《格勒奈尔协议》是"五月风暴"后政府召集主要工会领导和资方代表在劳动部进行协商，最终达成的协议，该协议得名于劳动部所在街道的名称。协议的主要条款包括：最低工资上涨 35%、平均工资提高 10%、加强工会权力等。——译者

长、社会事务部长，时任国家总理的让-马塞尔·让纳内①以及他的前任内阁首长，时任欧盟委员会委员的雷蒙·巴雷②都曾向戴高乐将军提出以下建议：停止继续施行1958年12月的汇兑平价政策；1968年11月外汇管制、物价冻结以及信贷限制不得不重新建立起来。但同时，由于内需无法在不造成社会和政治巨大风险的条件下骤然下降，通货膨胀只能继续发生。

在戴高乐的严格政策下，无法实现的经济稳定到了乔治·让·雷蒙·蓬皮杜③时期得以实现。政治环境的改变、财政部长瓦莱里·吉斯卡尔·德斯坦的回归使法国的财政环境得以稳定。1968年11月以来情况严峻的法郎贬值在1969年8月得以平息。对外贸易连续3年（1971—1973年）保持顺差，经常项目收支恢复平衡。同时，财政紧缩政策保证了财政整顿的持续作用力，财政收支在5年内均保持平衡或轻微顺差。

然而1970年刚刚放缓的价格上涨又开始加剧。这是由于1970年10月后，银行贷款快速发展，超出了所有信贷限制措施的规定。尤其从1971年开始，国际货币体系危机引发了经济过热，导致通货膨胀，为世界经济带来极大的不确定性。法国政府既没有意愿也没有办法对抗这一现象的发生，而且对于经济过热反而采取宽松态度。法国政府采取宽松态度基于以下两大原因：其一，经济过热刺激了经济增长，降低了失业率；其二，法国政府可能也无法对其进行控制，1972年法国匆忙重新建立的信贷限制措施否定了政府的自由主义，而自由主义本应实施避免限制并仅通过利率进行调控的货币政策。但是如何能在不导致通货膨胀的热钱涌入的情况下提高利率呢？这需要法国将国家经济与世界其他国家长期割裂开来，也就是放弃15年来刺激经济活力的一个不可替代的因素，即对外开放。如同大部分工业化资本主义国家一样，在20世纪70年代初，法国经济政策陷入了一个难以解决的困境。

---

① 让-马塞尔·让纳内（Jean—Marcel Jeanneney，1910—2010），法国政治家。——译者
② 雷蒙·巴雷（Raymond Barre，1924—2007），法国中间偏右的政治家和经济学家。——译者
③ 乔治·让·雷蒙·蓬皮杜（Georges Jean Raymond Pompidou，1911—1974），法国政治家，前任法国总统。——译者

第三章

世界危机、欧洲危机与法国危机
（1974年后）

一 增长的中止

1. 周期性衰退

自1974年起，法国与其他资本主义工业国家的经济一同进入了一个艰难且不确定的危机阶段。这并不是一次突然的经济衰退，而是一个潜伏已久且长期持续的危机，因此解决此次危机不可能一蹴而就。从外因上看，这次危机与发生在19世纪80年代的大萧条以及爆发于1930年的经济危机有些许相似之处，但这些危机都缺乏具有实际参考意义的理论分析基础。因此，与其他国家的政府一样，法国政府同样面临着一个巨大的挑战。在这次危机中，有些问题是法国曾遭遇过的，但也出现了许多前所未有的挑战。那么，面对这次危机法国表现如何呢？

经济增长起初并未明显放缓。表3-1所示，在1973—1974年的第一次石油危机期间，大多数国家陷入了衰退，而法国经济依然保持稳定。1975年法国的工业生产才出现了自1945年后的第一次倒退，但是国民生产总值仍然保持稳定，并在此后一段期间内，经济增长依然活跃。在1979—1980年的第二次石油危机中，法国经济也没有衰退。但是在20世纪80年代初，与美国、德国及日本等国家的情况相反，法国经济几乎没有大的增长，缺少活力，处于OECD成员国中下等水平。1988—1989年，法国经济经历了一次极为短暂的增长阶段。1993年，法国彻底陷入经济衰退的泥潭中，这是战后以来法国第一次经济大衰退，国民生产总值降低了1%。1997—1999年情况有所好转，2002—2003年国民生产总值增长率分别为1.2%与0.8%，法国经济才勉强脱离衰退局面。人们曾以为在"黄金30年"期间已经解决了法国经济的发展顽疾，然而该观点被法国经济周期的反复彻底地否定。

表3-1　　　　1973—2003年各国国内生产总值增长率　　　　（%）

	1973—1979年	1980—1985年	1986—1991年	1992—1995年	1996—2003年
英国	1.8	1.0	2.5	2.0	2.7
德国	2.6	1.3	3.0	1.0	1.2
意大利	2.9	1.3	2.6	1.2	1.5
美国	3.0	1.8	2.4	3.2	3.3
法国	3.2	1.2	2.7	1.3	2.1
日本	4.0	4.1	4.6	0.4	1.2
OECD成员国平均水平	3.0	2.0	3.0	2.0	2.6

此外，法国的通货膨胀继续加剧。如表3-2所示，1968年的经济危机带来的影响持续至1973年，使法国通货膨胀率居高不下。市场上，由于法国政府未采取紧缩政策，本就很高的通货膨胀率更是达到了两位数。以上是法兰西第四共和国末期以来从未出现过的景象。不过，这种情况曾发生在石油危机期间，尤其是石油危机爆发后的两三年间比如在1975—1976年以及1981—1983年都出现了高通货膨胀率。直至1989年，法国政府采取一系列措施以降低石油价格，才使得通货膨胀得到了有效的控制与缓解，且物价上涨水平被控制在与其他工业化国家相近的水平（2003年，物价上涨率为2.2%）。

同时，法国失业率也在持续增长。失业率从1973年的2.6%上升至2003年的9.9%。不过，法国的失业率并非呈线性上升，只有两个阶段的失业率超过了10%，即1985—1987年和1992—2000年。法国虽然在其他时期面对失业率增长时曾创造过很多的就业机会，然而与20世纪70年代相比，如今法国的失业人员数量非常庞大。1968年，法国失业人数仅为56万人，到2003年初，失业人数已经达到268.5万人。除失业人员数量庞大之外,这个令人担忧的问题还向我们揭示了法国的就业岗位供需关系的失衡,法国年轻失业者数量以及长时间失业者数量都在大幅增加。

表3-2　　　　　1970—2003年各国零售物价指数年增长率　　　　　(%)

	1970—1973年	1974—1979年	1980—1985年	1986—1991年	1992—1995年	1996—2003年
美国	4.6	8.4	5.2	3.9	2.6	1.9
德国	5.9	4.7	3.9	1.6	3.0	1.2
法国	6.2	10.5	9.6	3.4	1.9	1.5
意大利	7.1	16.6	13.8	6.3	4.5	2.5
日本	7.6	9.7	2.7	1.6	0.5	—0.4
英国	8.5	15.5	7.0	6.0	2.6	1.5

另外,法国的对外贸易也呈现衰退趋势。1959—1973年,法国的对外贸易均为盈余状态,此后则出现了贸易赤字,这个问题在法国并不常见。自1992年起,法国对外贸易恢复平衡,且平衡状态持续了8年,期间盈余规模十分可观。但不幸的是,在2000—2001年,法国贸易情况又重蹈覆辙。尽管服务贸易十分活跃,但货物贸易的长期失衡导致经常账户逆差。经历过4次贬值的法郎已经不能与法兰西第五共和国建立之初的法郎相比。1993年,与欧洲货币体系的其他货币一样,法郎的波动幅度被扩大到±15%(以中央汇率为基准)。1999年1月1日,欧元开始正式发行,随后在2002年1月1日正式流通,取代了较为弱势的法郎。显然,欧元这个新币种可以对冲美元不断波动所带来的影响。

综上可知,法国经济形势的恶化是毋庸置疑的,其发生往往伴随着经济发展的深刻变革。

2. 不确定的结构突变

1974年后,法国经济发生的变革既是一种对过去的延伸,也是一种对过去的质疑。20世纪60年代初,经济全球化进程迅猛发展,30年内(1973—2002年)法国出口总值占GDP比重从14.5%上升到27%,

第三章 世界危机、欧洲危机与法国危机（1974年后）

上升了12.5个百分点，而此前15年间（1958—1972年）法国出口总值占GDP比重只上升了3个百分点。1973年以前，法国为世界第五大出口国，之后法国超过英国（1983—1985年除外），成为世界第四大出口国。至2002年，由于中国这个新兴的庞大出口国的出现，法国又重新回到了世界第五大出口国的位置。在服务贸易方面，法国也取得了同样的成就，成为仅次于美国、英国和德国的第四大服务贸易出口国。在银行业方面，各家银行积极利用石油危机所释放的资本回流使法国银行业暂时排名世界第一，自1914年后几乎消失了的国际活力开始复苏。如今，法国银行在国际上处于中等水平，2001年巴黎国民银行和法国兴业银行成功跻身欧洲十大银行之列。法国在海外的投资存量在10年内增加了6倍，自1985年后法国对外投资存量一直超过外国对法国的投资存量（1995年除外）。在流量方面，法国甚至在1992年排名世界第二，仅次于美国，超过了德国和日本。这也是因为德国和日本当时在减少他们的国际投资活动。法国的对外投资大多集中在欧洲地区，也不排斥对世界其他地区的贸易大国进行投资，比如美国，但对法国的传统殖民地——非洲地区的投资却相对较少。

经济全球化是法国经济衰退的因素之一。1978—2002年法国很多领域的进口规模不断扩大，汽车市场中的国外品牌占比由原来的21%上升到39%。但法国汽车品牌在其他国家的市场占有率却很不稳定：尽管法国的出口排名较为靠前，但在1973—1984年法国失去了很多国际市场，因此很难再回到原来的国际地位。另外，法国的服务贸易也呈现剧烈波动态势：法国与发展中国家，特别是与石油生产国之间的大型设备和技术合作项目的收益并不规律；虽然在旅游业上取得了成功（游客数量位居世界第一，外汇收入排名第三，仅次于美国和西班牙），但这方面的收益也可能会受到汇率变化和国际环境的影响。国际上其他银行的显著进步（如20世纪70年代的日本银行与如今的德国银行、瑞士银行及英国银行）阻碍了法国银行业国际化发展道路。尽管法国对外投资显著增长，但海外对法国投资创造的增加值在2000年只占工业增加值的33%，仅有大约30%的法国劳动力在外企就职。

那第三产业化是去工业化的起因么？如表3-3所示，在20世纪60年代，法国第三产业在危机中取得了胜利。如今，法国的第三产业十分活跃，产值占国内生产总值的3/4，提供了就业市场中3/4的工作岗位。农业、工业以及建筑业中的劳动人口在不断减少，而1980年起第三产业也无法完全吸收这部分人员。第三产业成就了很多跨国企业，在全球范围内其他产业吸收不了的营业额排名前35的公司中，法国公司数量由1960年的5家增加到2001年的17家，大型运输公司如法国航空以及法国国家铁路公司；贸易集团如家乐福集团、火枪手集团及卡西诺集团；城市服务公司如威望迪、苏伊士及万喜公司……第三产业也反映了近25年来法国社会的发展趋势：城市化加快，职业流动性及地域流动性增强，就业人口女性化，家庭消费结构重组增加了卫生、运输及娱乐领域的就业岗位。

表3-3　　　　　　　　1973—2002年法国经济结构　　　　　　　　（%）

各领域占国内生产总值比率			各行业占劳动总人口比率		
	1973年	2002年		1973年	2002年
农业	6.4	2.6	第一产业	10.9	3.9
农产食品加工业	4.4	2.6	第二产业	37.8	21.9
能源业	5.0	2.4	第三产业	51.3	74.2
中间产业	9.6	6.1			
设备产业	9.5	5.1			
消费品产业	6.1	3.1			
建筑业及公共事业	7.2	4.9			
运输及通信业	6.0	6.4			
外贸	11.0	9.8			
市场服务	24.1	36.4			
非市场服务	10.7	20.6			
共计	100	100	共计	100	100

如今，与繁荣时期相反，第三产业似乎已经成为去工业化的原因。1974年后，法国制造业领域的就业规模缩小，其在GDP中的权重逐渐下降，尤其是受投资下降影响的中间产品和资本品产业。世界各国的经济结构正发生着消极变化，除了少数工业化程度较低的国家，如爱尔兰、希腊和葡萄牙以外，欧洲其他国家也如同法国一样正在经历变革。

第三章　世界危机、欧洲危机与法国危机（1974 年后）

去工业化对英国和比利时的影响不大，但对德国、意大利的影响较大。最终，法国也未能遵守 1974 年之前许下的"工业势在必行"的承诺。

促成现代化的各种因素都在趋缓。在 1974 年之前，促成法国现代化的因素主要有生产率快速提升、高投资和规模生产，然而经济危机爆发阻碍了其发展。1951—1973 年，法国劳动生产率每年增长 5.2%；1973—1988 年，法国的年劳动生产率增长仅为 2.2%，甚至到 1996 年急剧下降到 1.2%，虽然 1973—1988 年的数据与 2001 年的 1.9% 相比较高，法国也仅是与其他 OECD 成员国的平均增长率保持同等水平而已。另一方面，法国的投资在十年内下降到令人担忧的水平：1974 年投资贡献了 24% 的 GDP，当时 OECD 成员国中只有日本超过了这一比率；但如今法国的投资水平与 1984 年相同，均为 19%，也就是与其 20 世纪 50 年代的水平相当，这明显低于其他工业化国家的平均水平。尽管法国后来很快恢复了其投资水平，但良好的局势似乎已一去不复返。法国的投资后来又受到 1993 年经济衰退和 2002—2003 年经济增长速度进一步放缓的剧烈影响，如今仅占 GDP 的 19.5%。尽管这一数字有可能被低估了，因为其中不包括"非物质投资"（如寻找新产品、专业培训、市场研究、购买电脑程序），但总体看来法国投资的整体趋势仍不容乐观。

法国的集中化触及"天花板"。在农业方面，1970—2000 年，劳动人口外流使开垦面积超过 50 公顷的农场占农业总面积的比率从 37% 上升到 77%。在商业销售方面，由于设备过多、繁荣度下降以及《鲁瓦耶法》和《拉法兰法》的综合影响，尽管集团之间出现了大规模合并，但零售店的发展速度却趋于下降。在工业方面，员工人数超过 500 人的公司的营业额占比从 67% 下降至 63%，其员工人数从 61% 下降至 48%。一系列危机导致法国工业方面的一些大公司破产，如克勒索—卢瓦尔公司、布萨克公司及北地中海造船厂，其他公司由于很难承担投机收购的不良后果也只能坐视那些公司破产。在汽车领域，标致先后收购了雪铁龙和克莱斯勒；在通信领域，通过开展各种分支业务而发展壮大的威望迪企业逐渐成为世界第二大通信集团，然而也正是这样的发展模式让它在 2002 年濒临破产。与大公司不同，法国的中小企业取得了相对成功。据此，人们之前很少思考集中化的优点。但我们不能局限于对法国该时期表面现象的一线观察，应当深入分析问题寻找原因。

3. 多种起源

法国 1974 年以来的经济转型持续了大约 30 年。如同历史上所有的大转型，其原因是多种多样的，并非只有一种解释性范式。无论我们是否意识到这一点，对每一种解释所给予的权重取决于人们的意识形态。我们还必须考虑到随着时间的推移，人们对"危机"的判断已经发生了变化。它与 1973—1974 年第一次危机爆发期间人们所持有的看法不同。

首先，外界因素被认为是决定性的。石油危机使得原材料的低价格不复存在，而原材料的低价格正是经济增长的支柱，价格暴涨使法国经济增长停滞。此外，石油危机为经济带来了压力（通过进口成本），并造成了通货紧缩（通过压缩国内需求来支付石油费用）。然而，计量经济学实证表明：即使在油价没有上涨的情况下，法国经济仍然会在 20 世纪 70 年代初出现危机。虽然这两次石油危机的冲击都严重影响了国内生产总值（1973—1974 年为 4%，1979—1980 年为 2.61%），但造成法国经济危机的原因却并不只是这两次石油危机。

国际货币不稳定也是一个因素。从放弃固定汇率，到美元的不稳定浮动，再到欧洲美元的增多，这些都是造成通货膨胀的决定性因素。美元贬值时（1971—1979 年，1985—1987 年），法兰西银行为了避免法郎过快升值对贸易竞争造成不利影响而大量购买美元，此举加剧了法国的通货膨胀。而美元增值时（1980—1985 年），以美元定价的进口商品再次涨价，这又引起通货膨胀。虽然由于受到美国的高利率及资本收益的吸引，部分国民储蓄被转移到美国境内；然而，这对法国通货膨胀的解释似乎过于局限，尤其无法解释法国长期以来与包括德国在内的欧洲伙伴所遭受的通货膨胀差异。与法国相比，美元对欧洲其他国家的影响其实没有那么大。

法国经济的日益国际化也被认为是造成工业困难的一个因素。由于一些专业化发展的大国（德国、日本、美国）的工业化程度非常高，且劳动力价格相对低，法国因此几乎无法进入海外市场，而法国内部市场也正在被其他国家所占领。自 1974 年以来遇到的工业难题似乎是法

第三章　世界危机、欧洲危机与法国危机（1974 年后）

国国内此前很多领域曾发生过的问题的一种扩展，如钢铁业、纺织业、造船业。总之，这些问题并不都是由外部因素所导致的新问题。

失业率上升显然不是由于外国工人的涌入造成的。虽然外国工人占活跃人口的一部分，相当于 20 世纪 30 年代的水平（1998 年为 6.2%），但针对法国的失业问题，只考虑外来人口这个因素是经不起推敲的。因为这些外来人口所做的工作都是一些没有高学历要求且法国人不屑于做的工作，而这些人及其家庭所产生的消费反倒刺激了法国经济的发展。此外，1974 年颁布的为了阻止移民进入法国以及遣返移民的政策并没有使法国的就业形势有所改善。

其次，法国国内需求的降低更能够解释法国经济危机。与 20 世纪 60 年代相比，家庭消费减缓并朝着不利于生产部门的方向重新组合。除了冰箱、洗碗机、微波炉或录像机以外，消费品行业的发展相对服务业而言正逐步放缓。一方面，消费品行业降低商品价格刺激了民众家用设备的消费，尤其是"白色家电"，即主要的家用电器。汽车所带来的经济增长与民众家用设备所带来的经济增长一样可观：1959 年，只有 28% 的家庭拥有一辆汽车，到了 2001 年拥有汽车的家庭占 80%，30% 的家庭拥有 2 辆或 2 辆以上的汽车。1959 年，只有 9% 的家庭拥有电视机（黑白电视机），如今拥有电视机的家庭比例达到了 92%。另一方面，即使是最新产品，如录像机（59% 的家庭配备）或洗碗机（35% 的家庭配备），其饱和风险逐渐放大，而且在这种情况下还要更新现有的库存。同样重要的还有与服务相关的设备——手机，今天依然能够引起大众对它的狂热，但手机也曾遭遇到购买需求狂热而后急剧消退的情况。仅 2000 年一年，法国的手机用户数量就增加了 38%，但在接下来的一年中，用户数量仅增长 4.5%。现在手机用户几乎覆盖了法国总人口的 2/3。手机产业的发展得益于拓展新用户，然而拓展手机新用户从目前来看也是一个较难完成的任务。

投资疲软也是经济危机的内生性因素。首先，与所有工业化国家一样，源于法国的资本回报率低迷。根据估计，1964—1969 年，法国的生产性投资长期增加，掩盖了法国经济资本回报率低的问题。其次，1974 年以后法国企业的资金状况恶化，盈利空间减少。由于无法再为自身的投资自筹资金，企业更多地依赖外部资源，即股票市场尤其是银行信贷。但随着名义和实际利率的上升,企业的经济负担也逐渐加重。在这种背景下,又鉴于国家及地方政府以及大型企业对融资方面都有很大的需求,各企业或向银行贷款,或向股票市场发行股票,但这也要以企业能够采取以上措施为前提。

这是一个积累的过程。法国在1981—1982年资本市场最低迷的时候,出现了投资的全面停滞。随后又出现了一定程度的回升,使得企业的利润空间增加且自筹资金能力恢复,法国企业的投资甚至超出危机最初几年的水平。然而,生产性投资仍然只是在短期内反弹,如1986—1990年和1998—2000年。其原因可以从多方面进行解释:在再次投资之前,公司必须先偿还债务,这需要时间,如果没有其他的周期更短且风险更低的投资,他们很可能不会再进行投资;1982—1987年,当股票价格飙升时,许多公司将其收益放在更加有利可图的股票市场上,而不是投资上;投资决定取决于对未来市场前景和利率变化的预期,然而这两者的预期都大幅恶化,尤其是在1991—1993年。

表3-4　　　　　1959—1991年法国居民家庭消费变化　　　　　(%)

	各类产品占比			年均增长	
	1959年	1970年	1991年	1959—1970年	1980—1991年
农产品	37.3	25.6	19.2	2.9	1.5
工业产品	32.9	32.5	29	6	2.5
能源	4.0	6.6	7.6	6.7	1.4
服务	25.8	35.3	44.2	5.6	3.4
合计	100	100	100	5.5	2.5

再次,法国政府对危机负有主要责任。与其他工业化国家相比,法国政府往往怀抱着通过经济政策来延迟或弱化危机的希望。虽然1975—1976年和1981—1982年的复兴均与当时的政策方针错位,但法国政府在开放经济中实施"不同政策"的幻想依然存在。而且,这种错位加深了经济的不平衡,使已经滞后的政策调整变得更加困难。为了兑现选举承诺,一些领导人认为,他们一旦任职就可以解决预算吃紧和社会排斥的问题。政府这种反复的态度,有部分历史原因。从1945—

第三章 世界危机、欧洲危机与法国危机（1974年后）

1974年，法国总能逃过工业生产衰退的厄运。直到1983年，法国家庭购买力以每年4%的速度上升，略低于危机前的水平（6%），且这一指标只在1980年和1984年出现一定的下降。为了摆脱危机带来的影响，与其他工业化国家相反，法国习惯性地放弃投资并集中于刺激消费，如表3-5所示，企业所产生的附加值流向员工的比率不断增加。这意味着法国企业必然会遭受利润降低且自筹资金能力恶化的后果。

表3-5　　　　　1973—2002年法国企业财务状况　　　　　（%）

	1973年	1982年	1998年	2002年
利润率（生产毛利润/附加值）	29.9	25.6	32.4	32.0
投资比（固定资本形成总额/附加值）	20.0	18.4	18.0	15.1
自筹资金比（毛存款/固定资本形成总额）	77.3	57.6	93.7	83.9

此外，相对于其他大多数国家而言，法国政府在经济中所占份额过大，使得劳动效率不能得到很好的保证。如表3-6所示，1965—1973年，法国的必征税占比（即政府征收的各类税）的增长速度比OECD成员国的平均值更低。但这一积极因素在危机后发生了变化：1974—1985年，税收增长速度超过其他国家，即使在短时间内出现减少税收的情况，也很快会被新一轮赋税所取代。

表3-6　　　　　1965—2000年法国必征税占GDP比重　　　　　（%）

	1965年	1974年	1985年	2000年
法国	35	36	44.5	45.3
OECD国家平均值	27	32	37.1	37.4
欧盟国家平均值	29	35	39.4	41.6

增加赋税引发物价上涨，对经济发展将产生长期不利影响。考虑到这是造成法国通货膨胀压力的主要原因之一，后文将就该点展开讨论。

二 经济周期性演进中的政府

1. 矛盾的优先权（1974—1982年）

在1974年之前，各国政府面临着一个简单的选择题：一是冒着通货膨胀失控、外部赤字和货币贬值的风险"促增长、增就业"；二是采取紧缩政策，即使面临社会不满和失业率攀升"稳增长"。现在政府的选择变得更为复杂，因为通货膨胀和失业不再具有排他性；货币在外汇市场贬值或向下浮动无法再使贸易重新平衡；经济政策中包含的解决方法多种多样且不断被提出，却只能带来让人失望的结果。对此，法国历届政府都避免突然改变经济政策，往往采取与其意识形态和大政方针相符合的政策。

为了应对第一次石油危机带来的冲击，"走走停停"的希拉克政府（1974年5月—1976年8月）只能同时借助于统制经济和自由经济的方案加以应对，而这正是瓦勒里·吉斯卡尔·德斯坦在1974年前采用过的方案。作为总统从前的合作伙伴，新任财政部长让·皮埃尔·福卡德尝试在短期内平息石油危机带来的影响，但却被分析家认为是导致贸易逆差和法郎贬值的直接原因，且被认为应在1974年1月放弃蛇形浮动汇率制度。

由于利率攀升至历史最高，为防止过度投资，法国政府于1974年6月出台了经济紧缩政策使得现金流急剧减少。该政策通过加强对信贷的限制减少银行的现金流，通过提高利润税以及设立临时的流动资金税减少企业的现金流。最明显的结果是出现了1945年后的第一次工业衰退，失业率攀升，然而通货膨胀却没有减弱。因此，政府有必要改变政策。1975年9月，法国政府推行经济复兴计划，降低税率和利率以刺激私人投资；加大预算赤字以增加公共投资。该计划旨在改变1970—1974年的财政盈余状况，加强社会福利以支持家庭消费。该计划的成效明显，法国的经济开始强劲复苏，但同时也出现多个问题：通货膨胀率高于其他西方国家，贸易赤字开始出现，1975年7月重新进入欧洲蛇形浮动汇率制后的法郎在1976年3月再度贬值。

第三章 世界危机、欧洲危机与法国危机（1974年后）

面对通货膨胀的压力，1976年8月—1981年5月巴尔政府的经济政策重点是坚决采取连贯的长期政策。这位负责经济事务的新任总理，像1926年的雷蒙德·庞加莱和1952年的安托万·皮纳一样，将消除通货膨胀视为对抗危机的唯一途径。他立刻出台旨在打破价格问题（1976年9—12月物价和公共定价问题）的计划，采取大规模的特别措施。1978年6月开始实施价格逐步自由化，代表了一种新自由主义对抗通货膨胀的方法，依靠竞争来抑制价格上涨，旨在恢复企业利润率，减少增加企业负担和成本的银行信贷。与此同时，公共定价限制了国有企业的赤字。因为国有企业往往拖累国家预算，法国政府需要避免国有企业在股票市场上的借款而占用私营企业资本空间。受英国货币主义的启发，法国政府首次引入了货币供应量年增长目标。1978年政府提出"SICAV Monory公式"，以减免税收和购买法国国债的方式，鼓励居民储蓄。此外，法国政府持续与通货膨胀斗争，特别是在1969—1970年工会和一些公共企业部门之间达成"增加合同"，要求保证每年工资增长至少等于物价增长水平。政府试图恢复1958年12月制定但逐渐被废弃的指数化增长条款禁令。

以上措施的结果让人喜忧参半。法国的物价上涨在3年内得以稳步放缓，1979年的物价比OECD成员国的平均值高出一个百分点，保持在1976年的水平，略高于1974年水平。诚然，1978年的对外贸易出现一定的顺差，但这在很大程度上是因为持续到1979年（欧洲货币体系成立）的法郎贬值刺激了出口增长。尽管货币总量的增长得到了控制，但比通货膨胀率更高的利率抑制了投资，加剧了企业的财务负担。最后，法国的失业率不断增加引发社会对巴尔政府的抗议，民众认为财政花费过多导致预算平衡难以恢复。与企业签订的多项就业协议也对法国政府造成了巨大的财政压力，而效果却不甚理想，因为企业在获取政府的减税政策后，继续频繁裁员。因此，在1979—1980年的第二次石油危机还未对企业产生冲击前，即使通货膨胀逐渐消退，但问题依然存在。实行与其他工业国家一样的政策，并不能将法国引向经济复兴之路。

对于失业问题，莫鲁瓦政府的政策重心在于改良政策导向。这个当权的左派政府，继承了国民阵营的政策，忠于凯恩斯主义。其认为失业和社会问题是经济问题的表象，反映了生产要素使用不当、抑制消费而最终引发危机。新任经财部长雅克·德洛尔在1969—1972年为雅克·肖班·德尔玛工作期间，倡导通过提高生产率从而促进工资增长的社会进步政策，他认为可以通过刺激消费和社会改革促使失业率迅速下降。家庭津贴、老年人救助津贴、房屋津贴在一年内提升了40%，最低工资提高了7次，财政赤字翻了2.5倍。他继续增加公务员数量，增加社会流动投资，加大对行业的支持。和1936年一样，政府实施多项旨在通过创造就业满足工会诉求的社会改革：降低每周（39小时）和每年（5周带薪休假）工时；提前退休年龄到60岁，甚至一些职业提前到50或55周岁；出台《奥罗克斯法》，加强企业内的社会对话。

虽然该政策提出的结构性措施与之前的措施大相径庭，但其效果极为有限。该政策虽使得失业率增速放缓，但由于经济整体缺乏活力，失业者人数还是突破了200万。实现仅有的就业增长，也是由于部分人员提前退休带来的岗位空缺。虽然居民可支配收入增加带来了消费增长，但生产并未能实现同步增加。经济刺激更多地为外国生产商、而非法国生产商带来了好处。这不可避免地出现了严重的失衡问题：尽管严格管制外汇且利率稳定，但通货膨胀、贸易赤字、资本外流愈演愈烈。在18个月中，法郎经历3次贬值，欧洲货币体系对法国货币的疲软进行了制裁。除了可能的评估错误以外①，失败的主要原因是法国与其他工业化国家政策脱节，即当法国的所有贸易伙伴选择紧缩政策时，莫鲁瓦政府选择了经济刺激政策。这虽然避免法国遭受第二次石油危机冲击带来的经济衰退，但也如1975—1976年的希拉克政府一样，未来需要进行不同程度的修正以抵御系统性风险。

2. 竞争性通货紧缩（1982—1992年）

从1982年6月起，紧缩政策持续实施了十年。皮埃尔·莫罗伊在法郎第二次贬值后的第二天开始实施该政策，并使其在政治上获得了成功。不管是多数时候掌权的左派政党共产党（1982—1984年）或社会

---

① 如世界经济在1981年底将实现复苏、通过消费刺激实现经济发展，推出重大基础设施项目。

党（1984—1986年和1988—1993年），还是左右分治时期的右派政党（1986—1988年和1993—1995年），都维持法国的紧缩政策方向。在这样的政策连续性中，有一些人发挥了重要作用：皮埃尔·莫罗伊和埃杜达尔·巴拉杜尔在升任政府首脑之前都曾担任过财政部长。皮埃尔·莫罗伊用"竞争性通货紧缩"这一说法将该政策理论化，以便说明在外部竞争中，扩大出口贸易以保证货币和经济稳定，是不损害社会经济的最佳方式。但紧缩政策的必要性在长时间内几乎未曾被人谈及，各届政府采取的措施看上去也大同小异。

首先，物价和工资政策具有明显的计划经济特征。为了打破通胀魔咒，莫罗伊政府采取了一项重大举措，通过任命能减少工会反对的共产党部长，使政府在1982年7—11月得以抑制物价和工资上涨。这是一个巨大的创新，标志着自1950年以来法国政府首次成功取消了工资的自由谈判。政策试图更多地回归自由主义，非但没有导致新的通货膨胀发生，而且成功取消了价格及工资限制。莫罗伊和法比尤斯政府依托竞争和开放，逐步放开工业产品和某些服务的价格，使法国融入全球通货紧缩运动之中。希拉克政府正式废除"1945年法令"，继续深化了该政策的执行。另外，对工资采取间接的限制措施。政府率先做出表率，严格限制公职人员收入。政府还借助民众对失业的恐惧和工会的弱点，适度增加了私营部门比例。危机爆发后，政府首度将工资与物价进行脱钩，直击通货膨胀进程的核心问题。

其次，在公共财政方面，紧缩政策从1983年起逐渐阻止了财政赤字的不断增长。家庭赋税连续3年持续上涨[1]。政府努力控制社保赤字，限制卫生开支、增加税收并增设税额贡献，该举措起初仅临时针对社会雇员采取，后来永久针对所有工资以外收入（一般社会公摊金，简称CSG，1990年创立）。其后，从1985年起，由于同其他工业化国家一样受到新自由主义浪潮的冲击，法国政府试图通过减税措施以减少人们对必要性征税的担忧、增加家庭储蓄，激励企业精神、降低企业税收成本；政府还取消对奢侈品（包括汽车）提高的附加税，并降低对快速消费品及其服务的税收。

---

[1] 设置税率为65%的所得税和针对富人的特殊递进附加税。

最后，为更好地控制货币扩张，法国政府完善了 1976 年开始的年度增长目标，包括信托和货币、准货币（即期储蓄账户）和定期投资、银行业和非银行业，并将利率维持在明显高于通货膨胀率之上，以抑制信贷需求。同时，政府发展现代化资本市场，在无须发行新货币的前提下满足投资需求，主要举措包括 1983 年的储蓄和开放法、1986 年金融期货市场的建立以及 1987 年的退休储蓄法。

3. 欧洲范围内日益增长的实用主义（1992 年后）

欧盟成员国签署的《马斯特里赫特条约》规定最迟在 1999 年 1 月 1 日之前制定统一货币，要求联盟内部汇率稳定，每种货币都与欧元保持固定汇率。与此同时，法国的国家法规影响货物、服务和资本自由流动的最后障碍正在消失。在统一的欧洲市场中，自由竞争开始像北美市场那样刺激增长和促进就业。对于法国领导人来说，保持伟大的经济平衡比以往任何时候都更加重要，法国不仅要参与欧元发行，而且要保证它在良好的条件下完成。因此，法国政府努力实现马斯特里赫特定义的五个"趋同标准"：通货膨胀率与最低的三个成员国持平，财政赤字占国内生产总值的 3%，总体公共债务不超过国内生产总值的 60%，利率与通货膨胀最低的三个成员国持平，货币遵守欧洲货币体系规定的最低浮动条件。

尽管在此期间，法国遭受了经济重创（1993 年经济衰退）、社会波动（1995 年反对退休体制改革的罢工）和政治变动（1993—1995 年左派选举失利，1997 年左派重获政权后解散议会），紧缩政策还是得以继续实行。然而，工厂倒闭的情形持续、社会不平等进一步深化，导致众多行业纷纷质疑实施该政策的必要性。事实表明，欧洲范围内的紧缩政策并不能保证法国走出危机。诚然，风暴期间也会有片刻宁静，包括 1997 年通货膨胀降到了 4 年来的最低点，2000 年失业率降至 10% 以内。但因为经济周期继续循环，宁静只是昙花一现。在此背景下，历届政府不论其政治方针、立场以及目标如何，在经济改革方面总是踌躇不定。他们几乎把握不住改革的窗口期，尤其是在社会保障和税务改革领域。因此，尽管法国长期以来的人口老龄化问题及其影响已众所周知，法国政府还是直到 2003 年才开始重新审视退休制度。在税务方面同样如此，历任经财部长从 20 世纪 80 年代中期开始继续减轻税收收入，而不去纠正必要征税的整体结构。

因此，法国的经济衰退迅速地导致了新的失衡出现，尤其是 2002—2003 年，经济濒临衰退严重加剧了经济繁荣时期也未能解决的财政赤字问题。截至 2003 年，法国政府财政赤字已经连续 2 年超过 GDP 的 3%，公共债务接近 GDP 的 60%。法国政府冒着被欧盟制裁的危险，决定临时解除《欧洲稳定与增长公约》的义务。欧元区推行之后，遵守共同规则是否仅仅对某些国家有利，而对其他国家不利？是否欧洲的"大国"掌权，而"小国"继续受制？环境全然改变，经济政策是否应当维持不变？但若继续放任赤字问题，是否会出现新的通货膨胀压力，是否会使得所有努力付之东流？在权衡以上问题的基础上，一定程度上回归实用主义已是大势所趋，这种回归表明经济政策的"危机"所带来的影响远未消除。

三　政府角色必须重新定义

1. 公共部门的消失

相对于其他工业化国家，法国经济的重要特征是公共部门比重很大。法国的公共部门在重振战后经济的过程中扮演了至关重要的角色，在 20 世纪 60 年代也是经济政策的重要工具和传导途径。如今，法国周边国家公共部门的作用几乎与法国的如出一辙。

经济危机强化了公共部门。在长达 20 年间，法国政府为挽救两大濒临倒闭的钢铁巨头齐诺尔公司和萨西洛尔公司，向其提供巨额贷款。1978 年，政府更是取消了两家公司的债务；而作为回报，两家公司向政府出让 85% 的股份，并由政府指定公司的领导人。该措施看似是"钢铁公司领导者的末日"，实则是成本高昂的国有化，因为它实际上依靠的是纳税人的捐税来逐步消解两家公司的债务。

公共部门的强化还有另一个表现。1973—1980 年，大型国有企业法国煤炭、法国电力、GDF、SNCF、RATP、法航、国际航空以及 PPT 分别在能源、交通和通信领域加大投资力度。在经历长期的相对下滑之后，其生产性投资比重逐渐上升（1973年达13%，1980年达22%），刺激了国内需求发展。最后，如同在危机之前一样，政府作为一些公司的重要参股方支持国有企业的繁荣发展，如增加股份占比（1978年，政府将其在达索—布雷盖的股份提高到了21%）。

1981—1982年，法国的公共部门出现了规模化扩张。左派政府为了实施1972年制订的政府公共计划，更为了面对危机锤炼出"法国生产的国防武器"，决定对12家大型工业集团、2家金融公司和36家银行实行部分或全部国有化。同时，该举措也是为了回应对私营资本主义的以下指责：过度的跨国化经营导致法国就业机会外流；不合理的多样化影响国家产业政策的前后一致性；银行对于最有利于刺激就业和经济活力的中小企业并不感兴趣，而更趋向于饱受诟病的大型国际金融业务。不过，相比于1944—1946年的国有化，1981—1982年的国有化主要是出于经济因素考量，而非社会和意识形态因素。相对于其他的西方工业化国家，法国政府国有化的比重更大。法国政府不仅控制能源和交通行业，还控制信贷发放和主要工业，尤其是基础性产业。这一点与其他的工业化国家形成对比，如英国、联邦德国、意大利和日本正朝着与法国相反的方向实施政策。

1984年，针对公共部门的质疑逐渐显现，甚至在右派上台之前就已经出现。法国的国有化带来的经济和财政影响让人失望。法国国有化阶段又恰值艰难的经济危机期，给一些公共部门的传统赤字增加了新的负担。尤其是1982年之前，如对佩西尼公司的国有化反而被证实了是一种财政浪费。此外，尽管郑重承诺遵守企业自主化管理原则，维护市场经济，但政府并不排除通过协商方式介入：佩西尼公司被强制重组并放弃化工业和钢铁业；圣戈班被强制放弃投资信息行业和奥利维蒂的股权，而这部分股权迅速被美国电报电话公司（AT&T）收购。此外，国有化对相关集团的战略形成法律制约：如果每次都需要法律准许，如何才能向其他集团购买或转卖子公司呢？又如何增加资本，同时维持政府作为唯一股权所有人的要求呢？政府为此构想了一些权宜之计。1983年后，国有企业可在股票交易所发行有交易权但无投票权的投资许可证，但其结果并不尽如人意。

第三章 世界危机、欧洲危机与法国危机（1974年后）

1981年后的公共部门

1981—1982年的国有化

——1978年后政府占有85%股份的两家钢铁集团全部国有化：

—齐诺尔钢铁集团；

—萨西洛尔钢铁集团。

——五大工业集团及其子公司全部国有化：

—法国电力总公司（电力和电子制造）；

—汤姆逊公司（电力和电子制造）；

—圣戈班公司（玻璃和陶瓷行业）；

—普基工业公司（金属和基础化学行业）；

—罗纳普朗克公司（化工业）。

——两大金融集团和36家存款超过10亿法郎的银行全部国有化（巴黎巴银行；法国东方汇理银行）。

——控股两大航空航天材料制造商：

—达索航空公司；

—法国马特拉引擎公司。

——并购外国集团的3家子公司：

—从霍尼韦尔集团收购霍尼韦尔布尔信息科技集团，霍尼韦尔在霍尼韦尔布尔集团信息科技集团中所占股份从47%下降到30%；

—从赫斯特集团收购罗素优克福公司（医药公司），前者对后者控股率为51%，但是赫斯特集团不参与罗素优克福公司的管理；

—从国际电话电报公司收购了法国CGCT的全部股份。

第一次私有化热潮（1986—1988年）

1986年7月31日，法国颁布的一项法令预示了65家集团的私有化运动，这些集团中有15家真正完成了私有化转型，涉及的总资产达800亿法郎：

——4家工业集团：

—其中两家集团于1982年被国有化：法国圣戈班集团以及阿尔卡特—阿尔斯通通用电气公司；

—法国马特拉汽车公司；

——法国 CGCT 公司，后被卖给瑞典的爱立信集团。

——1 家石油集团：

——法国埃尔夫阿奎坦石油公司（部分私有化）。

——6 家银行：

——法国商业信贷银行，1982 年被国有化；

——法国兴业银行，1945 年起为国家所有；

——法国农业信贷管理局，1920 年创立起即为国家所有，后改名为法国农业信贷银行；

——其他 3 家银行，包括区域银行及专门资助特殊领域发展的银行。

——2 家于 1982 年实行国有化的金融集团：

——苏伊士；

——巴黎巴银行。

——2 家通讯公司：

——哈瓦斯通讯社，于大解放时期被国有化；

——法国电视一台，1974 年从法国广播电视公司独立出来。

第二次私有化热潮（1993—2002 年）

1993 年 7 月，法国掀起了第二次企业私有化的热潮。这次私有化热潮涉及 21 家企业，被涉及企业聘用的员工总数达到 70 万人左右。目前，已完成私有化的主要企业如下：

——9 家工业集团：

——1982 年被国有化的法国罗纳普朗克公司和法国佩希内铝业集团；

——诞生于 1987 年的法国北方洛林钢铁公司，其前身为两家在 1978—1982 年被国有化的钢铁冶金企业；

——1982 年被国有化的法国布尔集团，日本电气有限公司和美国的摩托罗拉入股该公司，因此法国政府和法国电信公司只占有 33% 的股份；

——雷诺，法国允许私人投资者以及员工入股公司，2001 年，在交叉持股的交易条件下，日本尼桑公司入股雷诺公司，届时法国政府所持股份仅占 37%，该比率预期将在短时间内降到 25%；

——法国西塔烟草公司，在审查其对法国市场的销售垄断之时；

——1998 年被阿尔卡特公司接管的法国汤姆逊公司；

第三章 世界危机、欧洲危机与法国危机（1974年后）

——达索航空；

——航空航天工业集团创立于1970年，原名为法国航空航天公司，由多家公共飞机机体建筑公司合并而成，现与法国拉加代尔传媒集团旗下的高科技公司法国马特拉汽车公司合并。

——1家能源集团：

——1999年法国埃尔夫阿奎坦石油公司与法国奥达尔菲纳—埃尔夫石油公司合并，法国政府在其中只持有一种特殊股份（"黄金股"①），目的是能够反对可能危害国家利益的企业介入。

——5家银行：

——巴黎国民银行成立于1967年，由BNCI与巴黎国家贴现银行合并而成，于大解放时期被国有化；

——里昂信贷银行，于大解放时期被国有化，之后在1994年险些破产，1999年实行私有化并被其他企业所接管；

——法国工商银行归并于国家保险集团，并在国家保险集团实行私有化时由法国互助信贷银行集团接管；

——法国那提西银行（1996年国家信贷银行与法国外贸银行合并而成），1999年被法国人民银行收购；

——德克夏银行，1996年由比利时社区信托银行与法国地方信托银行合并而成。

——4家保险公司：

——法国AGF保险公司，巴黎联合保险公司，国家保险集团，上述三家公司皆成立于1968年，并由诸多国有制公司合并而成（在大解放时期）；

——法国国家人寿保险公司。

——3家服务公司：

——法国电信公司于1997年上市，其前身为法国邮局下拆分出来的一个公共部门；

——法国航空，企业部分资金已经上市并被售予公司员工；

---

① 黄金股（golden share）是政府用来在国有企业民营化过程中保留控制权的一种特殊工具。——译者

—海运公司，法国国家航运公司（现法国达飞海运公司）。

这20年间，公共部门在整个行业中所占份额（能源、公共工程及食品工业除外）先后经历了扩大和缩小两个阶段，并与员工数量成正比，具体情况如下：

1980	5%
1985	20%
1992	12%
2001	5%

此外，兴起于盎格鲁-撒克逊国家的自由主义在法国也取得了很大的成功。爱德华·巴拉迪尔担任希拉克政府的财政部长期间，采取了一系列私有化措施，这些举措也为其继任者所效仿。私有化运动不仅涉及了1981—1982年被国有化的企业，同时也影响了国有化历史较为久远的各大企业。私有化运动的目的是避免国有企业在市场上形成垄断或成为公共服务的指定提供者。1986—1988年，部分私有化项目已被落实；1993年，私有化运动又重新开始，且规模有所扩大。一方面，私有化运动取得了很大的成功，很多公司诸如法国圣戈班集团、巴黎银行、巴黎国民银行、法国电信公司均实现了私有化；另一方面，由于股票市场状况或经济发展局限，私有化运动也面临过很多问题，如当一些国有企业因私有化运动而出现亏损时，就会推迟自身的私有化进程。值得注意的是，私有化运动所面临的障碍基本上不是出于政治或意识形态方面的考虑。左派政府试图冻结局势时（实施双否政策：既不重新恢复国有化，又不实施新的私有化运动），采取了经验论的态度。为了给国家谋求到新的资源，左派政府将国有公司的一部分资产在股市上出售，比如法国埃尔夫阿奎坦石油公司。1993年，雷诺公司与瑞典私有企业VOLVO合并项目遭遇失败，就是左派政府在调整非官办企业地位的道路上迈出的第一步。不过，以上这些都是次要的表象，长期以来争论的焦点都集中在经济政策问题上。

第三章 世界危机、欧洲危机与法国危机（1974年后）

2. 放弃统制经济

在公共领域，统制主义是经济政策的基础。尤其是瓦莱里·吉斯卡·德斯坦延续了让·莫奈的指示性计划，不确定因素与矛盾变得越来越多，从而也造成了经济危机。在其长达7年的领导下，经济计划使得法国经济在20世纪60年代中期出现加速衰退：瓦莱里·吉斯卡尔·德斯坦的预期目标并没有实现，他所实行的计划效率很低。左派的上台使局势暂时发生了改变。他们决定放弃第八个计划，意味着第八个计划尚未启动就已被暂停，这在法国历史上尚属首次。由米歇尔·罗卡尔领导实施的临时计划希望能够减少人们对法国的"失业印象"。1982年，法国实施了一项计划改革，并将计划的开展方式民主化。在计划开展期间，由国家委员会来领导各领域委员会工作。国家委员会有80位成员，这些成员皆为来自各地区、工会以及一些合作组织或运动的代表，计划间的衔接以及各地区的配合因此得到了更好的保障。此外，由于各地区议会主席均加入了国家委员会，所以从原则上来看，全国性计划与地区计划间的协调也得到了保证。最后，在第九个计划中，政府又重新设立了具体的量化目标：推出优先执行项目，并与各地区及各公共企业签署合同。

然而，第九个计划所带来的经济复苏仅仅流于表面，并未真正发生。由于第九个计划所设定的经济增长模式过于局限，当面临危机时就显得没有价值。而且计划中所设定的量化目标并非绝对，与其他工业化国家经济表现相比，只是一个相对的数字。第十个计划与第十一个计划甚至放弃了量化指标，只描绘了一个很宽泛的草图而已，目标是调整法国经济，为法国进入欧洲市场做准备。一般看来，第十个计划和第十一个计划具有过多的统制经济主义的特征，结果两个计划均遭到社会的抵触和排斥。于是，第十一个计划在执行过程中被取消了，计划委员会也转变成为一个研究性质的机构。尽管委员会研究的是对国家经济未来较为重要的中长期问题，但此时的计划委员会已经失去了让·莫奈赋予它的意义，它不再是那个全面且具有主动性的政治工具了（见表3-7）。

20世纪80年代，降低行政力度成为当时法国政府的政策特征。法国政府依赖市场规律的修复与调整，逐渐放弃了统制经济主义以及

表3-7 1976年后法国经济计划

	执行时期	计划总署特派员	制订方式	目标	结果
第七个计划	1976—1980年	让·里佩尔 米歇尔·阿尔伯特	4个主要执行政委员会确定了三方部门委员会的准则结合地区意见制订国家计划并鼓励地区制订地区计划议会决定对初步选项和最终内容的双重审查	经济形势恢复平衡,保障年经济增长率在5.5%—6%,从而保证法国的就业,改善人们的生活环境,并减少不平等现象;措施:25个优先行动计划,重组量化公共投资	目标并未达成:经济增长乏力(年增长率为3.4%);失业现象加剧;政府收支不平衡
第八个计划 计划未实施 本预计实施阶段为 1981—1985年		米歇尔·阿尔伯特	建立策划办事处,由现代化建设委员会协助展开工作由于行政局势多变,因此计划并未提交	没有数字预测,而是简单的定性目标(寻求国际竞争、减少能源依赖、发展农业食品部门、保护就业和社会保障)国家没有对12个优先项目许诺财政支持	计划未实施
临时计划	1982—1983年	休伯特·普雷瓦特	建立策划办事处,由11家工业集团协助	稳定经济,推动就业,促进社会更加团结实施国有化措施,下放权力,开展社会改革	经济增长过慢,不足以减少失业现象通货膨胀现象严重,1982年6月起实施紧缩政策

第三章 世界危机、欧洲危机与法国危机（1974年后）

续表

	执行时期	计划总署特派员	制订方式	目标	结果
第九个计划	1984—1988年	亨利·纪尧姆 贝尔纳·弗拉戈纳尔	国家计划委员会监督50个专门小组或专家委员会决策及执行手段进行投票	仅通过参考其他工业化国家确定量化目标 优先实现定性目标 中央政府开展12个优先执行项目，与各地区及公共集团签订计划合同	1984—1986年，法国经济表现低于OECD成员国平均水平
第十个计划	1989—1992年	皮埃尔-伊夫·科塞 让-巴蒂斯特·夫考尔	设立10个委员会或专门小组 国家与地区预先谈判计划合同，议会只对主要决策进行投票	为法国进入欧洲市场做好准备 没有定量目标，且中央政府没有在实行方案上给予财政承诺	维持货币稳定，与主要贸易伙伴的通胀差异消失 1990年增长进一步减弱，投资不足
第十一个计划	1993—1997年	让-巴蒂斯特·夫考尔	设立14个委员会专门小组 地区与国家预商讨计划合同 对主要方案进行议会磋商	对抗失业和社会排斥现象 继续现代化进程，提高政府效率，寻求竞争力 没有定量的目标	计划未实施

1945年制定的价格条例。1986年，政府正式废除价格条例，一部倡导价格自由及竞争自由的法律登上舞台。同时，汇率控制措施得以建立，尽管在1959—1968年汇率控制措施第一次面临被废除的风险，但近几年这些措施得到不断强化。在1990年欧盟框架下实现资本自由流动之前，法国的汇率管控措施就已经不复存在了。信贷控制规定最终被修订，一些如价格信贷的限制措施以及一些更加尊重银行自由管理的新模式取代了之前极具约束力的措施。

3. 建立福利国家

经济增长放缓、诸多领域就业减少以及工业转型等因素交织，俨然成为一种对社会保障的呼唤。事实上，本次危机与20世纪30年代有所不同，在此次危机中，社会保障以及失业保险维持了法国人的家庭开销和正常消费，法国顶住了危机带来的压力。社会保障支出变得越来越多，除了津贴之外，法国政府还要负责医疗机构的运行费用以及各种援助。1984年，社会保障支出总额开始超过财政预算。2000年的社会保障支出占GDP的30%，法国的该项指标在欧盟内排第二位，仅次于瑞典（32%），略超过德国（29.5%）以及欧洲西北部的其他国家，更是远远超过地中海国家（西班牙该比重为20%）。如今家庭收入的1/3都是通过社会转移支付实现的，而在经济危机初始阶段，这一比重仅为1/4。

但同时，福利国家建设招致了很多批评。首先，因为福利开支都是建立在工薪阶层的税费缴纳基础之上，人们缴纳的税费是影响商品成本价格的一个因素，福利开支的增加会影响到商品价格，因此社会保障会带来通货膨胀的压力。

其次，实现社会保障的财政平衡变得越来越难。社会保障支出越来越多，社会资源却在不断减少。实际上，一些政府，如1981—1982年由皮埃尔·莫鲁瓦领导的政府曾提高津贴水平来支撑家庭消费，因为危机使得享受失业金的人数越来越多。另外，人们生活水平的提高，医疗科技的不断进步都使得医疗消费在家庭开支中的比重越来越大。人口老龄化问题使得养老保险收支失衡，更恶化了纳税者与社会保障受益者之间的关系。在这些情况下，我们就明白了为什么政府要不断提出经济振兴计划，尽管这些计划的效率往往很低。

所以，是时候反思整个体系了。我们是否能够在降低纳税者缴税金额的同时来维持退休人员领取保障？许多人认为必须要建立或部分建立起资本积累制度。至少，每个员工都能够在其劳动期间攒下一笔足以保障自己未来退休生活的积蓄。这也是为什么储蓄计划在1997年被引入到立法当中。许多不受欢迎的政策被暂停，这些政策都曾给社会带来很多压力，比如在1995年由朱佩领导的政府所引导的退休改革就曾在社会上引起了轩然大波。其实，法国的社会保障收支情况一直以来都存在很严重的赤字问题，只不过该问题在1999—2001年有所缓解罢了。一方面，极端自由主义者倡导取消福利政策，因为他们认为福利政策导致个人的责任心丧失；而另一方面，由于倡导尊重个人权利并维护一代又一代人之间的团结，工会却赞成全面建设福利国家。那么现如今能否找到一条折中的道路呢？

第二部分

主要产业

第四章

农　　业

一　跨时代的农业

1. 农食加工业的发展

20世纪50年代初,遭受战争破坏的生产力得以恢复,农业仍维持着19世纪末的传统地位——在国民经济中处于一个既基础又落后的状态。作为投入劳动力最多的行业,虽然农业覆盖了全国约1/3的就业人口,并享有国家的扶持,但仍然无法满足国民对食物的需求。时值当下,农业虽然看起来与社会联系不大(占就业人口的4.7%和GDP的3.1%),但其在出口贸易方面仍是法国在国际竞争中不容忽视的一张"王牌"。

法国的农业在欧盟中排名第一。1998年,法国农产量占欧盟总量的22%,居于首位,尤其是在粮食、葡萄酒、糖类、牛肉和家禽饲养方面。法国的人均农用地为42公顷,远远超过欧盟人均水平。法国农业的这些成功主要源自其出色的生产力,一方面,其农用地不断延伸,另一方面,其气候和土壤条件具有多样性。不过法国农业在效率方面的表现非常一般,其产值比欧洲西北部的国家还要低,在动物产品方面尤其如此。其生产的强化并没有起到推动作用:法国是欧盟拥有拖拉机最多的国家,也是欧盟最大的饲料消费国,但是如果按耕地面积平均计算的话,法国仅处于第6或第7位。

从全局来看,相比欧盟其他国家,法国的农食产品极度稀缺,其产值仅相当于荷兰的1/3。荷兰仅拥有法国1/5的农民和1/16的耕地面积，却成为欧洲最大的农食产品供应国。但与全球其他国家相比，法国的农业发展良好，2002年法国第八次名列世界十大主要粮食作物生产国。1978年，法国从荷兰手中夺得仅次于美国、全球位居第二的农食产品出口国地位，并在产品多样性上处于领先地位。法国的农食产品公司总是朝气蓬勃：有农产品批发商，比如第一批国际农业公司之一的法国苏克敦集团；也有大型农业合作社，比如诺曼底奶业联盟（ULN）；还有私人企业，比如1966年在安托万·皮奈的推动下成立的法国达能集团（前身法国BSN集团），已经完全摆脱了农业发展束缚，生产各种农食产品，从啤酒、矿泉水到奶制品、调料和儿童食物泥，从糖果、香槟到饼干，并且跨国资产规模位居欧洲第一且在国际上仅次于美国的矿泉水生产商。

同时，法国农业也存在着许多不足。法国在国际市场上取得的成就中有超过1/3依赖于享有欧盟补贴的原材料（谷物、肉类、奶制品）销售。因而对欧盟经济状况和决策的依赖性非常大，而这两点是法国无法控制的。虽法国农业整体销售盈利，但容易受到冲击。比如，由于大量进口饲料的进入以及1976年的干旱，法国农业于1977年遭遇了局部亏损；另外，自1982年起所遭遇的中东地区大量禽肉涌入的问题也冲击了法国农业。如果我们把农产品中不可食用的产品（纺织纤维、皮革、毛皮和天然橡胶）去掉的话，法国农业销售盈利情况会显得更加糟糕。此外，法国还是最大的温带农产品进口国，罐头、即食菜肴、水果、蔬菜、花卉、鱼类、贝类、动物脂肪和烟草等产品的大量进口抵消了其谷物（出口农产品的40%）、酒（主要是香槟、波尔多和勃艮第的葡萄酒、科涅克白兰地酒）和肉类（尤其是牛肉）出口所带来的盈余。

在欧洲范围内，法国农业较为脆弱。达能的营业额在欧盟同行业处于第三位，在全球同行中位居第10，2001年其营业额却仅为位居首位的雀巢的26%。同时，法国农食加工业也是国外企业收购的主要对象，比如雀巢收购巴黎水矿泉水公司，联合利华收购和路雪，德国糖业精炼公司收购法国圣路易炼糖厂。法国政府曾出手紧急制止过保乐力加集团向可口可乐出售其子公司奥利奇娜。

2. 农业收入的波动

农业收入不等同于产品销售和自身消费的总产值，其中包含各种生产成本：工业生产中间环节的消耗、能源、服务、债务利息等业务开支，农业生产者薪酬、地租、设备损耗以及经营者所缴纳的社会保障费用等。农业收入再加上国家补贴就是附加价值，我们由此就可以计算出单位产值和人均产值。应当指出的是，单位产值和人均产值这两个指标可能根据规模、类型、雇员为全职还是兼职等因素发生变化，但其结果总体呈现出一种明显的趋势。1959—1973 年，法国农业生产者平均净收入实际上增长了一倍，平均每年约增长 5%。随后，这种趋势变得没有规律性，在 1991—1998 年间经历了短暂的连续增长（每年上升5%），但更多的是萧条和衰退（1973—1991 年下降 3%，1999 年起下降 0.3%），农民成为法国仅有的几个从经济危机之初购买力便遭受巨大威胁的职业之一。

农业变革的原因不胜枚举。为了扭转农业收入波动甚至萧条和衰退的趋势，法国所在的欧盟系统十多年来实施了最高价格保护政策。在其农业定价政策的长期影响下，法国农业生产总值最终达到了顶峰。尽管如此，法国农业的工业化增加了中间环节的消耗。1960 年，法国中间环节的消耗仅占生产总值的 22%，1970 年达到了 30%，1990 年达到40%，而现在其占据生产总值的大部分，达到了 51%。设备维护、燃料、肥料、杀虫产品和动物饲料，所有这些中间消耗甚至超过了生产费用。自 1974 年起，法国农业便开始蒙受巨大损失。

同时，法国农业承受着巨大的压力，特别是在债务利息方面。从传统意义来说，借款只是短期应对歉收的手段，但是从 20 世纪 60 年代初起，扩大债务就演变成了法国农业一种几乎必不可少的扩大经营和实现现代化的长期手段。法国农业成为名副其实的"重工业"，与其附加价值相应的资本投入超过了钢铁冶金业的 2 倍，造成了严重的后果。1960—1990 年，法国农业债务从 110 亿法郎猛增到 2000 亿法郎，占社会总债务比例则从 3% 跃升到 17%。债务还涵盖一些其他大额财务项目，尤其是 1968 年根据工业最低薪酬制定的农业最低薪酬保证非家庭成员劳动力的工资，1960 年并入总规章制度的社会保障支出，以及农业经营者为自己和家庭缴纳的费用。

这些因素造成了巨大的影响。长期以来，法国农业生产的收益掩盖了其附加价值下降的趋势。1959—1973年，法国农业年均收益为8%，社会经济以5.5%的年平均速率增长，农业俨然一副经济领头羊的姿态。但危机的爆发导致农业收入增长放缓，在许多年份甚至呈现衰退的趋势，比如2000—2001年。农业生产单位附加产值的下降已经不可挽回。同样，在危机发生前，法国农业劳动人口的快速减少使个人购买力得到提高。不过自1975年起，农业变革的脚步就放慢了，这一方面是由于主要领域经营模式重组几近完成，另一方面是因为危机限制了其他经济领域的劳动力需求。

农业经营者的收入变得极不稳定，且严重依赖欧盟的补贴政策、通货膨胀（其增长和下降影响着债务的加重或减少）和政府以天气灾害补偿的名义提供的"额外"补助，其中天气灾害补偿因全球气候变暖呈现持续增长的趋势。20世纪60年代法国农业若隐若现的快速发展景象如今消失不见，大量只从事兼职农业劳动的农民拉低了农业领域的收入水平和产值，我们发现每户农户所得到的收入，加上社会津贴，扣除税款，呈现出非常不规律的波动；农业对政府扶持和帮助的依赖性非常大，政府持续投入使农业获得了比以往更多的扶助。回想最近几年，政府对农业的扶持尤其多，农业因此实现了巨大的增长（自1993年起每年上升7%）。

2002年法国农业主要数据

人与农业用地：
——就业人口的3.9%
——664000块农业用地（2000年），其中49%面积小于20公顷
——人均耕地面积：42公顷
——农业用地中租赁耕地所占份额：65%

产量与产值：
——占国内生产总值的2.6%（其中植物产品占60%，动物产品占40%）

——主要植物产品产量：

表 4–1　　　　2002 年法国部分植物农产品产量及国际地位

	产量	占欧盟产量比例（%）	占世界产量比例（%）
小麦	3900 万吨	34	6.5
玉米	1600 万吨	41	2.7
大麦	1100 万吨	20	8.3
甜菜	3300 万吨	26	13.5
葡萄酒	5200 万升	33	19.4

——主要动物产品产量：

表 4–2　　　　2002 年法国部分动物农产品产量及国际地位

	产量	占欧盟产量比例（%）	占世界产量比例（%）
牛肉	170 万吨	22	3
牛奶	2600 万吨	21	未知
猪肉	240 万吨	15	3
家禽肉	230 万吨	27	未知

——产值：
—小麦：74 公担/公顷（英国 80 公担/公顷）；
—牛奶：5500 升/头/年（丹麦 6700 升/头/年）；
——对外贸易：
—世界第二大农产食品出口国，仅次于美国，超过荷兰和巴西；
—第七大食用农产品进口国；
—食用农产品自 1971 年起维持贸易顺差（除 1978 年），但是其差额相较于其他欧盟国家不大，比如丹麦和荷兰，后者的差额是法国的 3 倍，并且一直是法国最大的食用农产品供应国。

3. 长期内部不协调

法国农业通常呈现出两种甚至是三种面貌，缺少一致性。

首先，法国土地结构一直沿着中心集聚式模式演变。根据1955—1997年人口普查显示，表4-3所示人均土地面积在40年间增长了2倍，从14公顷增长到42公顷，但拥有土地少于20公顷的经营者仍然为数众多，他们占有的土地通常是5—20公顷，这些相对更为专注的小经营者具有更好的抗压力。在法国南部、波尔多—日内瓦一线的南部分布着很多这样的小经营者，他们往往在年长者的指导下种植多种作物，收入微薄，无法从事现代化的生产作业，更不用说恰当地保养机械设备了。在这些小经营者当中有将近20万名兼职农民，对他们而言农业生产只是次要的收入来源。许多专家认为他们最终会放弃农业，除非政府出于非经济原因加以阻止。而且，这些小经营者呈现老龄化特征，超过50岁的从业者占总人数的60%。

中等经营者拥有20—50公顷土地，尽管其耕地份额从1970年开始下降，现在更接近于20世纪50年代的水平，但这些经营者往往充满动力。他们主要位于法国的西部。对他们而言，现在是把握农业政策和进行现代化的关键时刻。

表4-3　　　　　　1955—2000年法国农业经营份额　　　　　　（%）

	总数			种植面积		
	1955年	1970年	2000年	1955年	1970年	2000年
低于20公顷	79	66	49	40	25	6
20至50公顷	17	26	21	35	38	17
高于50公顷	4	8	30	25	37	77
总计	100	100	100	100	100	100

那些拥有土地超过50公顷的经营者占有超过总耕地面积3/4的土地，主要分布在巴黎盆地、法国中部和东部地区。过去他们往往不会雇佣长期的劳动者。根据1999年农业就业人口普查显示，在1995年29.7万名农业工人中，季节性劳动者占大部分，略少于长期从事农业领域的工人数量。长期以来，机械化的普及、经营农田的收入和地租都是法国农业价格保证政策取得的主要成果。低廉的价格使他们获得了经济上的收益，有些人称之为"经济租金"，这是那些中小型经营者无法获取

的。不过，欧盟新方针的作用、农业中间环节损耗的增加和人工费用的增长已经非常明显。

其次，产品和地区的结构差异使法国的农业呈现出多样性。20多年来，农业价格的调整根本无法兼顾各方利益。谷物经营的收益增长甚微，奶牛饲养也停滞不前，而优质葡萄、蔬菜和水果种植的产值尽管常常不规律，却收益颇丰。

自20世纪60年代开始，法国各地区的地位不断变化。一些贫穷或者产量低的地区一跃成为领头羊，这主要发生在西部地区，尤其是布列塔尼地区和卢瓦尔河大区，它们的产量达到法国总产量的16%，主要是以畜牧产品为主。得益于土地开垦和肥料的大规模应用，香槟—阿登地区在农业净收入方面成为第一，超过了庇卡底和法兰西岛大区。一些曾经辉煌的地区却与之相反，农业发展遭遇了瓶颈，比如诺曼底地区。人们无法通过饲养奶牛盈利，与此同时巴黎人又对度假区需求强烈，这两者都促使当地年老的农民们放弃了耕作。篱笆的拆除和土地的兼并使得林木茂盛的西部地区变成了大片的耕地：博斯种满了杂交玉米，与它的传统阿基坦式作物相去甚远；科西嘉的东部平原遍布葡萄和柑橘种植园。法国的乡村第一次在如此短的时间内发生了这样巨大的变化。

二　复杂演变的结果

1. 在国家推动下强制实现的现代化

第二次世界大战前，法国还没有真正意义上的农业政策。当然，农业部还是中央政府的一个部门，高层的政客们也并没有放松对它的管理。但它的政治和社会功能使它更像是关于农民和乡村的部门，而不是旨在提高农业产量的部门。

1945年后，一切都发生了变化。生产的迅速恢复使得高度现代化变得不可或缺，莫内计划提出以拖拉机和氮肥的生产为首要目标，传统的治理模式被质疑继而被抛弃。

战争胜利后，法国农业出现了崭新的变化。1946年，任农业部长的社会党人弗朗索瓦·坦居伊-普里让将《土地法》中土地租赁合同的最低年限延长至 9 年，并规定农民可以自动续租，除非地主将土地收为己用或给自己已成年的孩子使用，同时农民对土地享有优先购买权。此外，《土地法》还规定年税款根据不同的作物类型征收，并由租户和地主按份额分摊。

从整体看，土地在不务农的主人手中只有投资价值，但对其他人的价值则不同。农民只要承诺一直从事农业生产活动，就可以不再缴纳税款。他们把所有的人力物力都投入到对土地的现代化经营中。在 40 年间，被租种的土地占耕地面积的比例从 30% 上升到了 54%，其中包括法国农业最发达的地区——巴黎的广阔平原。

同时，与农业领域相关的其他经营条件也发生了改变。在金融方面，1945 年之后法国农业信贷银行开始垄断发放农业分红贷款。受益于国家预算补贴，法国农业信贷银行以低于市场平均利率 2 倍的利率向农户提供设备贷款。在地产方面，法国一直在鼓励土地合并，合并土地面积从 1939 年的 400 万公顷一直增加到 1999 年的 1600 万公顷，占法国耕地的一半以上（53%）。在技术方面，国家承担一部分拖拉机购买费用并减免"农业燃油税"以鼓励农业机械化。在国家农学研究院的帮助下，国家还推动了农学研究的发展。国家农学研究院建立于 1946 年，该机构研究出了新的谷物品种（杂交"舒瓦西之星"小麦）。同时，国家下拨了以禾本植物（黑麦草、鸭茅草）为主要原料的人工草料。此外，国家还鼓励通过人工授精和多品种发展来改善养殖业。

与战前几近彻底的自由放任主义完全不同，行情支持和市场组织成为法国农业政策的第二大方针。虽然保护机制和力度不同，但基本趋势向好。1945—1962 年，在法国政府的支持下，所有的产品在行业代表的运作下都相继拥有最低限价和有组织的市场。从 1945 年开始，在粮食方面，全国跨行业粮食管理局代替了全国跨行业小麦管理局；1953 年，在畜牧产品和葡萄酒方面，出现了共同奶业协会、跨行业牲畜和肉类协会、日常消费葡萄酒协会；1961 年，在农产品方面，成立了农业市场调节和指导基金组织。

自 1962 年起，欧洲经济共同体内部实行共同农业政策。尽管市场组织机构的名称时有改动，但从未消失。跨行业牲畜和肉类协会更名为全国跨行业牲畜和肉类管理局，日常消费葡萄酒协会更名为全国跨行业餐酒管理局。法国成为欧共体决策的执行者,在欧盟预算为农业提供补贴之后,这些组织机构便完全失去了自主性。

从20世纪60年代初开始,国家政策力图通过深化特色经营改革法国农业。事实上,价格补贴对于国家来说代价巨大。1945—1961年,法国农业支出增长了3.5倍,然而并没有取得很好的成效,且国家经常无法满足民众对粮食的需求。欧洲经济共同体建立之初,法国所拥有的大面积耕地为其带来很大的机遇,然而在1945—1961年法国却面临着错失种种机遇的风险。政府在农民的诉求面前表现得过于软弱,甚至危及到了经济的发展,例如弗里克斯·盖拉德在1957年响应农民诉求,根据物价指数计算农产品价格,最低限价的上涨对通货膨胀造成了巨大压力。最后,也会造成社会不公平的现象。大型经营者因低成本获得最大优势,而中小型经营者则只能维持基本收入。从整体来看,农业收入比其他社会收入增长更为缓慢,因而要想实现工会组织提出的像平等之类的诉求是不可能的。

因此,之后的一些指导性法律采取了新的行动方案。由于总理介入,1960年《德勃雷法》出台;而《埃德加·皮萨尼补充法》是在经历了一段漫长的等待过程后,于1962年到达农业部部长手中;1961—1966年,农业政策主要体现在其他几位继任者提出的法律中,比如埃德加·弗雷（1966—1968年）、雅克·希拉克（1972—1974年）、皮埃尔·梅埃涅里（1977—1981年）。

国家鼓励年轻经营者从事农业生产,为超过55岁的农民提供养老金补贴,为年轻的经营家庭发放安家费。鉴于土地价格上涨会对农业经营及农业经营的扩张产生冲击,为了限制土地价格上涨,国家成立了土地开发和农村建设部门,在土地买卖方面,允许该部门利用优先购买权购买私人出售的土地;此外,在土地开发上,国家也鼓励经营者之间进行合作。农业共同经营组织汇集了2个或3个以上经营者、土地所有者或农场主共同经营部分或全部土地和生产资料,成为雇佣的合伙人,领取基本薪金和分红。国家还鼓励合作社经营,在1967年进行了改革。为了更好地控制批发商销售渠道,国家还推出生产者联合的模式,让农场经营者能够建立农业集体利益组织,接受农民对其产品的销售委托。

法国在1960—1962年采取了众多措施,结果导致农业政策与传统导向完全分离。面对新的政策，相关人士的反应显得非常矛盾，表现出了"小农病态"，既愿意接受进步又害怕面对潜在的不利结果。

接受进步一面的人大多来自于工会年轻的积极分子，尤其是那些经常受天主教农民青年会运动影响的积极分子。当时，埃德加·皮萨尼改革行动拥有许多支持者，如米歇尔·蒂巴提斯，这些年轻的积极分子在上述改革支持者的号召下聚集到了一起。当然，有的人面对农业新政策会有很多强烈的抵制行为。在农业工会方面，大多数组织比如全国农业经营者联合会持怀疑态度。相比与组织机构改革，他们更支持向前发展。其他的组织则趋于对立状态，尤其是1959年建立的家庭经营保护运动党，其诉求更接近共产党。农民爆发愤怒的现象屡见不鲜，比如1953年比内稳定政策引发价格暴跌，结果出现了拖拉机游行封路的现象。最初出现的混乱可以追溯到1961年的莫莱（菲尼斯太尔省），面对欧洲的开放和新近颁布的《德勃雷法》，整个社会大环境处在一种焦虑中。

因此，法国政府需要经常更改措施，放缓已经制定好的现代化进程，并拒不接受1969年出版的《韦代尔报告》（该报告主张出于竞争力考虑，建议加速农业人口外流，让边际土地休耕，并否定小面积传统经营的收益前景）。政府应尽力保护那些受威胁最大的农业生产者，比如出台山地政策为养殖户提供与代养牲畜重要性成比例的特殊补贴和优先贷款。同样，为了农业整体利益，法国政府同意持续给予几乎覆盖所有农户的税收特殊优待。国家向农业生产者大量拨款，发放社会补助，如今社会分摊额只占其收到补贴的1/5，而这个数据在1961年还是3/4。人口结构的变化表明这种差距来自系统保护性措施，但这项政策真的适合法国吗？考虑到对欧洲开放涉及了农业结构不可避免的调整，我们对此持怀疑态度。

2. 对欧洲开放引发失衡

长期以来，欧洲对于各国农业而言是一个巨大的市场。欧洲各国政府均充分利用了这个市场。1962年欧洲各国政府要求实行共同农业政策，并对伙伴国施加压力，有时为了获得符合其国家利益规划的决定，甚至要干扰欧共体机构的运行。因此，使《罗马条约》总体目标（食物自给自足，农户生活水平均衡，稳定的市场和价格）得以实现的措施因其广泛性而成为共同政策的主要部分，并使得之前起草的法国方案纳入欧共体的计划之中。

共同市场意味着早前通过的规定限额和海关壁垒措施自1968年7月1日起被取消。由此，一个庞大且购买力强大的消费市场向法国农业敞开了大门。在欧洲市场中，法国能够大量销售因其产量和生产力提高所能出口的产品。欧洲共同市场的独特性也表现在针对每个大类产品的最低限价上，并因此促使欧共体成员国设立了一批共同的市场组织机构：粮食、猪肉、蛋和家禽（1962年）、牛奶和牛肉（1963年）、糖、水果和蔬菜（1966年）和烟草（1970年）。1960年农民是占欧共体就业人口18.5%的社会阶层，欧洲各国政府在农民提高收入压力之下陷入窘境，这也从一定程度上解释了为什么起初欧洲市场农产品价格就明显超过了同期国际市场的行情。

法国农民不但受益于欧洲共同市场的最低限价，而且常常因为欧共体的眷顾而免于外部竞争的压力。只要是从欧共体之外的国家进口，产品就会自动被扣除掉欧洲最低限价和国际行情之间的差价。相应地，在欧共体市场找不到销路的农民也会收到同等金额的补贴，使其在国际市场具有竞争力。因此最低限价能够确保农民至少以与之相等的价格在欧洲市场或是在其他市场销售他们的产品。

欧共体各成员国之间经济的关联性致使共同农业政策的开支资金由欧洲农业指导和保障基金承担。1962年后，欧共体预算下拨农业的款项免税方案获得通过。支出主要用于两个方面：一方面是行情补贴和出口补贴；另一方面是农业结构的改善，尽管其效果非常有限。此外，农业结构改善这方面的行动也一直在提高成员国的独特性。农业款项免税方案涉及的资金主要是欧共体预算资金，其首先直接来自于各成员国分摊，而每年各成员国都会就此展开协商。从1971年开始，欧共体预算增加了特殊资金：从除欧共体外的其他国家进口制成品的关税、农业扣款、成员国每年在确定比例范围征收的增值税收入，且增加比例不能超过其总额的1%。总之，不论是最低限价还是出口补贴，法国农业从法国纳税人和欧洲伙伴那里获得了大量支持。

然而，20世纪70年代初，最新的欧共体市场组织才刚刚建立，共同农业政策逐渐显露出来的抑制作用使其对法国农业的有利影响受到质疑。由于货币的不稳定性，市场的统一性变得虚无缥缈。从1969年开始，法郎贬值以及随后的德国马克升值导致首批货币补偿金出现，这是欧共体区域内农产品贸易长期失衡的结果。15年来，区域内农产品贸易对法国农民产生了不利影响，农民的欧共体市场销路逐渐减少，而且农民在国内还要面对来自强势货币国家（德国、荷兰）更激烈的竞争，在猪肉和奶制品方面尤其如此。

此外，欧共体如今对法国的优待也并不再像共同农业政策制定之初那样令法国农民受益。欧共体在扩大，拥有越来越多的成员国，各成员国的农业总体上趋向于自给自足，某些产品甚至出现了大量过剩的情况。为此，欧共体对这些产品自动采用了相当高的最低限价：如粮食、奶制品和糖，最近则是牛肉、猪肉和葡萄酒。自1968年拒绝了曼绍尔特计划提出的重新定义方案，共同农业政策执行机构就因最低限价的重新制定不力而备受指责。共同农业政策执行机构首先把最低限价提高到低于通货膨胀水平（1973—1974年），然后对过剩最多的产品征收具有威慑力的税收（1977年乳制品共同责任税）。然而这些间接措施并没有发挥作用，相反却迫使共同农业政策执行机构突然采用了配额生产制。1984年，又实行了奶制品定额，此外对葡萄酒酿造流程进行更加严格的规定；1985年，对粮食和某些蔬菜水果采用保障下限；从1988年开始，鼓励减少耕地面积。

这些措施都直接阻碍了法国农业的发展。在基本食物方面，比如法国牛奶产量占欧洲总产量的15%，在1984年以前逐渐发展起来的上门收购牛奶突然经历"锯齿形"演变，在若干年间超过了欧共体限额，1988年法国牛奶生产者不得不因此支付6.6亿法郎的罚款。正如人们预料的那样，牛奶生产者的数量因此在20年间减少了2/3。

另外，对欧洲开放也让法国农业受到了其他成员国尤其是地中海沿岸国家的竞争，如法国和意大利关于葡萄酒的争议，法国和西班牙关于海钓和蔬菜水果的争议。诚然，在过去的40年间（1962—2001年），欧洲仍然是法国农产品的主要市场，接受了法国25%—77%的食品加工制品出口。但从1996年开始，欧洲严重损害了法国和某些伙伴国的关系，从"疯牛病"事件到变质原料牲畜饲料事件再到1999年"含二嗯英的比利时鸡仔"等事件都无不如此。面对欧洲之外的其他国家，欧洲并没有有效保护好法国农业利益，导致某些英联邦国家在英国市场（黄油和新西兰羊肉）保持着优先供应商的地位，法国农民却屡屡因为卫生方面的过度保护主义（1984年的"火鸡战"）被排除在外。美国依然是欧洲牲畜饲料（大豆和玉米麸质）的主要供应商，面对来自西北欧国家、美国牲畜饲料大进口商的竞争，法国的玉米草料生产者没有了销路，但饲养者也因此享有低成本。某些东欧国家经常扰乱共同体肉类市场，牛肉市场受到严重破坏，自从奶制品限额实行以来，本已经变得无利可图的牛肉市场又遭受到了"疯牛病"的影响，变得雪上加霜。1998年，猪肉的市场行情也下跌了25%—30%，严重损害了占法国牲畜总量一半以上的布列塔尼养殖者的利益。

作为共同农业政策的最后支柱，经济关联性本身也开始破裂。事实上，欧共体推迟采取结构性政策，从而让法国预算承担了农业现代化和农民收入补贴的高昂支出。欧洲农业指导和保障基金对于法国农业经营者数量和耕地面积的支持力度明显低于共同体平均水平。货币补偿金应运而生，有利于缺少劳动力的传统农业向品质农业的方向发展。自1984年起，由于农业问题，法国甚至同德国及英国一道成为欧共体经济预算的主要净贡献者。

在欧洲建设中，农业属于法国的一张"王牌"，但这个"王牌"是否会成为法国经济发展的一个阻碍呢？稍经观察，我们就可以发现，欧共体后续的发展政策有很多令人意想不到的改变，而法国正是这绝大多数政策的倡导者和修改者。

三　寻找解决措施

1. 加强与其他领域的联系

在很长一段时期，由于共同农业政策，法国失去了对农业价格政策的掌控。但至少还能够尝试通过减轻农业负担以及产值来改善农民的收入。

然而，减轻农业负担根本不可能自发形成。1986年，石油价格以及进口供应商品价格有所下降，使得中间消费规模长期以来第一次出现了小幅度下降。在20世纪60年代土地问题开始显现，自1978年起土地问题不断突出，其原因主要如下：农业土地价格由最开始的相对下降变成了如今的绝对下跌。土地需求有所减少，因为高利率贷款变得更加困难，同时农业收入的不规律使农民们几乎没有想要扩大开垦面积的想法。相反，伴随着年长农民停止农业活动，土地开发和农村建设部门不断加大农业用地的供给，在1982年以后，土地价格开始大跌，土地单位面积价格甚至与20世纪50年代的水平相差无几。

与此同时，法国农业工业化由于发展不足，负担也在不断增加。农业设备深受高昂进口价格影响，加之如今外国企业占法国市场销售额的40%，驻法的外国建造分公司对法国农业影响巨大。由于战前积累下来的丰富经验，雷诺公司在拖拉机生产中占有重要地位，也是在拖拉机市场中占有主要份额的唯一一家法国企业。尽管如此，近些年来雷诺拖拉机生产子公司的业绩也持续下滑，表现不佳。

法国化肥行业资源匮乏：阿尔萨斯的矿床资源几乎枯竭，莱茵河沿岸的农业过快发展造成莱茵河周边居民迁移，使得法国与莱茵河沿岸各个国家矛盾重重，导致法国钾肥供给不足；同时，法国化肥行业中的磷酸盐也要完全依靠从北非地区和美国进口；法国还缺少低价的氢与水电，而这些是在氨合成与氮肥的生产过程中必不可少的原料。以上这些原因使法国化肥行业的成本高昂。欧盟其他国家，如荷兰与挪威的化肥行业的成本低于法国：荷兰格罗宁根拥有丰富的天然气资源；挪威含有大量的碳氢化合物及丰富的水力电能。这些国家的企业凭借驻法分公司就可以轻而易举地占领法国市场。

尽管法国拥有桑德斯矿产化学公司以及许多位于法国西部的大型合作社，但其饲料业市场被外资占领。由于缺少大型港口设备，法国很难以低廉的价格进口原材料，造成法国饲料行业的发展速度缓慢，且本土饲料业难以满足国内需求。因此，法国想要改善农业现状就必须恢复饲料业的发展水平。

对于法国的农食加工业而言，农产品的增值显得十分必要。人们越来越多地消费加工产品，生活方式的转变掀起了速冻食品的潮流，同时产品大量分销促使产品的包装不断升级。尽管法国人一贯拒绝口味标准化的高品质形象，然而农食加工业对法国的重要性不言而喻。虽然法国农业出口依然以未加工商品的出口为主,但农产品加工业会让其出口成绩变得更好这一点越来越毋庸置疑。自1980年以来,法国农食加工业带来的附加值已经超过了农业。

当法国意识到农产品增值的必要性时,已为时不早。法国在1976年才设立由米歇尔·蒂巴提斯领导的国家专业秘书处。米歇尔·蒂巴提斯为法国20世纪60年代的改革派工会领袖,随后成了法国农民联合会主席,但这一职位在1981年被取消。由于受到合作社活力的鼓舞,农民们陆续萌生了加入农食加工业中的意愿。除了贸易公司以外,各大合作社在奶制品、肉制品以及蔬菜罐头领域占据了非常重要的地位。在肉制品领域中,法国索科帕集团为欧洲第一。该集团在此前很长一段时间由米歇尔·蒂巴提斯领导,合并了11家厂家品牌奶制品生产合作社,其中包括肯迪亚与优诺。该集团同时向国外销售其产品以及生产专利,其中还与美国通用磨坊公司签署了加盟协议。与此同时,由于负担过重,一些大型合作组织的经济状况十分堪忧,甚至无法保证其自身的资金周转。然而,从长远的角度来看,农食加工业的发展是保障农业领域发展以及农业经营者收入的最佳方法。

2. 农业政策的再定义

面临着十几年来累积起来的种种困难,农业政策已失去了其在1960—1962年规则定位时的基础保障,当前处在重要的抉择阶段。

重新商定共同农业政策变得十分必要,然而却遭到了长时间的拖延。1984年,共同农业政策的修改对法国农民产生了非常消极的影响。保证价格被中止,价格甚至有时还会被大幅降低。虽然遭到法比尤斯政府农业部部长米歇尔·罗卡尔的反对,但牛奶配额制度还是登上了舞台。在法国人看来,米歇尔·罗卡尔领导的农业部以及法比尤斯领导的政府所采取的管理措施过于严格:政府只允许没有达到生产配额标准的地区向完成配额标准的地区转移赤字。对于像小麦和优质葡萄酒这些能为法国农业创收的商品而言,这个措施尤为严苛。大多数产品的最低价格保障限度被确立,即使像油菜籽这样能够帮助社会在饲料业减少对外界依赖的商品也被设立了最低保障限度。为了缩小农业规模,法国实行了一项新政策:如果耕地面积在5年内降幅达到20%,那么农民就可以得到一笔水平与德国及荷兰相比较低的补助，该政策促进了休耕现象的增多。然而，现如今实施的政策与1945年起法国所倡导的"以农业发展为先"的理念截然相反。今天，我们更趋向于直接对收入进行补贴，因为这能够避免共同农业政策因保障价格而走向僵局。

货币补偿金（MCM）

在将近20年的时间里，中止货币补偿机制一直是法国农业亟须采取的措施之一。但在今天，由于1993年8月欧洲主要货币间的较大汇率波动，货币补偿机制很有可能再一次登上舞台。

货币补偿机制目的是在货币波动较大或货币有所调整的情况下保证市场的统一和稳定。每年欧洲内部都会以"ECU"为单位制定农产品保障价格。或者：

——货币贬值将会导致以本国货币规定的保障价格的上涨。为了避免通胀压力，政府创造了一种绿色货币。这是一种用于计算保障价格的虚拟货币。当国内的农业价格低于欧洲经济共同体其他国家水平时，向欧洲市场出口自然就可以获得更多优势。当货币补偿金额为负时，税收就将会弥补欧洲保障价格与各国保障价格之间的差距，导致本币相对于欧洲经济共同体的其他国家货币贬值，对国家的出口造成很大的影响。

——货币升值将会导致使用本国货币制定的保障价格下降。拥有绿色货币的农民们将会反对在货币评估之前通过正向货币补偿金以及津贴弥补各国与欧洲保障价格间的差距。尽管这会使得对欧洲其他国家的农产品出口具有竞争力。

货币补偿金建立于1969年（当时正值法郎贬值），其本身具有很多的优点。尽管货币不稳定，但通过货币补偿金政策，国家就能在其货币贬值严重时，稳定食品价格，并在货币价值较高时，保障农业收入，此外欧洲经济共同体国家间的往来也能得以很好的维系。但同时我们也需要看到货币补偿金带来的弊端：

——财务困难：农业保障与指导金需要兑付负货币补偿金，同时还需支付正货币补偿金额。但是当负货币补偿金额低于正货币补偿金额时，农业保障与指导金就会面临负债问题；

——复杂性：农民所受压力使得不同产品的货币补偿金额不同。对于不在蛇形浮动体系内的国家，如英国，国家汇率的不断波动影响了农业交易；

——竞争扭曲：平价的调整由于总是趋于一个方向，损害了货币价值较低国家的利益（法国、意大利），但为货币价值较高的国家带去了利益（德国、荷兰），货币补偿金会影响到一些国家的农业出口并为另一些国家提供津贴补助。货币补偿金的设计初衷本是暂时性地保证自由竞争，然而它最终却成为造成失衡问题的恒久因素。

由于欧盟货币体系中的货币重新回到了稳定状态，1985年货币补偿金被取消。这也是双重过程的结果：提高各国保障价格到欧洲经济共同体水平以取消负货币补偿金——这满足了弱势货币国家的农业需求；降低价格以取消正货币补偿金则引起了拥有强势货币国家的不满，如德国与荷兰。但在1993—1998年欧洲货币体系内部的货币又出现了不稳定现象，使得货币补偿金机制重新出现。新提出的货币补偿金机制变得更为复杂，不但要考虑外汇市场每日的汇率波动，而且货币金额总量也需要被频繁地统计。

从某一方面来讲，共同农业政策的重新调整不会过多地影响法国的利益。然而，这次共同农业政策的重新规划与1986年关税及贸易总协定及世界贸易组织框架下多边机制碰在了一起，使得调整共同农业政策变得十分棘手。在上述的多边机制中，共同农业政策成为被指责的对象。美国以及其他国际农业食品出口国（加拿大、澳大利亚、新西兰）指责共同农业政策阻碍了其他国家农产品进入欧洲共同体市场。第三世界国家则抱怨共同农业政策保证了欧洲农民的收入，但同时也扭曲了基本产品的价格，削弱了第三世界国家的竞争力。在这些反对声中，谁也不愿意共同农业政策能够一直持续下去。

1993—1998年，欧盟货币间的汇率波动幅度的扩大导致货币补偿金阻碍了弱势货币国家对欧洲其他国家的农产品出口，而人们通常都认为这个问题在1987年就已经解决了。幸运的是，欧元的使用使得汇率恢复稳定，从长远来看，这对法国农业发展十分有利。

然而，不论是面对欧洲伙伴还是面对自身内部发展方向，法国都需要做出一些艰难的选择。想要同时寻求农业的现代化建设并保护农业经营者收入逐渐变成一个不可能的目标。20世纪60年代实行的结构政策还曾让人相信法国可以兼顾上述两个目标，并可以通过深化改革、提高生活水平以及社会进步最终实现这两个目标。然而，在1965—1980年，社会支出变得过于繁重，其占农业部预算的比例从37%增长到了50%。行政开销减少的压力落在了法国财政预算的肩上，能够用来投资的部分变得越来越小：1965年投资金额占预算比率为22%，然而在1980年时这一比率下降到14%。因此，做出选择不可避免。此外，为了使法国农业效率可以与其欧洲竞争国的水平相媲美，法国就需要实行合并，完成大型整顿工程与对土地资产的汇集（法国改造比例为10%，然而德国为37%，荷兰为65%）。同时法国还需要大力开展职业培训，尤其是在高中阶段以及农业大学内，这就导致研究经费亟须重新规划。然而，在此以前农食加工业早就面临着研究经费不足的问题。

同时，结构性政策也无法普及至20世纪60年代实行的革新方案中。当时农业开发公司依然是少数，大多数的组织皆为家庭式合作社，然而这并不属于真正意义上的合作：农业共同经营组合所耕种的面积加起来还不到有限责任农业经营（1985年被实施）开垦面积的1/10。生产者组合在某些农产品领域（洋蓟、菜花、土豆）仍然占主导地位，但是在其他产品分销方面只扮演了次要的角色。无独有偶，法国政府1982年为管理市场而建立的产品办公室也没有取得很好的成效。

现代化标志着农业发展向前迈进了一步。然而现代化行动还是受到很多诸如农民联盟这样组织的质疑。农民联盟成立于1987年，由很多热衷于社会运动的积极分子构成，领导人为何塞·博韦，在其领导下该组织进行了很多大型运动，例如拔除转基因玉米（转基因食品对生态平衡、社会和经济平衡都会产生很大的负面作用）。如此这般的打击使得政府在制定政策时更加谨慎，同时也更加考虑到农业的未来发展，以避免引起农业从业者的忧虑。

以上所有因素都显现出了人们对农业现代化行动及对20世纪60年代产生的生产本位主义的质疑。尽管农业在经济中的融合度比以前有所提高，但是就像很多其他的工业国家一样，法国农业最终还是没能够找到它的平衡，法国农业与其他非农产业都面对着越来越多的质疑与拷问。

第五章

工业的优劣势

一 工业实力的根基

1. 自然资源和人力资源

尽管目前工业整体呈疲软态势,但依旧是法国不可或缺的重要领域。法国经济状况、就业水平、投资收益和国际地位仍然在很大程度上取决于工业实力。自 1945 年后,法国工业经过 20 多年的发展,给人民的生活水平带来了前所未有的重大改善,促使法国经济达到史无前例的繁荣。然而,法国薄弱的工业基础开始无法满足当前的工业化进程。

法国的自然资源极为有限。一次能源匮乏状态一直延续至今,而矿产资源储备有限不利于壮大基础工业。法国的合金资源也相当匮乏,埃赫曼公司[①]垄断了出产于新喀里多尼亚[②]的镍矿,但该公司镍矿的产量随着当地独立运动的兴盛而变得极不稳定。由于从普罗旺斯矿层中提炼铝土无利可图,法国不得不依赖进口或是将氧化铝制造业向海外转移。在原材料方面,有些化工业原材料储备完全超过需求[③],而有些却极为

[①] 埃赫曼公司为法国镍出产商之一。——译者
[②] 新喀里多尼亚(Nouvelle—Calédonie)为法国位于南太平洋的海外领地,镍矿资源丰富。——译者
[③] 如洛林地区和弗朗什—孔泰地区的石盐,地中海沿岸的海盐以及拉克地区天然气提取物硫黄。

有限①，甚至极为稀少②，造成法国相关工业也远远落后于其他欧洲国家，尤其是德国。

在法国，铁矿的贮藏量极为丰富。位于摩泽尔河沿岸的褐铁矿可开发性极高，虽然铁矿中含有磷元素，但自1878年起得益于托马斯—吉尔克里斯特炼钢法，该矿区对洛林地区工业化进程以及整个法国钢铁冶金业的发展起到了至关重要的作用。不过，在20世纪50年代兴建大型交通基础设施时③，法国从海外进口高纯度赤铁矿引发了激烈的竞争，完全破坏了法国国内的开采进程。摩泽尔河沿岸最后仅剩的矿场也关闭了，矿业生产几乎消失殆尽。法国国内对废铁的回收以及来自巴西、澳大利亚、毛里塔尼亚和加拿大等主要供应国的矿产进口，完全满足了国内钢铁冶金业发展的需要。

表 5–1　　法国能源对外依存率（总进口/总消耗）　　（%）

1950 年	30
1960 年	41
1973 年	77
1980 年	74
1987 年	52
2002 年	51
煤矿	91
石油	98
天然气	97

---

① 如阿尔萨斯地区的钾。
② 如磷酸盐。
③ 如瓦伦西纳（法国北部城市）至蒂永维尔（法国摩泽尔省一个市镇）之间的电气化铁路以及摩泽尔河的大规模管道建设。

表5-2　　　　1973年和2002年法国进口来源及进口占比　　　　（%）

石油	1973年	2002年
中东地区	72	28
北非地区	13	8
撒哈拉以南非洲	11	12
北海地区	—	32
俄罗斯	2	18
其他供应地区	2	—
合计	100	100
天然气	1973年	2002年
荷兰	82	16
阿尔及利亚	18	26
北海地区	—	32
俄罗斯	—	26
合计	100	100
煤矿	1973年	2002年
德国	57	—
波兰	12	6
美国	11	10
澳大利亚	6	22
俄罗斯	6	—
南非	4	25
其他供应地区	4	37
合计	100	100

表 5-3　　　　　　　　　　法国能源结构分布　　　　　　　　　　（%）

一次能源消耗	1950 年	1960 年	1973 年	1980 年	2002 年
固体燃料			17.5	15.8	4.6
石油	74	54	66.5	56.6	34.6
天然气	18	30	8.6	10.8	14.6
水力发电	0.5	3.5	6	8.4	5.8
核能发电	7.5	12.5	1.4	6.8	35.7
新能源				1.6	4.7
合计	100	100	100	100	100

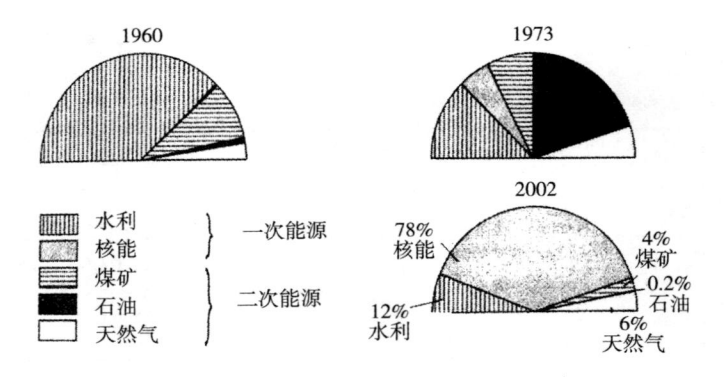

图 5-1　法国能源结构分布

主要能源政策及措施：

1944—1959 年：优先发展国内资源

1944　北部煤矿及加莱海峡①煤矿国有化

1945　法国原子能总署②创立

1946　法国燃气公司、法国电力公司以及法国煤矿公司相继成立。法国煤炭进口技术协会对法国固体燃料市场的供应占据垄断地位

---

① 加莱海峡位于英国与法国之间。——译者

② 法国原子能总署全称为 Commissariat à l'énergie atomique，缩写为 CEA。——译者

1948　热尼西亚水库落成

　　　　第一个核反应堆在萨克莱市开始运作

1950　第一年没有因为电网不足而导致停电

1951　在拉克地区发现天然气并于 1957 年进行开采工作

　　　　欧洲煤钢共同体成立

1952　栋泽尔—蒙德拉贡水库落成

　　　　费利克斯·加亚尔核电计划

1954　帕朗蒂地区发现油田

1956　哈西迈萨乌德地区发现石油

　　　　苏伊士运河临时停运 6 个月，导致石油价格飞速上涨

　　　　第一所核电站，马尔库尔核电站落成

　　　　法国电力公司开始以热能发电为主要生产方式

1959　煤炭生产过剩

1960—1973 年：逐渐接受能源对外依赖状态

1960　让纳内计划：5 年内减少 10% 煤炭产量

　　　　石油总联合会成立，为撒哈拉地区石油的销售提供渠道

1962　法国拉瓦莱—卡尔斯鲁厄输油管道建成

　　　　第一个天然铀石墨气冷堆在希农附近阿沃纳成立

　　　　首次与阿尔及利亚达成天然气供应协议

1963　煤炭工人为反对减少产量进行罢工

1966　朗斯河畔潮汐能发电站落成

　　　　首次与荷兰格罗宁根达成天然气供应协议

　　　　作为石油总联合会的分支，埃尔夫公司[①]成立

1967　法国煤矿公司化学部门成立

1968　贝登古计划加快了法国煤矿产量的缩减

1969　放弃天然铀石墨气冷堆发电，改用美国西屋电气公司的压水反应堆

1970—1973　国际石油输出国组织（OPEC）和企业联盟间达成协议，促使石油价格上涨 60%

---

① 埃尔夫公司为法国道达尔集团所属，目前专注于润滑油生产。——译者

1971　法国石油资产在阿尔及利亚实现国有化

1972　首个浓缩铀核电站在费森埃姆落成

1973 年后：应对能源危机

1973—1974　由于 OPEC 奉行单边政策，第一次石油危机于 1973 年 7 月爆发，油价上涨 300%

1973　为共同建设铀浓缩厂，法国与比利时、意大利、西班牙和伊朗联合创办欧洲气体扩散公司

1974　梅斯梅尔计划主张优先发展核电，计划 10 年内建成 44 个压水反应堆发电厂

实施节能计划

1976　阿奎坦石油国家公司与埃尔夫公司合并，埃尔夫—阿奎坦公司诞生

1978　浓缩铀工厂在特立卡斯坦建立

1979—1980　第二次石油危机于 1979 年 1 月爆发，石油价格上涨 150%

1981　《欧洲—西伯利亚煤气管道铺设协议》在苏联和包括法国在内的西欧国家之间达成

　　　试图复兴煤矿生产

　　　布列塔尼地区对核能的反对之声愈演愈烈，导致普洛戈地区核电厂项目停止

1982　全球石油市场低迷

　　　核电厂建设进度放缓

　　　煤炭复兴计划失败

1985　石油产品价格自由化并开始进口精炼石油

1986　石油价格大幅下跌，油价大震荡

　　　克雷斯马维尔"超凤凰"核反应堆接入电网

　　　电能生产过剩现象初显

　　　精炼石油业出现严重危机

1990　伊拉克入侵科威特，石油价格大幅度上涨。北部—加莱地区最后一座仍有生产活动的矿井关闭

1991　石油价格再次出现下降态势

1994　埃尔夫—阿奎坦公司完成私有化进程

1997　"超凤凰"增殖反应堆①被叫停

1999　继上一年收购比利时石油财务公司后，道达尔·法国石油公司于1999年收购埃尔夫—阿奎坦公司，道达尔菲纳埃尔夫公司至此成立

2001　阿海珐公司成立，集中管理所有国有民用核电项目

2002　法国逐步认清并适应欧洲煤气市场和电力市场的自由化现象，这一自由化态势一直保持到2007年

　　从事工业生产活动的劳动力并没有对工业发展起到促进作用。与那些没有经历20世纪30年代人口增长停滞，或在战后大量涌入难民的国家不同，法国在工业领域的从业人员长期处于极为短缺的状态。20世纪60年代末，这种状况出现了戏剧性的转变：人口增长的速率远超就业岗位增长率，结构性失业现象由此猛增。同时，其他方面的劳动力问题也在不断加剧工业生产的难度。劳动生产率一直停滞不前，自1980年起，每年劳动生产率的提高均不足3%，与1960—1973年的6%以及1973—1979年5%的增长率形成了鲜明对比，甚至出现生产率倒退，例如在1991年下降0.7%，1996年下降1.1%等。劳动力的灵活性相对较小，这一点很明显地体现在非全时工作的短缺上。这种短缺在很大程度上是由整个社会的消极态度造成的，人们在很长一段时间内只愿意接受家庭主妇的固有形象，而不愿意接受一种与工作效率和职业发展完美契合的不同的组织模式。在法国，工业生产活动中从事兼职工作的劳动者只占总人数的5%，与荷兰、英国、瑞典、丹麦和德国等国家相比相差甚远。

　　劳动力结构也无法满足现代工业的发展需求。在20世纪60年代大扩张时期，由于成本低廉，大量生产效率低下的工人被雇佣，且这类工人的数量远远超过大部分其他工业化国家。在从事工业活动的人口中，妇女的比例约占20%，非技术工人及经过训练却没有资格认证的工人占36%，在某些领域这类工人人员过剩，从而影响了生产效率。1984

---

①　增殖反应堆是一种能产生实用的核燃料的反应堆。——译者

年达勒报告指出，以上因素皆为汽车制造业困境的主要原因。法国国内某些固有的陋习和传统也有可能是工业效率低下的诱因。在法国，由工头和基层管理人员组成的领导层人数占工人总数的 1/15，这一数字远远超过德国（德国的比例仅为 1/26）。在此情况下，工人只是一个完成重复性工作的机械执行者，这直接导致工人的生产积极性和能动性不足。这种现象与法国职业培训不足以及法国教育中对技术的长期忽视相吻合，由此看来，这样的局面有一定的必然性。

2. 集中度

由于危机的影响，集中化整体呈放缓趋势，并表现出一定的差异性。一定程度上，集中度在技术上表现为在大型企业中工作的劳动力占比，这类大型企业可以与其他较小型企业共存。如果我们把超过 500 位员工的企业定义为大型企业，可以发现，如表 5-4 所示，1974 年以后在大型企业从事工业生产的劳动力份额呈现明显的先增后减趋势。

表 5-4　　　　　工业劳动力在大型企业中占比　　　　　（%）

年份	占比
1962 年	37
1974 年	45
1983 年	38
1992 年	30
2001 年	23

上述数据之所以将员工数少于 20 人的极小型企业排除在外，是因为这类企业会极大地稀释集中度。此外，集中度在不同领域之间也相差甚远，电力建设、运输设备、钢铁工业、有色金属产业的这一指标皆高于法国平均水平，而在机械制造、纺织业领域的指标则低于法国平均值。

尽管存在差异，但集中度整体的发展趋势是很明确的。技术集中度已经低于 20 世纪 60 年代初的水平。首先，某些以往发展态势良好的产业在产业结构中的地位已逐渐下降；其次，先前通过增加规模以寻求规模经济和提高生产率的生产模式已经让位于其他不需要大型工厂支持的模式，这类新型模式包括生产的高度自动化、缩短企业库存周转周期以及设立质量控制体系；最后，在大型联合企业内部进行由原材料到最终成品的组装，不如将装配工作外包给中型企业更有利可图，大型企业正在经历前所未有的裁员。20世纪70年代初，雷诺汽车公司位于布洛涅—比扬古地区塞甘岛上的工厂雇有员工22000余名，长期以来位居法国首位，然而雷诺公司却在1992年撤销了最后一批工厂，只保留其总部。同样的，位于克莱蒙费朗的米其林公司以及索绍地区的标致汽车公司也对它们的大型工厂进行裁员，自1993年两者分别减少了员工总数的19%和17%。这种局面无论是在就业领域、社会层面还是政治层面，都会产生相当严重的后果。对于需要保护这些大型企业雇员的工会来说，修订安定方案和行动方法是不可避免的。

资本集中度的提升是通过在工业结构中大型企业的地位衡量的。这里的衡量标准是法律以及经济学范畴，而不是技术层面。与其他工业化国家一样，法国资本集中度也远远高于技术集中度。随着危机的到来，资本集中度也在发生变化。如表5-5所示，这种局面在一定程度上增加了500人以下中小企业的比重，这类企业往往充满活力，受结构调整的影响较小。然而实际上，法国资本主义依旧被私有或国有的大型工业集团所垄断。

表5-5　　　　2001年20个员工以上的工业企业统计　　　　（%）

员工数量等级	数量	员工人数	营业额	投资额	出口额
20—49	51.9	11.5	6.3	5.5	2.8
50—99	21.0	9.6	5.6	5.5	3.3
100—199	14.4	14.8	9.9	10.1	8.8
200—499	5.3	12.2	9.2	9.4	9.3
500以上	4.5	50.6	66.2	68.8	72.7
等级之外*	2.9	1.3	2.8	0.7	3.1
总计	100	100	100	100	100

注：*为外包企业。

这一现象的出现可以追溯到20世纪60年代。尽管在其他的快速增长时期，如"美好年代"和20世纪20年代，同样催生了许多大公司：例如1898年雷诺汽车公司和电力总公司诞生，法国佩希内铝业集团和蓬塔穆松公司分别于1921年和1924年相继出现，法国罗纳普朗克公司和阿尔斯通集团也于1928年成立，但直到20世纪60年代，这些公司才摆脱相对孤立状态，通过内部发展和收购建立起真正的企业集团。作为掌握众多分支企业的母公司，他们如今的规模令人惊叹。

1960—2001年，以不变币值为基准[1]，法国优基诺集团和米其林公司的营业额约增长了7倍，法国佩希内铝业集团和雷诺公司增长了8倍，标致公司及圣戈班公司增长了23倍。劳动力人口也随之变化，但变化速度较慢，特别是钢铁等重组行业。例如法国优基诺集团，作为2000年钢铁行业唯一保持在法国前20名的企业集团，此时的员工人数甚至比1960年全国员工人数排名前五的企业员工人数还少两倍。但财务状况是没有规律可循的，各公司间的差异很大，且取决于年份和公司性质的不同，例如在2001年，道达尔菲纳埃尔夫公司实现了法国其他企业难以企及的最高利润额，维旺迪环球影业、法国电信公司和阿尔卡特集团紧随其后，阿尔斯通集团、法国优基诺集团却损失惨重。如果我们从利润率[2]的角度进行衡量，我们会发现欧莱雅公司的利润率为9.4%，而达能公司只有0.9%。

30年来的巨大变革使人们足以认清法国工业资本主义的新面貌。这些集团从未停止他们的重组进程，他们也会在这样或那样的情况下改名，比如我们很难从泰雷兹公司中发现汤姆逊公司的影子，也很难想象维旺迪公司的前身是通用水务公司，更别说把法国宇航公司和欧洲宇航防务公司建立起联系了。罗纳普朗克公司与德国赫希斯特公司合并后更名为安万特集团；法国优基诺集团如今与另两家欧洲钢铁冶金公司（卢森堡阿贝德钢铁公司和西班牙塞雷利集团）合并后更名为阿塞洛集团。而当这些工业集团的原始业务不再盈利时，他们就会放弃这些原始生产领域。例如1979年，BSN公司（即后来的达能公司）不再向英国皮尔金顿集团售卖平板玻璃；在子公司克勒索—卢瓦尔公司宣告破产后，施

---

[1] 以某一日期币值为基准，扣除通货膨胀因素，因而币值不变。——译者
[2] 利润和营业额之间的比率。

耐德集团也停止了钢铁生产。然而在某些情况下，有些企业又会重新专注于原始领域的发展。1982 年，已经完成国有化改革的法国佩希内铝业集团放弃其在化工领域和特殊钢材领域的生产活动，转而专注于铝的生产，但后来主要的发展趋势还是趋向于业务的多样化。阿尔卡特集团（前电力总公司）在通信设备业占据一席之地，其子公司还涉及电气材料（阿尔斯通集团）、船舶制造业（大西洋造船厂）等领域，不仅与法马通公司在原子能工业部门长期占据主导地位，还拓宽了服务业和出版业等相关业务。无独有偶，本身从事于建筑业和公用事业的布依格集团，利用其自身优越的经营业绩，逐步拓展石油工业、电池行业、旅游业、百货公司和视听传播等领域。扩张的极限并不是由其自身资本的不足决定的，这些集团反映出了与美国相类似的倾向：对于业务多样化和生产活动专一化两种模式的犹豫不决以及服务业和工业间利润的相互渗透。以苏伊士环境集团为例，其在 1997 年被一家从事建筑和城市服务的前金融集团里昂水务集团收购后，形成了当前的规模，晋升为所属领域国际一流公司的行列。同样还有本是航海航空运输业巨头的法国霞日集团，通过其子公司法国联合航空公司，逐渐开拓普鲁夫斯特地区羊毛交易、梳理和织造业务。最后一个典型的案例来自拉格代尔公司，其借助马特拉公司开始涉足导弹和高科技领域，1999 年与法国宇航公司合并后，通过阿歇特出版公司获得出版业领域的许可证。

然而，一些至关重要的因素使这些革新的影响变得相对化。正如从前一样，大型工业巨头操控着市场。如果不考虑外国集团在法国的子公司，则有 3 种力量占主导地位：家族力量、国家力量和大型银行或金融机构力量（保险公司和控股公司）。首先，家族力量是最为普遍的，这一定程度上反映了历史和传统的强大影响力。在这些公司中，创始家族始终在董事会中占有一席之地，并且一定程度上操控着他们任命的领导者的管理工作，他们甚至时常直接对这类管理工作施加自身的影响。如今，爱德华·米其林、弗兰克·李布、马丁·布依格和阿诺·拉格代尔都是其家族企业的领导者。其次，国家力量，但在过去的 20 年里，私有化进程使国家力量受到挑战。在很多集团里，国家力量已经让位于以银行或金融机构为支撑的核心股东。在某些公司中，董事长兼总经理可以凭借其强烈的个性，将自己的观点强加给董事会。这就是"管理层力量"，它长期存在于达能集团安托万·李布和施耐德集团迪迪埃·皮诺—瓦伦西埃那的领导过程中。总的来说，尽管法国市场逐渐对外开放，但经历了 1981—1982 年的国有化改革和自 1986 年后试图发展大众资本主义的私有化改革后，法国大型工业集团内的力量中心很难再有所转移。与过去一样，由于技术、历史和国家干预等因素的程度不同，集中度在各个部门之间也差距较大，如表 5-6 所示。在多数情况下，当一个部门中四大巨头公司占据了近乎一半的营业额或员工数量时，如表 5-6 所示，我们就可以称之为卖方主导，包括运输设备、办公设备、信息设备、人造和合成纤维等部门。在有些情况下，集中度只是中等水平，四大巨头企业很少占据超过 1/3 的生产活动，这类部门包括钢铁冶炼业、玻璃制造业、基础化学业等。有些部门虽然在就业和对外贸易中起着至关重要的作用，但其集中度却很低。这类部门大部分属于日常消费品制造业领域，我们从中还发现了很多中间产品（如建筑材料）和一些设备产品（如电气设备和电动工具）部门，这代表了分散和充分竞争的传统，尽管政府做出了相应限制，但这种传统导致的商业破产和外资收购现象日益增加。其中，被日本资本收购的现象尤甚，例如日本阿玛达公司（AMADA）收购了法国普洛梅康公司。

　　资本集中能否一定程度上保证资本繁荣和国家产业独立？很多家喻户晓的例子告诉我们，这其中没有任何联系。20 世纪 70 年代末，标致汽车公司难以承受连续收购雪铁龙公司和克莱斯勒欧洲公司所带来冲击。1984 年，由克勒索公司和卢瓦尔工程公司合并而成的克勒索—卢瓦尔公司在成立 14 年后宣告破产。2002—2003 年，维旺迪环球影业亦未能通过更换管理团队和清算资产的方式避免破产的命运。法国佩希内铝业集团在法国铝业堪称垄断集团，在经历了长期的集中化进程后，由于自身发展战略犹豫不决而最终被加拿大铝业集团所收购，让法国铝业这一法国工业领军者受制于国外资本。因此，特别是在经济增长放缓时期，我们必须时常重新审视集中化的效果。

第五章 工业的优劣势

表5-6 大型工业企业1960年与2001年营业额与员工总人数对比

前20强集团	1960年 营业额（百万欧元）	1960年 员工总人数（人）	前20强集团	2001年 营业额（百万欧元）	2001年 员工总人数（人）	盈亏差额（百万欧元）
1. 雷诺汽车公司	4038	61000	1. 道达尔菲纳埃尔夫公司	105318	122025	+7658
2. 法国石油公司	3852	6000	2. 维旺迪环球影业	57360	321000	-13597
3. 雪铁龙	2609	25000	3. 标志雪铁龙集团	51663	192500	+1691
4. 希姆卡汽车公司	2535	25000	4. 法国电信集团	43026	206184	-8820
5. 标致汽车公司	2100	20000	5. 苏伊士环境集团	42359	188050	+2087
6. 德温德尔钢铁厂	2013	22500	6. 雷诺汽车公司	36351	140417	+953
7. 埃索石油公司	1938	6500	7. 圣戈班集团	30390	173329	+1134
8. 优基诺	1876	19300	8. 阿尔卡特集团	25353	99314	-4963
9. 米其林公司	1861	40000	9. 阿尔斯通集团	23453	118995	-139
10. 洛林—埃斯科钢铁公司	1677	29000	10. 安万特制药	22941	91729	+1505
11. 洛林钢铁联合公司	1665	29000	11. 布依格集团	20473	126560	+344
12. 法国壳牌公司	1615	5000	12. 空客集团	20427	2000	nd
13. 安达公司	1441	3300	13. 米其林公司	15775	127467	+296
14. 英国石油公司（法）	1367	5600	14. 安赛乐集团	14523	59516	-720
15. 南方飞机公司	1242	23200	15. 法能公司	14740	100560	+132
16. 圣戈班集团	1230	23000	16. 欧莱雅集团	13740	49150	+1291
17. 美孚石油（法）	1205	3800	17. 法国拉法基集团	13689	82892	+750
18. 贝纳德集团	1193	7000	18. 拉加代尔集团	13296	45533	+616
19. 法国佩希内铝业	1168	12300	19. 路易酩轩集团	12229	53795	+10
20. 通用水务公司	1143	15000	20. 贝希纳集团	11054	32377	+233

注：为了对比营业额的变化，将1960年以法郎为单位的数据换算成了欧元。

二　国有成分

1. 直接干预

法国薄弱的工业基础让法国的经济发展长期以来受到过多的政府干预，这种干预很大程度上源于历史的因素，并主要体现在战后重建、戴高乐将军任职期间、左派政府执政前期等阶段。虽然产业政策因此变得富有计划性、支持性，但同时也在一定程度上限制了私有资本的发展。

表5-7　　　　2000年各个部门的四强公司所占份额　　　（%）

	员工数量	营业额
中间产品部门		
钢铁冶金业	32.0	37.0
建筑材料业	7.9	15.5
玻璃业	36.4	36.2
基础化工业	24.3	27.7
人造和合成纤维业	58.3	67.0
资本品部门		
机床	17.2	22.2
办公机械及计算机设备	61.7	74.5
电气设备	14.7	20.5
汽车制造业	15.3	55.4
航空制造业	50.3	57.2
消费品部门		
纺织品	6.9	8.7
服装和皮料	5.3	6.3
家具	16.3	19.6
印刷、新闻、出版业	4.8	7.3

第五章 工业的优劣势

国有企业在这里扮演了至关重要的角色，正是他们推动了整个工业进程。国有企业的发展同时体现了国家能源政策的走向，首先是煤炭，然后是石油，最后是核电。然而，相关国有企业通常不愿意降低价格，相反，要求主管部门保护甚至是提高价格，从而保证自有账户优化和使用自筹资金的能力。因此，为使价格合理和预算平衡，国有企业有时会与财政部"结盟"，但这样反而使其遭受许多社会指责。例如法国电力公司，由于其对客户提出的优惠价格要求置之不理，经常受到"制约电力长远发展"的社会指控。作为工业用电头号消费者的法国佩希内铝业集团，自1954年起开始对其铝产业产能进行外迁，首先将之迁至喀麦隆和荷兰，之后在能源较为廉价的时期迁至美国，最终在1963年扎根澳大利亚和加拿大，只保留了一个位于法国圣让德莫列讷的本土工厂。不过，这种趋势在1992年因该集团在敦刻尔克地区建成大型电解厂而暂时中止。这一电解厂毗邻法国最大核电站格拉沃利讷核电站，地理位置优越，并能够以极低的成本得到电力的供应。

国有企业的大量交易也促进了许多工业部门的发展。如表5-8所示，铁路设备行业本身非常依赖于法国国家铁路公司，因为该公司将其约一半的营业额用于购买铁路设备。同时，巴黎独立运输公司和众多省级城市为电车或地铁设备建立的公司，也都为这个行业的发展助力。航空航天制造业的成功主要受益于1959年快帆式喷气式飞机的出现，这种被法国航空和法国因特航空大量购入的机型，被认为是当时航空工业发展至关重要的"里程碑"。为了其他机型发展需要，政府还曾明令禁止上述两家航空公司购买这种新机型。同时，得益于法国电力公司的核电项目，曾长期受制于阿尔卡特公司、而后加入法国阿海珐集团的法马通反应堆业务公司，终于跻身于世界第一发电厂商的行列。

但仅靠国有企业的支持根本无法挽救那些因成本过高而无法生存的产业，这种支持就像氧气一样，只能人工地给予他们维持生产活动的能力。法国国家航运公司购买的货轮以及向法国国家铁路公司交付的汽车轮渡都已不足以维持造船业的发展，那些货轮和汽车轮渡的运营效率远比不上以卡纳德邮轮公司为首的那些大型私营运营商运营的轮船。玛丽皇后二号是在卡纳德邮轮公司支持下、由法国大西洋造船厂建造的世界上最大的远洋邮轮，它的出现使法国在世界船舶制造业领域排到了第9位。

表 5-8　　　　　　2001 年各个行业巨头营业额世界排名

生产部门	行业巨头	欧盟排名	世界排名
航空业	欧洲航空国防航天公司	1	3
农食产品加工业	法国达能集团	3	10
汽车制造	标致雪铁龙集团	4	9
建筑和公共工程	布依格通讯公司	1	1
化学和卫生	安万特制药	2	6
电子和通信	阿尔卡特公司	2	6
香水和化妆品业	欧莱雅集团	1	1
石油	法国奥达尔菲纳—埃尔夫石油公司	3	5
轮胎	米其林公司	1	3
钢铁冶金	阿赛洛集团	2	2
纺织业	法国霞日集团	3	nd
玻璃和绝缘材料	法国圣戈班集团	1	1

然而国有企业在产业政策中仍然发挥着极为重要的作用。在 1981—1982 年，左派政府决议通过的国有化改革首次对工业结构进行直接干预。虽然在此之前，国家已经涉足工业的许多企业，诸如雷诺汽车公司、法国航空航天公司、EMC、化工石油公司、埃尔夫阿奎坦石油公司工业子公司、CFP 子公司等，但从未采取这样一种整体性的政策。直到 1981 年，大规模国有化运动进入了一个增加对相关公司投资和重新定义其生产活动的阶段。首先，化学工业领域进行了三大调整：化工石油公司更名为 Orkem 化工石油公司，负责天然气、化学、肥料、塑料、油墨和涂料领域；埃尔夫阿奎坦石油公司主要以氯、氟、硫、石油的衍生物为主要产业方向；法国罗纳普朗克公司则专注于精细化工业，以制药和植物卫生生产为主。其次，在电子制造领域，法国汤姆逊公司和阿尔卡特—阿尔斯通通用电气公司在 1983 年签署协议，规定汤姆逊公司以雷达、电路元件、大众电子设备为主要生产方向，而阿尔卡特—阿尔斯通通用电气公司则专注开发电子通信及电话设备。同时，在钢铁冶金业领域，法国优基诺钢铁公司接管佩希内—于吉纳—库尔曼集团的特钢业务，并与法国萨西洛尔钢铁集团创立联合子公司，专注于长材产

第五章 工业的优劣势

品、特殊钢和建筑用钢等领域。

但结果显然不是那么令人满意。财政计划显示，优先发展的中间产品部门已经出现产能过剩的情况，而资本品和可持续性消费这两个部门的发展则过于落后。雷诺经历了几年的困难后，在1984年出现前所未有的赤字。政府对于工业分工的调整往往给人一种"工业机械师"的印象，对于企业管理制度的合理性漠不关心。在Orkem化工石油公司成为基础化学工业巨头的6年后，它被要求与埃尔夫阿奎坦石油公司（专注肥料、塑料领域）和道达尔法国石油公司重新组合资产，且资产重组涉及了油墨、涂料及树脂领域，这一举措几乎将其摧毁。企业集中化有时会受到制约，法国优基诺钢铁公司和法国萨西洛尔钢铁集团不得不等到1986年才开始合并进程，在任命了共同董事长之后，两个公司才得以完成合并。但情况有时却相反，人们希望加快公司的集中化进程：在通信工业领域，阿尔卡特公司作为阿尔卡特—阿尔斯通通用电气公司的子公司，也是一家国有企业，通过成为政府部门的官方供应商而得到了更好的发展。在航空航天领域，航空航天工业集团首先与法国马特拉高科技公司合并，继而获得了达索航空的国有资产份额，之后又与德国戴姆勒宇航公司共同成立欧洲宇航防务集团，成为军事航空航天领域的世界第三。就外国集团收购国有企业资产问题，长期以来人们的看法都是负面的。1993年，雷诺汽车公司和瑞典汽车制造商沃尔沃之间的合并计划被中止，并被谴责为是政府管理的变相私有化。同一时期，来自日本（日本电气股份有限公司）和美国（美国摩托罗拉公司）的资本进入法国布尔集团，仿佛为电子产业前不久因法国计算机计划[①]而刚刚燃起的雄心壮志鸣起了丧钟。

所有的这些不确定性因素都使人们开始质疑国有化这种产业政策手段的效果，并且让政府意识到当前经济需求和财政状况方面的燃眉之急，从而延缓了政府对干预经济的不断尝试。

公共支出成为发展国有企业必不可少的组成部分。20世纪50年

[①] 法国计算机计划是一项由法国总统戴高乐在1966年发起的法国政府计划，旨在促进国家或欧洲计算机行业及相关的研究和教育活动，同时确保国家在大型计算机方面的独立性。——译者

代，公共支出为大型国有企业的重建提供了条件，同时也出现了因无利可图而造成的财政赤字问题。1981—1985年，政府对在极具竞争力领域的国有资本进行回收，收回资金约是支付前股东金额的2倍。尽管金额巨大，但仍不足以填补这一期间累积的损失。

对于众多行业来说，公共支出也是必不可少的。建筑等传统生产活动就是很好的佐证，它们在很大程度上依赖于大型基础设施工程以及教育、医疗设备投资，当然还有住房政策。如果没有政府干预，电子设备、航空航天、信息领域等高科技行业都将失去至关重要的发展资源，这一点在2003年被再次证实，当时为了避免阿尔斯通公司的破产，国家对其进行了暂时的资本救助。

为给这些公共支出提供资金支持，许多专业性基金项目应运而生。1948—1952年，现代化和装备基金就提供了与马歇尔计划援助资金等值的金额。而后自1955年起，经济和社会发展基金接替了它的位置。1974年后，随着专业性基金项目的增多，工业结构调整部际委员会提出结构调整的需求，该委员会后来在1982年被工业重组部际委员会取代。1986年，由于对过于宽松的管理制度感到焦虑，法国政府几乎取消了所有这类基金，只保留了经济和社会发展基金。除了那些违反欧洲自由竞争规则的基金组织之外，这些基金的运作效率令人质疑。20年来各种专业性基金和部门计划接踵而至（计算机计划、机床计划、孚日计划，然后是纺织部门计划，电路元件计划，之后是集成电路计划），但国家生产效率却没有随之提高。

在此，我们列举钢铁冶金领域的一个案例加以佐证。1947年后，所属该行业的企业联合成立了冶金工业集团，以便调配债券，整合收集补贴贷款请求，同时作为交换，这些企业将其各自的设备项目计划提交给工业部下属的钢铁工业管理局。然而，尽管这一机制协调了私人资本主义的稳定性和国家的驱动作用，以此筹集的大笔资金使冶金工业集团成为资本市场内最大的私人借款方。但是盲目扩大生产力而不是使之成为现代化的选择，没能改善濒临破产企业的状况，企业维持艰难、产能过剩严重。事实上，1978年进行的国有化改革宣告了之前所采取行动的失败。因此，曾被认为是政府直接干预替代品的公共支出，就此证实了仅仅依靠它们自身是无法引导工业结构调整的。

2. 激励措施

政府直接干预和间接激励作用之间的区别，在原则上是非常清晰的，但在实践中却大同小异。由于一定程度的约束，政府的间接激励并不比直接干预在尊重市场规律和公司决策自由方面有更好的表现。在某些方面，盛行一时的戴高乐主义经济政策使人们坚持将公共补贴用于企业间的重组，像这种对集中度的支持，显然是为了达成目标而采取的一种反自由化手段。

其他方面也同样如此。对于现代化的援助不仅涉及由国家直接控制的分支机构或大型投资项目的官方重组，还有针对大量其他各类投资项目（例如创造就业、提高出口能力、节约能源等方面的投资）和受益者（包括中小型企业、困境行业、手工业、农产食品加工业）的财政贴息。经由专业性金融机构（如国家信贷银行、中小型企业设备信贷银行、合作信贷银行、区域发展公司）批准的软贷款约有160余种，其复杂性大大增加了分析的难度。这些方面的支出负担对于国家来说是非常沉重的，而对节约预算的考虑以及对恢复信贷竞争的意愿导致1984年后专业性金融机构的发展受到了很大的限制，但该类系统仍然影响着大约一半的生产性投资。

对于投资的税收减免显然更符合市场经济的发展规律。与所有大型工业化国家一样，法国减税也通过了多种途径。总的来说，在经济疲软时期主要采取间歇性税收减免策略，例如在1966—1967年法国稳定计划的艰难出台时期、1975年希拉克—弗尔卡德振兴时期，以及1978年以后的一段时间。此外，法国自1954年后推行的增值税机制以及1959年推出的递减偿还机制，都是一种与投资比例相协调的长期性援助，减轻了企业支付税收的压力。1986年起，法国将长期以来接近企业年利润50%的税率急剧下调至33%，让企业得以扩充现金流，从而起到了刺激投资的间接作用。

现代化还要依赖科研和创新，而这往往超出了企业的能力范围。国家采取较为果断的干预措施，建立国家空间研究中心和信息办事处等机构，并自1958年后，通过隶属于总理府的科学技术研究总代表团来确保其政策的一致性。同时，相关融资机制也被陆续设计出台，其中包括预付企业部分垫款、税收抵免以及特别贷款等。以上这部分支出在1959—1967年占政府科研和发展支出的70%，随后开始减少至如今的45%左右。这部分支出的绝大部分都分配给了运输设备制造、电气和电子设备以及制药业三个部门。2001年，科研支出分别占欧洲宇航防务集团、法国斯奈克玛股份有限公司以及法国泰雷兹集团营业收入的27%、22%和20%。

20世纪70年代初，法国还支持发展了一批由银行或公共投资机构成立的创新型金融企业。早在1970年，法国就设立了工业发展研究所，旨在为有困难的公司提供股权融资，之后又成为风险投资领域的重要参与者。

法国政府对于企业出口，或者说是对向国外市场渗透的支持，主要是通过财政手段完成的。由政府对外贸易银行给各大银行以支持，帮助各大银行发放出口信贷；各大银行依据供应商信贷条例向出口企业发放信贷，同时也依据客户信贷条例向海外买家发放信贷。由法国科法斯信用保险集团起草的相关保险合同涵盖各类出口风险，例如未收回应收账款、成本价格突然上涨、结算货币贬值等。同时，法国政府对于一些"特殊交易"或多或少会提供财政补助，比如武器、大型运输设备以及大型工业设备的海外出口。法国政府还给工业企业提供长期的低息贷款，使之可以在国际竞争中具备竞争力，从而提高其出口能力或直接在海外设厂实力。不仅如此，法国政府还建立了许多相关咨询机构如外贸顾问和法国对外贸易中心，以便企业更好地开拓国际市场。

然而，随着时间的推进，人们开始重新审视这一激励制度。首先是由于这些公共财政援助的成本上涨，其次是风险问题。当政府开始通过国际贷款补贴海外信贷时，国际收支的风险也随之产生。同时，当商业银行和法国对外贸易银行需要向法兰西银行进行融资时，价格稳定的风险又被放大。因为到最后，无论是在关税及贸易总协定的框架下，还是在世界贸易组织或者OECD多边规则中，或是在欧盟内部，法国所做出的国际承诺都要得到履行和遵守。与在现代化进程中所做出的支持一样，改善整体的经济环境比采取一次性的激励措施更受人们青睐。

3. 优化工业布局

1955—1974 年，许多原因引发了法国政府对工业布局的再思考。首先是对西部地区经济再平衡问题的忧虑，因为著名的勒阿弗尔—马赛线使得法国西部与城市化和工业化相隔绝。其次，政府需要为农村人口外流造成的年轻过剩劳动力提供就业机会，并希望对那些自 20 世纪 60 年代以来受到经济衰退影响的单一工业区进行调整。此外，还有政府进行的雄心勃勃的工业地理规划，如对巴黎地区工业外迁，以及模仿邻国对大型工业港区的沿海区位价值的探索。

法国政府调整工业布局的方式有很多。1955 年，埃德加·弗雷政府设立了工业分散奖励金，该奖励金为企业提供与其在某些地区创造就业岗位数量成比例的补贴，并禁止这些企业在巴黎地区建设或扩建工业厂房。经过对援助区域和奖励金额几次修改后，该模式在 1963 年取得了决定性的进展。该模式取得的进展要归功于国土整治和区域行动委员会的设计和组织，其主要负责审查企业提交的文件并批准财政部发放资金。

但不久之后，这种模式开始变得复杂。基础领域内国有或私营的大型工业企业都获得了开发建设沿海建筑群的专项资金。其中，法国优基诺钢铁公司和法国化工石油公司得到了敦刻尔克地区；勒阿弗尔地区由雷诺汽车公司、法国氮肥公司以及法国兴业乐镍业公司开发；法国福斯港则划归给了法国索里梅钢铁厂、法国萨西洛尔钢铁集团与法国优基诺钢铁公司的共同子公司、法国液化空气集团以及佩希内—于吉纳—库尔曼集团。北部加莱地区以及洛林地区制定了有关工业转型的特殊计划，其经济与社会发展基金针对该计划发放的贷款吸引了众多企业，尤其是当时蓬勃发展的汽车制造业。

然而，1974 年经济危机的到来使这一切都受到了质疑。首先转型区域成倍增长，新的区域消耗了所在地区约 1/4，甚至在之后上涨至 1/3 的工业调整资金。其次，许多巨额投资项目因无法运作而变得无利可图，例如敦刻尔克地区的蒸汽裂解装置，以及福斯港的轧钢机和高炉。同时，人们对以外省经济复苏为名而进行的巴黎地区的去工业化政策的合理性产生了质疑。因此在 1984 年，法国政府撤销了巴黎地区大部分扩建禁令，并设立许多再工业化组织，这无疑是宣告其对1955年政策的根本性废除。

此外，某些地区去工业化的收效仍然喜忧参半。某些工业生产，特别是汽车制造业更加均衡地分布在了法国境内（1962年该行业54%的员工在巴黎地区工作，这与1997年的17%对比鲜明）；同时一些次工业化地区（如布列塔尼地区）吸引了许多工业企业，尤其是电子与电气制造领域企业。但我们不得不承认，上述就业机会主要设立在距巴黎150—200公里半径范围内的城市（如鲁昂、贡比涅、亚眠、兰斯、特鲁瓦、奥尔良、夏尔特、卡昂），这些城市于1955—1975年获得了约一半的政府奖励。不过这些工作往往薪酬很低，也不需要很过硬的技能，主要是一些装配任务；那些更精细的制造业以及领导部门依旧留在其传统产地。同时，这种援助也是有选择性的，从中受益的主要是大型企业。而乡村地区的工业活力则完全依赖于原有的厂区或地方性工业政策，与国土工业化调整政策毫无关系。这些乡村地区包括：曼恩—罗瓦尔省绍莱地区（室内装潢、服装、鞋履）、奥恩省阿朗松地区（小型家用电器）以及上维埃纳省里摩日地区（电子制造）。

然而，即使奖励金总额已大幅减少，且不再由地区理事会予以补给，国土整治和区域行动委员会在重新考量之后，还是于1986年被撤销，1982年权力下放法案对此也给予了高度关注。由于国土整治和区域行动委员会在纽约、东京、法兰克福的分会依旧具备吸引外国投资者的能力，但它对于危机中的工业园区建设作用甚微。自1986年后，无论是在免税方面或针对进口原材料免税而设立的商业区和免税区方面，还是在其发展政策框架下各个地区分配的援助方面，它都有所作为。如今，许多科技园区也是如此，他们欢迎高科技产业的入驻。这些园区最早出现于20世纪70年代初，如普罗旺斯—阿尔卑斯—蓝色海岸大区的索菲亚科技园，以及格勒诺布尔科技园等。然而，科技园区都是由私人投资者发起建立的，由地方当局管理，中央政府并不干预。这些科技园以独有的方式证明了国家干预经济模式的衰退，并指明了未来如何在大多数工业国家内实行间接激励制度的方向。

4. 产业政策的不确定性

1945 年，法国政府便开始对工业领域进行强有力的干预，然而这种干预并不总是能取得成功。

首先，远大的目标往往缺少一致性。1945—1958 年，封闭的商业框架允许大量公共投资涌入，产业政策开始追求现代化和快速的经济增长。然而，产业政策却没有充分有效地刺激资本品的生产，给机床、货运车辆、农业机械以及办公设备的生产能力留下了难以弥补的缺陷。1959—1973 年，出于对工业需求的关注，产业政策力图创造一个有利于私营企业竞争的非通货膨胀环境。然而，几乎是在同一时期，信用投资激增，私营企业吸收了大量资金，而这正是其他部门所缺少的。同时，出于政治因素，这一时期法国对外国投资一直充满敌意，从而导致了许多具有严重后果的错误评估，"布尔事件"① 就是典型案例之一。1974—1981 年正值石油危机时期，法国总统瓦莱里·吉斯卡尔·德斯坦执政，专注于更有发展前景的新兴产业。因此，公共补贴主要集中在专业设备产业，它们获得了将近 3/4 的补贴资金。同时公共援助还集中在最大型企业上，1976 年仅 7 家大型企业就占据了援助资金的一半。但由于一些显而易见的社会原因，法国政府不能继续这一策略，进而导致过时的生产部门开始衰落。随后，政府不得不采取措施拯救濒临破产的企业，同时努力加大几个具有战略意义部门的产量，以此避免对进口产品的过分依赖。尽管从国际分工角度来看，进口产品更有利可图（这一策略源于电路元件计划），但自 1981 年起，左派政府试图用"部门政策"取代先前的"新兴产业政策"，控制每个分支部门的整个制造过程，同时放弃国际分工。然而，1983 年后，在管理国有企业的过程中，法国政府意识到，工业现代化需要一个更加灵活的竞争环境。1986—1987 年，右派政府基于自由主义原则取消了许多工业补贴和公共援助，并任由几家企业倒闭。但是，在私有化过程中，尤其是当一些公司受到

---

① "布尔事件"发生在 20 世纪 60 年代早期，当时全球第二大计算机制造商在股票市场崩盘，导致裁员 700 余名，并于 1963 年首先被法国股东收购，而后被美国通用电气公司收购，并于 1969 年被出售给霍尼韦尔国际集团。——译者

外国利益威胁时，政府并没有遵循这一原则，而是加强了对企业所有权的控制力度。总之，产业政策与那些没有应用于实践的大型战略方针不同，更多的是对实际情况的摇摆和调整。

其次，在经济政策与工业发展的迫切需求间存在很多矛盾。周期性政策往往会加剧行业发展的约束性，阻碍产品价格或企业利润的增长，并使税收成本增加，甚至有时需要行业支付特殊费用，例如1974年"经济降温计划"提出的流动资金周期性税费。为了讽刺税费提出者高级公务员让·色里塞（Jean Serisé），众多企业老板用"serisette"一词来命名这项税费。这一财政政策消耗了大量资本市场资源，迫使实际利率上升，让企业陷入毁灭性的债务危机。由于在净工资的基础上增加了许多额外费用，社会保障政策大大抬高了工资成本。有时甚至像《格雷内尔协议》①一样，虽然满足了工会的要求，却没有考虑到工业企业的利益。

最后，欧洲一体化进程也严重制约了法国产业政策的执行。出于对自由竞争原则的遵守，欧盟禁止成员国对市场失调进行援助或补贴。因此，法国政府必须与欧洲共同体当局沟通部门重组计划，其工业布局调整框架下的援助地区分布图也必须经共同体当局允许。从1990年起，所有欧盟国家企业之间、甚至是与欧共体外企业的合并，一旦合并后集团年营业收入超过50亿欧元，都必须通过欧盟委员会的审批，同时委员会有权禁止有可能在市场中占据主导地位的企业的资本运作。由此，法国航空航天工业集团在与意大利阿莱尼亚公司合并后，不可再收购加拿大德哈维兰公司。同样，法国圣戈班集团与德国瓦克尔化学公司，以及法国施耐德电气公司与重要的低压电气设备制造商法国罗格朗公司的两项合并计划均被推迟。

尽管如此，欧洲一体化还是给法国工业带来了很大帮助。法国钢铁工业的发展主要受益于达维尼翁计划②，而纺织业的《多种纤维协议》则保护法国纺织业免受发展中国家的低价进口商品的侵害。法国的高科

---

① 格雷内尔协议于5月25日和26日，即1968年5月危机期间，由蓬皮杜政府，工会和雇主组织的代表进行谈判而制定。——译者

② 达维尼翁计划于1977年出台，对钢铁企业的定价进行严格监管，对新产能进行抑制，从而达到稳定市场、调节产能与预期需求的目标。——译者

技企业在欧洲信息、技术研究发展战略计划①以及尤里卡计划②的框架下获得贷款。从广义上讲，1993 年欧盟的成立促使企业进行了多次收购，从而有效地提高了集中度。从长远来看，大市场无疑将有利于企业的发展，使企业从逐渐扩大的销路和成本较低的生产要素中获益。这一贡献毋庸置疑，但同样不可否认的是，欧盟的成立给法国产业政策的决策自由带来了相当大的阻碍。

三　危机的影响

1. 各部门的演变

30 年来，各种危机的纷至沓来打乱了法国的传统工业格局，导致产业不断演变洗牌。传统部门与现代部门、中小企业与大型企业、国有企业与外资企业、有无参与国际竞争的分支部门间的对立态势逐渐变得模糊。事实上，这种转变产生的影响也不尽相同。从某些角度来看，在某些情况下，有时甚至是在同一部门内，出现积极信号的同时往往伴随着衰退迹象。

在经历了 1973—1979 年的经济危机以及 20 世纪 80 年代初的大萧条后，法国工业产值的增长变得很不规律，衰退与复苏常常交替进行。例如 1993 年和 2002 年，工业产值大幅减少；而 1997—2000 年，工业生产状况开始有所好转，产值甚至大幅提高。传统的工业部门分类已不再能够客观反映出法国工业状况，只能展现出各个部门间的差异性。在中间产品部门，基础化学工业的发展与钢铁冶金业、玻璃工业的衰退形成对比。汽车行业则在最近一段时间内以崭新的活力和非凡的增长脱颖

---

① 又称 ESPRIT 计划，是欧共体为了集中成员国的财力、物力、人力，迎头赶上美国、日本，改变美、日在信息领域的霸主地位而制订的一项竞争前的技术研究与发展战略计划。——译者

② "尤里卡计划"是在法国总统前密特朗提议下，于 1985 年 4 月 17 日在德国汉诺威发起的。其目标主要是提高欧洲企业的国家竞争能力，进一步开拓国际市场。尤里卡（EURE-CA）是"欧洲研究协调机构"（European Research Coordination Agency）的英文缩写。——译者

而出。在消费品部门，纺织品、服装、皮革和制鞋业的急剧下滑与农食加工业的稳步增长对比明显，制药业受到经济危机的冲击相对较小。

造成各部门发展差异性的原因多种多样。中间产品部门和资本品部门对整体的周期性波动特别敏感，并且会放大其影响，但消费品部门却以更为线性的方式发展。其中，某些消费品部门正在遭受耐用品需求逐渐饱和带来的影响，如家用电器业，也有些部门则因可消费项目的相对减少而受到冲击，例如服装业。相反，有些部门则得益于其产品的创新（例如家用电子产品）或可消费项目的巨大潜力（例如药品）而发展良好。同时，我们还必须考虑到进口产品对法国市场的渗透，其使法国许多产业的困难处境更为恶化，例如基础化学业、机床、家用电器、汽车、皮革制造、服装业等。然而有时极具活力的出口商也会给相关行业带来积极的影响，如航空航天及武器装备业。

关于就业问题，即便在最为活跃的生产部门，就业也远未得到相应保障。鉴于生产率提高的速度过快，即便在繁荣时期，以武器装备业为例的众多行业也几乎没有创造任何新的就业机会。而那些受威胁最严重的工业部门普遍认为解雇过剩人员是解决艰难处境的唯一方法，这些部门包括：汽车制造业、钢铁冶金业、织造业、皮革制造业。这种解决办法不但可以降低收支平衡，将劳动力重新组合以达到自动化生产所要求的更高标准，还可以重新引起人们对以前经常忽视的科技进步的重视。结果在汽车制造业内，1992年每名员工每年的生产效率达到了18辆，与1981年的10辆形成强烈对比。在钢铁冶金业内，现在氧气转换器和电炉是制造钢铁所使用的仅有的两个设备，其中氧气转化器的使用率占到整个生产过程的70%，电炉为30%；94%的生产流程被压缩了，这一数字远远高于欧洲和日本。在服装业内，由于一些公司采用了非常现代化的激光切割面料技术以及自动化缝纫工艺，使得服装部门生产率的增长超过了法国工业的平均增长水平。诚然，工业现代化是以减少就业为代价的，法国工业虽然在1970—1974年新增了32万个工作岗位，却在1974—1979年减少了44万个岗位，之后又分别在1979—1984年、1984—1988年减少了58万和56万个岗位。自1982—2002年以来的20年间，工业部门雇佣劳动力总数减少了1/4，而同期，服务业对雇佣劳动力总数却增长了1/3以上。

表 5-9　　　　　　1980—2001 年法国各个工业部门产量

	1980 年	1990 年	2001 年
中间产品部门	106	115	136
其中：钢铁冶金业	124	98	103
玻璃工业	100	109	112
基础化学业	89	111	143
专业设备	107	116	127
其中：机械制造业	117	118	114
电子电器制造业	91	112	126
武器、航空业	119	121	125
家具设备	98	130	137
地面运输设备	112	129	205
日常消费品	102	108	115
其中：食品	94	111	129
纺织和服装	112	84	38
皮革和鞋履	105	83	43
药品	84	128	221
工业合计	106	115	132

注：以 1985 年产量为基期指数 100。

令人大跌眼镜的是，在最衰退的部门（例如家具、鞋履业）或是发展停滞的部门（例如服装业），其收益通常令人满意，这是因为投资减少的同时也限制了其债务的增加。同时由于其使用了低薪劳动力，工资成本的增加并不显著，一定程度上有利于维持这些部门的利润率。但是，这种变化与 20 世纪 60 年代英国工业的变化不同，呈现出一种较为明显的危险状态，即随之而来的国内市场丧失以及收支的极不平衡，直接冲击家具业、鞋履业和服装业。这种变化经常是由企业破产造成的。另外，其他部门不得不以巨额投资为代价继续进行现代化改造，也因此承受了数年的重大损失，例如，钢铁制造业遭受了连续 13 年的亏损，雷诺汽车公司是 6 年，标致汽车公司是 4 年。因此，当务之急是改善当今法国的商业经营环境，并在金融投资中找到资本增值的机会，从而达到逐渐削减债务的目标。

总之，在增长、就业和盈利方面，从来就没有一个部门真正交出过能够令人满意的"成绩单"。法国工业确实在危机期间经历了全面的衰退，在之后又得以复苏。但是，这些改变是在不同条件下进行的，任何所谓的整体分析都过于简化了早已经变得极为复杂的现实。

2. 各区域的工业结构

20世纪60年代初，经济危机以前，曾被认为对法国工业至关重要的地区开始出现了发展变缓的现象。在北部加莱大区，随着煤炭工业衰落加剧，人们开始质疑煤矿与制造业、男女工作岗位之间的互补性。与此同时，钢铁业向北海沿岸逐步迁移，慢慢与进口的铁矿石汇合。在洛林地区，由于就业过度依赖钢铁行业，导致重工业被孤立在偏远的农村地区。此外，钢铁行业离开摩泽尔河附近的山谷，直接转移到在摩泽尔一带的中轴线上，以便大型驳船的进入。而位于孚日山脉的纺织业，由于所在地区道路狭窄运输困难，在整个20世纪都延续着19世纪末的工业布局。然而，总体来看，工业结构所需的转变似乎更多的是逐步地调整而不是突然的转型，后者只适用于法国西部和中部相对较为孤立的小型单一工业区域。而以巴黎和里昂为首的大城市吸引力太大，以至于相关的转型政策都在试图削弱它们的工业影响。

法国工业当前的状况存在三个问题。首先，需要进行转型调整的区域遍布整个法国的东北部，覆盖了从塞纳河口一直到瑞士国界的地区。然而这一地区的工业结构正在逐渐恶化，原有生产活动急剧下降，再加上新兴生产活动的失败，这一地区甚至被卷入了危机之中。邻近蒂永维尔的雷诺汽车公司杜埃工厂和巴蒂利工厂，位于布里埃地区的标致汽车公司瓦朗西纳工厂和特雷默里工厂，几乎都丧失了以前吸引矿工或钢铁工人的能力。汽车制造业的危机也严重影响了巴黎地区和阿尔萨斯山口地区，标致汽车公司所在地索肖（Sochaux）拥有其在法国最大的工厂。原材料价格的大幅上涨对敦刻尔克和勒阿弗尔沿海地区的产业形成了挑战。即使是工业结构极为多样化的地区如今也同样需要帮助支持以便完成转型。如图5-2所示，特别是巴黎地区，作为法国最大的地区，如今的工业就业岗位仅占总工作岗位的16%，而这一数据在1970年为29%。然而，东北部地区拥有其他地区无法比拟的优势：其工业传统历史悠久，劳动力质量较高，同时又处于欧洲地区的中心位置。1992年，法国佩希内铝业集团在敦刻尔克地区开设了一个大型铝厂。两年后,在邻近瓦朗西纳的奥尔丹地区,标致雪铁龙集团和意大利菲亚特汽车共同建立了一个制造工厂,雇佣人数达 3500 人。2001 年,日本丰田汽车公司同样选择在瓦朗西纳地区建厂。北部加莱地区在法国汽车制造业的就业人数也成为排在法兰西岛大区之后、弗朗什—孔泰大区之前,名列法国第二位的地区。至于洛林大区,在萨尔格米纳附近的昂巴克地区,梅赛德斯—奔驰与瑞士制造商斯沃琪合作研发了 Smart 汽车,这款汽车已经在法国小型汽车市场占据了一席之地。因此,工业在法国东北部未来发展中占据最为重要地位,但进行真正的工业结构调整仍然是一项长期的工作,特别是因为一些企业正在外迁,迁移可能会给当地造成严重的损失。2003 年,阿尔克水晶工厂将部分中等质量玻璃的产能转移到位于中国的子公司,产能转移对圣奥梅尔地区的就业构成严重威胁。

法国西部和南部地区工业化的不稳定构成了法国工业第二个困境。由于该地区以低技能和低薪劳动力为主,无法与需要越来越多高技术人才的企业需求相匹配。以图卢兹、蒙彼利埃和格勒诺布尔等城市为首的高科技产业中心只能通过吸引新兴科技第三产业活动,特别是研究所来维持经济活力。以传统经济活动为主的地区往往经历着经济危机的冲击,以东北部为例:尽管有些大规模业务不定期地创造订单,但南特—圣纳泽尔、塞恩和拉西奥塔地区的造船厂依旧十分脆弱;波尔多和弗龙蒂尼昂地区的炼油厂逐渐被关闭;福斯港钢铁业正经历危机;蒙吕松和克莱蒙费朗地区轮胎行业一直在裁员。整体上看,法国 20 世纪 60 年代的地域工业多样化政策也显示出局限性。

如今,法国大多数地区严重依赖外资。全国工业平均外资利用率为 30%,但在阿尔萨斯等边境地区、庇卡底和中央大区等主要消费地区附近,或者如上诺曼底等受益于大型港口的地区,这一指标远远超过全国平均水平。因为外资能够让一些法国公司维持就业水平及现有的经济规模,一些外国公司成为当地的"救世主"。日本住友集团便是一个很好的例子,它在 1984 年收购了位于蒙吕松的法国邓禄普轮胎公司。此外,索尼公司也在 1989 年选择在东北部城市龙韦建立第一个在法生产部门。然而,在某些情况下则恰恰相反,外国投资者应当对出现的所有问题负责。1993 年,美国家用电器制造商胡佛公司宣布关闭其在第戎附近的隆格维克工厂，并将其产能转移到苏格兰，给当地带来了极大的冲击。同样，原本选址于伊勒—维莱讷省的三菱电机公司之后却将其产能迁往中国；法国惠而浦电器公司也决定将其洗衣机生产业务从亚眠迁至斯洛伐克。显然，对外资的过度依赖使得这些地区的经济状况极不稳定，以至于无法为区域工业真正奠定基础。

3. 国际表现

国际化是把"双刃剑"，既是造成工业危机的原因，同时也是减轻危机影响的手段。

一直以来，出口贸易是法国工业发展的一支重要的"强心剂"，它影响了 1/3 以上的工业生产活动。即使在经济危机期间经济被严重削弱的情况下，法国出口贸易需求也往往强于国内需求，从而有效地避免了危机时期生产活动的崩溃。例如，1993 年法国国内工业产值大幅下降 5.7%，而出口总值却仅下降了 0.3%。2002 年，法国工业产值减少了 1.1%，而出口总值却以 1.5% 的速度缓慢上升。如果法国没有出口贸易的支持，国内的失业现象显然将更为严重。

法国工业产品在国外市场的成功是不可否认的。一些中间产品，例如平板玻璃，圣戈班集团是世界领先者；设备产品，如泰雷兹集团销售的雷达；消费品，包括德旺莱纺织集团下属鳄鱼牌衬衫，以及比克公司生产的一次性打火机。对于传统的奢侈品行业来说，只要在强大的金融集团内将大宗交易和制造业结合起来，这一行业就依旧充满活力。就像化妆品行业的欧莱雅公司和酩悦·轩尼诗—路易·威登集团所做的那样，箱包制造商路易·威登和酒类、香槟和皮革制造商酩悦·轩尼诗也于 1987 年合并。近 20 年来，法国的一些专业化行业得到了加强，如今拥有极大的市场份额：制药业的发展得益于安万特制药和赛诺菲圣德拉堡医药集团的发展；航空工程领域则主要依赖于欧洲宇航防务公司；汽车制造业方面，目前法国汽车出口量超过生产总量 7/10，特别是在欧洲市场，近 1/4 的汽车源自法国品牌。

尽管法国重工业的贸易平衡在 1987—1991 年连续 5 年持续处于贸易逆差状态，但出口活力依旧非常旺盛。甚至是最困难的部门（如钢铁冶金或矿物化学部门）也始终能够保持国外市场份额并避免出现贸易赤

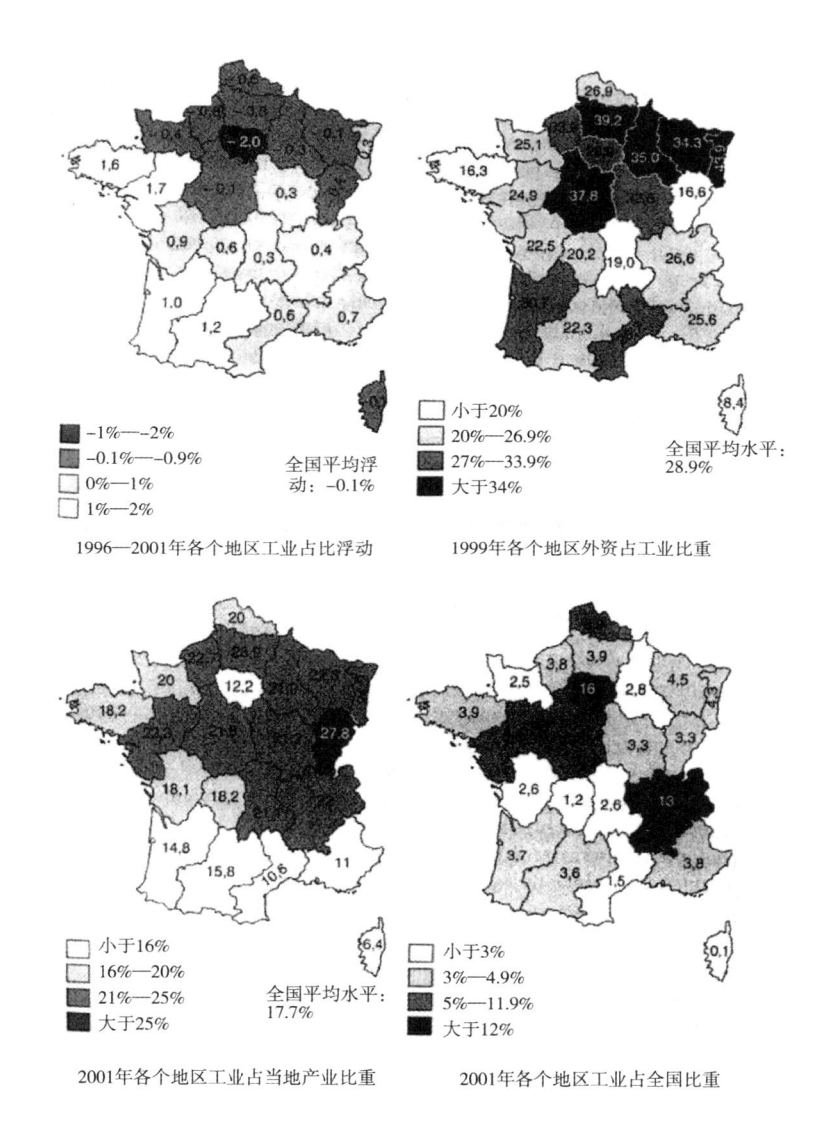

图 5-2 法国各地区工业占比

字。而其他行业，例如纺织业、服装业、皮革加工业、玩具业和家具业，出口形势则不容乐观。同时，我们也绝不能忽略进口的重要性：许多进口产品都是跨国企业向海外迁移的产物，例如中间产品制造公司法国佩希内铝业集团，在欧洲地中海沿岸及非洲设厂的雷诺汽车公司和标致汽车公司，以及以法国普沃斯特工业集团为首的纺织业和以彼得曼公司为首的服装业。因此，进口增加并不意味着相关产业的衰落。

在过去10年中，法国企业对海外的扩张确实取得了很大进展。1985年后，除1995年以外，法国工业海外投资总额均超过了外资在法的投资额。对于大型企业而言，在海外设厂使其在能源、原材料以及劳动力方面拥有更有利的成本优势，同时也有机会攻克较为难以进入的市场，其中首先是世界上最重要的市场——美国市场。在海外投资设厂也给企业带来大量生产能力，使其可以在相关产业占据一席之地，当然有时结果可能会令人失望。20世纪80年代末，由于连连受挫，雷诺放弃了它的"美国梦"，并将旗下第四大在美国的汽车公司卖给了美国克莱斯勒汽车公司。10年后，法国布尔集团将微型计算机制造商实力传播集团转让给了金属包装制造商美国制罐公司。但同时，法国企业在海外的收购是十分成功的。以法国罗纳普朗克公司为例，在与德国赫希斯特公司合并前，它已经收购了美国联合碳化公司农业化工部门，以及罗尔费森斯的制药实验室。米其林公司也是如此，在收购了美国优耐路·百路驰轮胎公司后，在众多海外竞争对手中占据了绝对优势，目前在19个国家拥有80个生产基地。这里不得不提一下法国泰雷兹集团的成功案例，该集团现已将雷达和防空系统领域的生产活动与美国雷神公司联合；雷诺公司则在掌控了日本汽车制造商尼桑公司后，成功打入亚太市场。

在这场整体性海外投资行动中，法国企业也并没有遗忘欧洲市场。1993年欧盟的成立标志着一个大型市场的形成，欧元的使用也加快了欧盟境内收购进程。如今，欧盟各国成员是法国工业企业在海外投资的主要目的地，特别是德国、荷比卢经济联盟国家，以及英国、西班牙和意大利。后来，中欧和东欧的国家加入欧盟，促使雷诺收购了罗马尼亚达契亚汽车公司。就这样，通过直接投资或并购当地公司，法国汽车制造商占领了欧盟30%的市场份额。同时，在先进设备领域（国际电话电报欧洲公司被法国阿尔卡特子公司CIT收购）、中间产品领域（法国拉法基水泥生产集团在并购了英国瑞得兰德公司和蓝圈工业公司后，成为全球水泥工业领导者）和消费品领域（纳贝斯克欧洲分公司被法国达能集团并购）情况也是如此。

有一点也同样重要，那就是合作协议，甚至有时是合并协议，正在法国企业与欧盟国家的企业之间成倍增加。1970年后，空中客车航空公司一直努力将制造欧洲中程飞机的制造商聚集在同一个经济利益集团内。如今这一集团已然形成，并附属于欧洲宇航防务公司。20世纪90年代末，除了前文已经提及的安万特制药和阿赛洛集团的合并，我们仍然可以注意到法国法马通反应堆业务公司和德国西门子公司在民用核领域的联合；由阿尔斯通电力公司和瑞典通用电气布朗—博韦里集团组建的一家合资企业，旨在进入世界主要电气设备制造商的行列。显然，法国大型工业集团已经像其竞争对手一样，能够在欧洲乃至全球范围内构建并逐步实施其发展战略。

2002年法国工业主要数据

表5-10　　　　2002年法国部分指标占经济附加值的比重　　　　（%）

	广义占比（包括食品工业、能源、房建与公共工程）	狭义占比（不包括食品工业、能源、房建与公共工程）
工业附加值	22.5	15.3
就业	22.7	13.1
投资	12.8	8.6
出口	96.8	85.3

——1974年，工业附加值占总经济附加值的25%，就业人口占就业总人口的24%。自那时起，每年约有8—10万个工作岗位被削减，总和超过200万个。

表5-11　　　　2002年法国中小型与大型企业指标比较　　　　（%）

	中小型企业（员工人数在20—500）	大型企业（员工人数在500以上）
数量	96	4

续表

	中小型企业 （员工人数在 20—500）	大型企业 （员工人数在 500 以上）
员工人数	49	51
营业额	34	66
投资	31	69
出口	27	73

工业生产：

——工业生产构成：

—中间产品：39%

—专业或家用设备产品：25%

—汽车制造业：17%

—日常消费品：19%

——大型生产产品：

表 5-12　　　2002 年法国部分工业产品产量及国际地位

	产量	欧盟中占比	全球内占比	世界排名
钢铁	2000 万吨	12.8%	2.3%	11
铝	50 万吨	19.4%	2.2%	14
汽车	360 万辆	20.8%	6.1%	4
轮船制造	226000 容积吨	11.3%	0.8%	9
合成橡胶	681000 吨	27.8%	6.3%	6
合成纺织	242500 吨	Nd	Nd	Nd

注：2000 年数据。

第五章 工业的优劣势

国际表现：

表 5-13　　　　　法国各个行业价格贸易条件指数

制造业整体	104%
其中：汽车制造业	132%
基础化学	104%
造船业	225%
皮革和鞋履业	68%
服装业	50%
机床制造	51%
纸及纸制品	72%
钢铁冶金	117%

注：2001 年数据，该值为到岸价格与离岸价格的比值。

表 5-14　　　　　法国工业国际市场占有率

	百分率	世界排名
制造业整体	5.3	4
钢铁冶金	6.6	5
玻璃制造	9.0	4
基础化学	5.6	6
药品	9.8	4
农业机械	6.3	5
发电设备	4.3	7
电子设备	3.1	13
家用设备	5.6	5
汽车制造	6.4	4
航空航天制造	14.3	2
服装业	2.7	8
橡胶制品	8.6	4

注：2000 年数据。

——海外资本：

2000 年，海外资本超过公司资本 33% 的法国企业贡献了全国工业增加值的 33%，就业机会的 30%，投资的 37% 和出口的 36%。

——大型企业份额：

2001 年，以营业额为标准排列出的世界前 50 名的企业中（包含所有部门）：美国企业 19 家，日本企业 14 家，德国企业 5 家。法国企业有 4 家，其中包括 3 家工业集团或能源集团（法国奥达尔菲纳—埃尔夫石油公司排名 15，威望迪环球集团排名 41，标致雪铁龙集团排名 49）。

2001 年，以营业额为标准排列出的欧洲前 50 名的企业中（包含所有部门）：德国企业 15 家，法国企业 12 家，英国企业 8 家，意大利企业 5 家。在 12 家入围法企中，有 10 家是工业集团或能源集团。

第六章

向第三产业过渡

一　异质性部门的发展

1. 第三产业的现代化进程

如今,第三产业已成为法国经济的主导力量。第三产业占法国国内生产总值以及就业岗位近 3/4 的份额,这是第三产业长期发展的结果。1954 年后,法国第三产业的雇员人数长期超过工业,并从 1971 年起成为法国劳动人口的主要构成部分。那么,这个数字优势是否意味着第三产业有能力代替工业活动并决定整个法国经济的发展走向呢?或者说第三产业只是许多相互之间毫无关联、但因缺乏更好的分类方式而被归为一类的经济活动,仅限于对生产功能的简单辅助呢?

事实上,在过去的 50 年里,特别是在过去的 30 年中,第三产业生产活动的巨大改变已达到可以称之为"革命"的程度。第三产业销售渠道的改变可以很好地说明这一现象。

直到 20 世纪 60 年代中期,一直占主导地位的个体经营者[①]开始逐渐倾向于一种集成的经营方式。这种方式减少了经销商的供应自由度,并迫使其采取一种集中采购形式。该采购形式为生产者提供了较为有利的支付方式。

[①] 个体经营模式是一种商业形式,企业(批发或零售)与其购买或销售活动的协调或集中机构没有任何联系。——译者

20 世纪 60 年代，超市和大型超市连锁店将原始的集成商业形式（连锁商店、消费型合作企业、百货商店）悉数淘汰，家乐福零售集团就是一个很好的例证。1959 年，马塞尔·弗尼尔建立家乐福零售集团，并按照全新的模式进行管理：极力压缩每件商品的利润额；促使库存快速周转；最重要的是，得益于集中采购形式，集团向供应商的付款期限被延长至 60 天。同时，鉴于商品平均上架时间为 15 天，这样算来，集团所收款项在资本市场内的流动时间至少能够达到 45 天。商业活动开始逐渐让位于财务管理。与传统的思路相反，它不是通过亏本出售某些物品然后以正常价格出售另一些商品以达到企业营利的目的，而是通过对供应商实施长期付款时限，利用盈余的流动资金进行盈利。

还有其他类型的商业集成形式。合伙商业模式①由爱德华·勒克莱尔于 1949 年提出，它给予经销商法律独立和管理独立，但这种模式仅在 20 世纪 60 年代风行一时。这种模式重视利润，允许将其 1/4 的利润让渡员工，同时订单发放首选但又不仅限于该集团集中采购办理。合伙商业模式在志愿活动方面不同于连锁经营方式，同时在业务集中层面也与小型个体经营不同。这种经营模式大幅拓展其业务领域，也与其创始人的社会哲学有关。其创始人愿意捍卫消费者以及自由竞争原则。

鉴于贸易在其他工业化国家中占有的重要地位，合伙商业模式必然预示着一个相对光明的未来。贸易商承诺将专门销售某一制造商的产品，作为交换，贸易商将获得这一品牌的名称专利，并从品牌的广告活动中受益，抽取与营业额成比例的专利费。15 年来，虽然纺织业、服装业（法国普沃斯特工业集团旗下企鹅牌毛织物、彼得曼集团旗下卡夏尔服装）、香水制造业、化妆品业（欧莱雅集团旗下品牌兰蔻、埃尔夫—阿奎坦集团旗下品牌伊夫·黎雪）的企业家并没有采取这种方式，但现在许多紧随其后的经销商还是在各自所在地控制了许多小型零售店。

但是，对于普通大众来说，商业革命所带来的销售方式更为直观。销售方式的现代化往往借鉴个体经营模式。1948 年，古列·杜奔集团

---

① 合伙商业模式是指由独立承包商建立和控制的各个销售点（商店、代理商、酒店等）联合组织，这些承包商在一个集团内部联合起来以确立共同的行动计划，汇集资源和相关知识。——译者

位于巴黎第十八区的分店开始实行自助销售模式。大型超市这种销售模式始于 1957 年，更适用于面积为 400—2500 平方米的超市（例如道科斯零售公司），但在 1963 年被超过 2500 平方米的特大型超市（例如家乐福零售集团）所采用。安德烈·埃塞尔创办了法国 FNAC 连锁公司[①]，其首家商店于 1957 年在巴黎开业。最初，食品行业为其首选，但其逐渐地涉及其他类型的产品，如家具（康福浪漫家具连锁店）、家用电器（法国 Darty 电器公司）、书籍和视听设备（法国 FNAC 连锁公司）、园艺品（弗洛莱斯公司）、鲜肉（贝尔纳公司）甚至香水（丝芙兰）。大型超市销售方式被所有分销渠道采用，并为各分销商带来了巨大利润。像卡西诺零售集团这样的连锁商店，以及如法国柯代克公司那样的合作企业已经采用这种方式并取得成功，但巴黎的百货商店却不得不放弃在郊区开设大型超市的设想。同样身处困境的 COOP 零售集团也早已售出其曾经想发展壮大的大型超市网。

除了自助销售方式外，为了向消费者提供便利，其他形式的销售方式也在迅速发展。巴黎大型百货商场设计推出了邮购，这是一种消费者按照商品名录进行购买的销售方式。在两次世界大战期间，企业家们找到了一种可以提高销售额的方法，并于 1922 年创立乐都特集团（电子商务零售商），于 1932 年创立法国法瑞儿集团。但是从 1960 年开始，乐都特集团才以现有形式进行了重组：优先按商品名录进行销售，完全计算机化库存和客户档案管理。然而这种销售方式只占法国零售贸易总额的 3%，与美国的 10% 甚至德国的 4.7% 相比都相去甚远。

一种由销路和销售同时转变造成的新型商业环境就此出现。2002年，大型超市售出食品占总销售的 67%，非食品类占 19%，与 1970 年的相关数据对比明显（1970 年，食品和非食品销售占比分别为 4.5% 和 11%）。然而，这种在食品方面出现的巨额增长，是以牺牲其他形式的集成贸易（百货公司、连锁商店等），尤其是小型个体商铺为代价取得的。诚然，大型超市和小型商铺之间的关系并不总是对立的。我们甚至还目睹了这种小型商铺近期的蓬勃发展。得益于城市规划，小型商铺可以在大城市内刚刚建成的购物中心里赢得一席之地。小型商铺和大型超

---

① 全称：国家经理人采购联盟。

市似乎在这一环境下均发展良好。这是否就标志着这两种截然不同的销售方式是互补而并非竞争对立？又或者，这是否就证明小型商业模式现在只能依靠百货商店进行发展？

2. 劳动力爆发式增长

自工业活动达到极限或者说工业危机以来，法国经济发展基本趋势变得越来越明显，即第三产业从业人数的增长且在各细分部门间存在很大的差异性。

根据不同部门间的发展速度可以很好地把创造就业能力较强的部门和相对能力较弱的部门区分开来。如表6-1所示，一方面，1994—1998年，市场服务部门的发展速度远远超过行业平均水平（市场服务是指所有以市场价格出售的服务，特别是那些用于企业的服务）。同时，车库、服务站、运输公司和金融机构的从业人数也在迅速增长。另一方面，由于公共或私营管理部门的工作人员为用户提供的非商业服务是免费的，或是以与其实际价值毫不相关的固定费率计算的，从事这一类工作的人数缓慢增长，酒店业和餐饮业也是如此。另外，我们还注意到商业服务部门、邮电行业的从业人数呈逐步下降的趋势。

表6-1　　　　1994—1998年第三产业从业人员人数变动　　　　（%）

商业贸易	-1.1
汽车修理和销售	+24.4
酒店业、咖啡厅及餐饮业	+5.8
交通	+20.3
邮电业	-8.8
针对企业的市场服务	+43.5
针对个体的市场服务	+33.5
财政服务	+26.8
非市场服务	+6.0
服务业整体	+8.3

同时，我们还找到了当代经济和社会发展的一些主要特征：如城市

化扩张；女性就业人数不断上涨，导致大型和特大型超市购买量增加，同时促进了自助餐或快餐店的发展；人口老龄化；卫生支出上涨；以老年人为主的旅行热潮，特别是团队旅行；无论是在办公室还是在车间，科技革新促进了计算机咨询和研究公司的发展；经济危机和失业率的大幅上涨促使公司更多地聘请临时工作人员。他们即使生产的是有形商品，却也通常被认为是在提供服务活动。

与此同时，销售行业整体的劳动岗位减少了。由于对传统小型商业的打压，并得益于工作合理化以及商品条形码的推广，大型商场在不需要增加新的就业岗位的前提下实现了生产效率的提高。至于非市场服务业以及邮电业，除了1981—1982年为了遏制失业的行动增加就业岗位外，其他时期都受到了财政限制采取控制就业规模的影响。

事实上，第三产业不同部门间工作性质的差异也很大。现如今，第三产业各部门迅速而全面地增长，影响人数约占第三产业总体的92%，这一比例远远高于法国所有产业的平均水平。法国最大的雇佣企业均源自第三产业，政府在这方面一马当先，拥有223万名公务员（法国邮政除外），占总就业人口的1/10。这些就业人口主要集中在行政部门，其中教育部人数最多，约95.1万人。排名第二位的是家乐福零售集团，作为最大的私营雇用企业，其雇员人数达35.8万人。2001年就业人数排名前20家企业里有8家为服务型企业：如法国邮政和法国电信公司，1990年开始独立运营；法国国家铁路公司；餐饮旅游业集团法国索迪斯联盟；大型零售商家乐福零售集团、欧尚集团、卡西诺零售集团以及碧诺春天雷都集团。同时，威望迪环球集团、法国苏伊士集团以及法国万喜集团也不容忽视。这3家企业最初都局限于城市和金融服务领域，但在几年后进行了业务多元化发展，并逐渐涉足多个行业，包括建筑业和土木工程，因此我们既可以将这3家企业划为工业企业，又可以将他们列为第三产业。

但第三产业同时也包含自由职业者，如个体经营者、小型销售商、酒店业、餐饮业以及公路运输业等职业类型。该类型从业人数长期以来呈下降趋势，随着危机的到来更是出现了极为显著的减少。此外，各个部门间，甚至是某一部门内部的工作条件都与工业生产有天壤之别。在农业领域，工资水平普遍偏低。在酒店餐饮业、洗衣业、清洁业、食品零售业，有20%—25%的雇员工资是以法国最低工资标准支付的。然而在工业领域，只有服装业和皮革制造部门可以企及这样的工资水平。不过在第三产业领域也同时存在工资以外的额外支付部分，比如在银行业内部，国际金融市场中的套利者、交易员和其他高端人才均可得到工资以外的津贴或奖金，他们的所得往往比其雇用企业的负责人还要高。

与此同时，从业人员的素质也千差万别。例如在公务员制度内，A类高级官员，凭借高等教育文凭被聘用，负责设计和授权，而C类或D类官员，仅拥有专业证书或学习证书就被赋予执行职能。在从事银行业的人员中，对提升个人能力素质的追求提高了管理层人员的相对份额，而雇员所占比例则因此开始下降。第三产业从业人员结构错综复杂，但就目前而言，就业状况总体良好。

3. 企业集中化

自1945年后，许多大型服务公司纷纷涌现，案例往往展现了其在该行业的辉煌成就。在旅游规划部门，吉尔伯特·特里加诺在40年间将地中海俱乐部打造成该行业首屈一指的大型国际企业。在零售业领域，1959年成立的家乐福零售集团在与法国普罗墨德零售集团于1999年合并后，成为欧洲零售业排名第一、世界排名第二的跨国集团。在广告业内，法国阳狮集团（创始人马塞尔·布雷斯坦）以及灵智广告公司（联合创始人雅克·塞盖拉），在与哈瓦斯集团子公司欧洲电信学院重组后，迈入西欧一流企业行列。在银行业内，雅克·夫奇尔于1959年创建银行公司，并在适当的时机抓住了法国消费信贷有待发展的新机遇，其银行也长期为巴黎银行赢得将近1/4的利润额。其他例证包括：国际清算银行和爱步鞋履在临时性工作领域的突破，法国索迪斯联盟在大众餐饮业内的飞跃，以及凯捷咨询公司在信息技术部门的发展和法国新国界旅游公司在包机业内的腾飞。对于有天赋和创造性的企业家而言，只要他懂得发挥个人优势、抓住发展机遇，进军第三产业无疑是取得成功的一个潜在方向。

此外，第三产业的集中运作，通常同工业领域内的集中化一样壮观。某些集中化进程由政府直接操控，例如国家贸易与工业银行和巴黎国家贴现银行于1967年合并为巴黎国民银行，再比如法国航空于1990

年接管了法国联合航空公司,同时允许国家航空公司控制两个集团的联合子公司法国因特航空。但是,其他的一些集中化行动则与政府干预毫无关系。销售领域内的重大变革便是这种情况,老佛爷百货接管法国新画廊百货,欧尚集团收购道科斯零售公司,法国普罗墨德零售集团和法国瑞雷公司为争夺卡西诺零售集团的控制权而相互对立,家乐福零售集团收购了法国"欧洲市场"超市连锁店以及法国现代银行,之后又与法国普罗墨德零售集团合并。同时,有些集中化进程被认为是一个富有成效的投资机会,原本从事木材行业的弗朗索瓦·皮诺特,逐渐掌控了进出口公司法国西非公司集团、康福浪漫家具连锁店、音像书籍行业领军者法国 FNAC 连锁公司以及与邮购行业领导者乐都特集团合并后的巴黎春天百货,这一情况与让－吕克·拉加代尔或弗朗西斯·布依格相似。让－吕克·拉加代尔是法国马特拉汽车公司总裁,他通过法国阿歇特出版公司开拓通信、出版与音像领域业务。弗朗西斯·布依格亦是如此,他对百货公司、媒体和移动通信都极感兴趣。然而,企业生产活动间有时候存在一定的互补性。在此以两家大型供水公司法国通用自来水公司和里昂水务公司为例,它们后续都将生产活动转向建筑和公共工程领域,然后是有线网络和电信领域。法国通用自来水公司变成了著名的威望迪环球集团,而里昂水务公司则相继与法国杜梅兹公司、苏伊士公司完成合并。

  财务集中并不是第三产业企业间唯一的整合方式。超级采购中心的成立将大型综合商贸企业联合在一起,成为一种新兴商业集中模式。这种模式始于 20 世纪 60 年代后半期,并极大地促进了 1984 年的一系列合并进程。数据表明,6 个大型超级采购中心占据了零售业营业收入的 40% 以及食品营业收入的 80%。当集中度达到如此程度时,不可能不引发某些抗议行为。

  对于集中化进程的反对是法国销售行业历史中一个永恒的话题。20 世纪 50 年代集成性商业对个体经营的逐渐侵蚀促成了布热德运动的成功,该运动于 1953 年由圣塞雷的纸张制造商提出。20 世纪 70 年代初,大型商场的发展引发的愤怒很好地解释了全国自由职业者防卫与团结工会联合会的兴起,这一组织由热拉尔·尼库于 1969 年在伊泽尔创立。

该联合会还引发了对《鲁瓦耶法案》①的投票（"鲁瓦耶"是一名源自图尔市议员、商业及手工业部部长）。根据图尔市政府对相关规模的规定，超过1000平方米或1500平方米的商场须通过由专业商业代表占半数的部门委员会授权方可开业。1996年，为了平息与满足因危机再度爆发引发的小型商业者的抱怨和诉求，同时也为了更好地控制大城市群的城市规划运营，一种全面的形势出现了：《拉法兰法案》开始对任何超过300平方米商场的建立或扩展予以授权。这与20世纪30年代的情况相似，最先进的现代销售模式在没有明显经济理由的情况下受到遏制。

二　第三产业的基本面及存在的问题

1. 工业与服务业的关系

对于工业而言，第三产业更多体现于互补性而非排他性，两者关系通常可以通过以下三种方式进行解释。

其一，有些服务业部门是对工业生产活动的补充和辅助，例如交通、银行业和保险业，特别是针对企业的市场化服务，即以市场价格向企业提供的服务。同时，市场化服务的快速发展不能仅仅用危机来解释，它还反映了企业内部职能的分化。这些企业非但没有实施与主营业务相关的发展目标，反而更倾向将其主营业务委托给专业公司，因为最终结果比将其分配给相关员工完成要高效得多。这一趋势涉及工业生产活动的方方面面，从清洁房舍和工作餐饮到市场研究、法律咨询。该趋势也解释了临时工作公司近期取得成功的原因，这些公司很容易在失业的大背景下聘到劳动力，并能针对某些雇员的长期休假以及短时间涌入大量订单导致临时需要人手等特定问题给出最合适的补救办法。以上原因再加上年轻人对工作生活稳定性的不满，很好地说明了一个曾经处于次要地位的临时工作行业的崛起。1982年，莫鲁瓦政府试图通过一些措施限制这类行业的发展。这些措施包括：限制临时工作合同期限为6个月；临时工报酬需与具有同等资格的长期雇员的薪酬保持一致；完善

---

① 这是法国第一部关于商业城市规划的法律。——译者

社会保障并赋予参与企业的权利。然而这些措施并没有真正影响到临时工作部门的发展，也没有实现其创造长期性工作的目标。

其二，有些服务业也是工业生产活动的对手。在销售行业内，大型商场和工业家之间的斗争往往非常激烈。然而这种斗争往往成为大型商场的优势所在。许多制造商都过度依赖单一采购中心的订单或其商品在超大型商场连锁店货架上的位置。同时，大型综合集团已经设计出"自由产品"这一方案，这些产品没有品牌并以特别低的价格进行销售。这无疑给制造这些无利可图产品的制造商施加了巨大压力，但在危机时期却是维持市场份额必不可少的手段。在消费电池这样的行业中，制造商之间的竞争异常残酷，以至于导致企业濒临破产或是如1984—1985年贝尔纳·塔皮公司对这一行业的两大企业法国Wonder公司和帅福得—马自达公司的收购。

工业家几乎无法以任何手段去重新平衡这一局势。大型商场得益于购买的多样化，每个供应商只占其营业额的2%或3%，而大型商场所占供应商营业收入比例则达到25%。也许，在美国高度发达的工厂直营商店将是一种解决方案，它为制造商在没有中间部门的干预下进行自我销售提供了机会，但这种直营商店只涉及服装业、家具业和鞋履业。

其三，服务业和工业间的关系可能更多的是相互依存而不是对立的。我们经常会注意到有些服务业部门正在实现工业化，利用日益累积的运营资本使其提高生产效率。工业部门则通过创新、管理、利润估值、市场研究等相关领域工作，向第三产业靠拢。上述所有工作都被列为工业范畴，因为法国的行业领域是基于人们所工作的企业，而不是根据人们所从事的专业来划分。同时上述这些工作都应归属第三产业活动，事实上，自1982年人口普查显示，从事第三产业活动者远远超过了工人、工头和监督人员的数量。此外，计算机科学、远程信息处理、消费电子等工业部门近些年来的发展超乎寻常，但这些不足以表明工业的未来是在信息生产和处理方面，那么是否说明了工业未来的发展正在走向第三产业呢？

2. 服务业在经济中的地位

法国服务业凭借其反周期性特质对经济发展起到了积极有效的推动

作用。由于服务业活动独立于经济波动，服务业在某些情况下甚至会在经济危机的刺激下有所发展。实际上，食品销售并没有因为失业率的上升而下滑。尽管存在危机迹象，但非食品商品也处于长期持续增长趋势中。这是因为法国的家庭更愿意利用储蓄维持原有的消费水平，而不是一味地接受生活质量的下降。1990—1993 年，在经济困难形势下，政府减缓购买力的上涨，家庭对失业率上升感到担忧、恢复预防性储蓄并推迟购买可持续性耐用商品。但是，这种消费进程的暂停并没有持续多久。现如今，由于投资额的下降以及出口贸易的疲软态势，消费的发展成为经济增长的主要支撑动力。卫生服务业已发展成为最具活力的家庭消费项目，它并不依赖于经济形势，而是依赖于社会保障和人口结构变化。同时，每年带薪休假时间的增长、自 1998 年起 35 小时周工作时长的引入以及人们生活习惯的改变都很好地解释了娱乐业和旅游业的发展。而交通业的崛起则来源于城市化的不断深化。相比于一般时期，临时工、法律顾问、财务顾问等行业的飞跃发展在经济困难时期显得更加举足轻重。

一方面，服务业有助于保护就业，就像 1982 年后的美国，服务业逐渐成为解决失业问题的方法。由于可创造蔚为可观的就业岗位，它扮演着至关重要的角色。如表 6-2 所示，现如今，旅游业从业人数远超汽车制造业，人数零售业雇员也多于建筑业和公共工程领域雇员。自经济危机开始以来，法国服务业一直在创造就业岗位，而工业从业人数却骤然下降。如果没有服务业支撑，1982 年失业率将高达 16%，而不是 9%。

表 6-2　　　　　　1960 年后各个产业从业人数变化　　　　　　（%）

	1960—1970 年	1970—1980 年	1980—1990 年	1990—2000 年
农业	-34	-32	-29	-24
广义上的工业（包括建筑业和公共工程）	+12	-5	-15	-16
服务业	+20	+22	+17	+30

同时，服务业的作用也不再像过去那样无助于促进生产效率的提高。对于第三产业的旧有定义，是与农业和工业相对的，是对技术进步

的一种反作用。这种错误的定义逐渐通过服务业当今的发展被否认。在市场化服务业内，相关生产率自1979年以来翻了2倍。交通业的生产率自1970年起就超过经济平均增长水平。甚至在商业贸易领域，生产率也在15年间增加了1/3。其他部门在生产率增长方面的表现仍存在差距。尽管如此，这种差距也没有以前那么显著了，特别是大型商场方面对经济管理的广泛研究显示，在未来将有助于进一步减少这种差距的存在。

然而另一方面，服务业有时也被认为在经济中起到了负面作用。在某些时候，服务业持续输出了通货膨胀压力。长期以来，相对价格的演变表明，与食品和手工制品这些与综合指数持平或增长速度较慢于综合指数的商品不同，服务业远远先于价格变化，从而推动经济进入螺旋式上升的通货膨胀状态。与自1959年后就暴露于外国竞争中的工业不同，服务业经常受到海外竞争的"庇护"。其次，直到近期，服务业生产率的提高才逐步变缓。最后，服务业领域的国有企业（主要是交通运输部门）经常被允许提高超过通货膨胀率的价格涨幅以求账目平衡。

另外，生产活动的现代化也可以对服务业有所影响。在销售行业，集成商业压低了商业利润率。最具活力的商业集团正在通过现代化手段来扩大销售：从"自由产品"的发起者家乐福零售集团到要求放松对汽油和制药产品销售管制的法国勒克莱尔超市集团。这也同样适用于交通运输部门，如法国新国界旅游公司这样的旅游运营商已在欧洲范围内开展自由竞争并开放市场，导致其在欧洲法院胜诉后于1986年降低了机票价格。

最后综合以上两方面，我们可以说服务业发展对经济的影响是两面性的。它既不是完全正面的，因为它在20世纪80年代早期被认为发展有些过快，但也不像传统分析所指出的那样完全是消极的。自1974年后，第三产业创造了大量就业岗位，而现在它们受到计算机化和生产率提高的影响而有所放缓。1985年后的邮电业以及1988年后的银行业从业人数都有所减少。因此，法国的第三产业远没有形成像美国那样行之有效的对抗失业的"堡垒"功能。但在促进经济增长和应对通货膨胀方面，其表现已经变得极为可观。首先，第三产业支持国内需求并反映于经济结构的变化。其次，其抑制了几个部门价格的上涨。只要能够适应趋势，第三产业经济就可以像由资产生产活动所主导的经济形式一样具有活力。

3. 第三产业对贸易平衡的作用

不论是根据其性质或是得益于其管理模式，一直处于外国竞争环境的服务业其实是一种创造外汇的重要渠道，对控制经常账户的平衡具有至关重要的作用。同时，服务贸易的盈余也可以弥补货物贸易逆差。此外，法国目前在服务业出口贸易方面的国际地位高于货物贸易。

法国许多第三产业主要面向外国客户开展。比如旅游业，自1969年后便维持着一种积极的增长势头，如今在OECD内位列美国和西班牙之后，排名第三。2002年，旅游业凭借150亿欧元，成为法国最大出口部门，远高于汽车行业的110亿欧元以及农食加工业的80亿欧元。

同样，在全球经济形势有利于法国航空发展时，航空运输业的收入填补了与航海运输有关的外汇流出。一些法国公司还在法国境外为国外客户提供服务，法国原子材料总公司便是其中一员，该公司在荷兰海牙为来自德国、瑞典、美国的放射性燃料进行后处理服务。

法国某些工业部门则专门面向外国进行销售服务。例如在石油工程领域，法国拥有该部门的世界领先者法国德西尼布油服公司；又如能源和矿产勘探领域的法国地球物理服务公司；再如建筑业及公共工程领域的主要集团公司在海外实现了极为可观的营业收入，他们在国外建造了许多大型工程，例如北海、巴西、尼日利亚和俄罗斯的石油和天然气平台、沙特阿拉伯的港口设备、科威特和阿拉伯联合酋长国的海水淡化厂，同时还包括开罗、墨西哥城、加拉加斯、香港的地铁线以及巴西和撒哈拉以南非洲地区的大型水电站。

此外，从事第三产业活动的大型企业通常在海外也设有子公司。威望迪环球集团和苏伊士集团等城市服务公司就属于这类情况，这些公司在邻近的欧洲国家非常活跃，特别是在英国。同样还有以法国西非集团为首的进出口贸易公司，以及法国大型商业销售链，这些企业在欧洲大市场框架下有意识地增加与外国经销商合作协议：比如家乐福零售集团与德国麦德龙超市，卡西诺零售集团与英国雅格瑞科技集团以及荷兰皇家阿霍德公司。同时，像家乐福零售集团和欧尚集团这样的企业在邻国也有大型商场，特别是在伊比利亚半岛，有时甚至远及美洲（巴西、阿根廷和美国）和亚太地区（中国）。

然而，许多不稳定因素也威胁到第三产业的海外发展。首先，工程和公共工程企业在国外签订的大型设备合同数量自1982年以来一直处于急速减少的状态。不利情况全部集中在石油部门和发展中国家客户身上，许多大型项目因受到石油市场突然波动、第三世界不良债务、中东政治紧张局势等因素的影响而推迟开展。在破产边缘的法国德西尼布油服公司不得不接受法国埃尔夫阿奎坦石油公司的救助。深度的重组对于整个石油部门至关重要，这一部门涉及200家公司和70000名员工。在建筑和公共工程部门，新兴工业国家带来的竞争也使形势变得更为严峻，如今阿尔及利亚、土耳其、巴西赢得了许多法国企业无法得到的合同项目，韩国在全球建筑市场上的表现也优于法国。总的来说，1985年以后，大型合约项目所得的外汇盈余下跌了约70%。

其次，某些类型的服务业（如保险业）在法国发展迟滞，这迫使法国企业另寻外国企业进行海上保险（英国劳埃德银行）或信用保险（丰泰集团）项目。虽然广告服务、法律咨询、信息技术、通信领域等管理服务业则发展较好。但许多行业都因受到保护性条例的支持才得以维持，尤其是国际运输领域。然而，得益于乌拉圭回合谈判①，美国要求并最终废除了保护性条例，仅视听传播市场得以幸免。在欧洲一体化背景下，公共市场的最终确立源于1993年欧盟的最终形成。欧盟领空目前向所有航空公司开放。同时，电话服务业、电力和天然气输送业、铁路运输业领域企业必须服从或时刻准备服从这一新的形势。这对于企业来说既是威胁，也是发展机遇。同样，外国资本的收购也可以操控各国优势部门。不可否认，2003年法国航空与荷兰皇家航空公司的合并促进了一个航空业巨头的诞生。但是3年前，法国旅游业领导者法国新国界旅游公司却不得不接受德国普罗伊萨格公司的入股。这种情况还出

---

① 1986年9月在乌拉圭的埃斯特角城举行了关税及贸易总协定部长级会议，决定进行一场旨在全面改革多边贸易体制的新一轮谈判，故命名为"乌拉圭回合"谈判。这是迄今为止最大的一次贸易谈判，历时7年半，于1994年4月在摩洛哥的马拉喀什结束。谈判几乎涉及所有贸易，从牙刷到游艇，从银行到电信，从野生水稻基因到艾滋病治疗。参加方从最初的103个，增至谈判结束时的123个。——译者

现于地中海俱乐部，1993年在吉尔伯特·特里加诺退休后不久，该公司就被意大利企业获得控股权。

因此，国际化在每个行业内都一样，其结果都可能发生逆转。尽管近期法国第三产业取得了成功，但在国际上还尚未占据主导地位以及完全可以为本国经济发展提供支撑。

三　金融中介的特殊性

1. 银行职能的转变

金融中介的定义为：涉及某些代理人（主要是家庭）的储蓄能力以及其他代理人（主要是企业）借款的需要，其在第三产业中发挥着特殊作用。

金融中介机构主要是指银行，其持久功能依旧可以追溯到19世纪。银行一方面专注于结算业务，在柜台收集客户大量的流动资产并将其通过短期贷款业务发放给企业；另一方面，银行仍然专注于商业银行业务，提供股权融资服务。

在19世纪的最后20年中，结算银行与商业银行的划分极为严谨。法国政府在维希政权统治下，禁止结算银行收集期货资源，也禁止商业银行建立柜台网络。这项规定在1945年被确认生效，被认为既是对银行可靠性的担保，也是对储蓄者的一种保证。但它也有一些很严重的缺点。比如，银行被排除在经济增长之外：结算银行拒绝向企业提供长期贷款也对个人信贷毫无兴趣；商业银行资源有限也没有太多的自主权。同时，与其他工业化国家相比，非现金货币①在法国仍然处于欠发达地位。当前账户储蓄规模仅占1945年货币供应量的49%，仅略高于1913年，这一数据在20世纪60年代初为62%，而其他国家则为80%至90%。

为此，国家必须通过几种手段来克服这一劣势。得益于公共非银行类金融机构，国家可以收集国库券（自1919年起为邮政支票）所

---

① 指当前或支票账户中的银行存款。——译者

需资源，并为非银行范畴内部门的发展需求提供了资金支持（法国地产信贷银行帮助住房领域；工业发展源自国家信贷银行；地方当局设备得益于法国储蓄及信托银行）。通过对储蓄银行和互助机构给予一系列优惠，国家表现出对小型储户、农民和中小企业的关注和关怀。但商业银行的发展不足给经济繁荣带来了压力，导致公共网络在信贷分配中占据过多份额，迫使法兰西银行几乎不得不通过再贴现①的方式满足其他银行的所有融资需求。这种再贴现的方式，既是创造货币，也是通货膨胀的源泉。

解放时期银行的国有化仅限于四大清算银行，然而国有化也没能改变这种情况。这不仅是因为执政领导人的保守，还因为银行的国有化并没有改善经济的融资能力。由财政部长主管、由法兰西银行行长领导的国家信贷委员会实施的控制权的增加只会使银行业的管理变得更加烦琐。银行业只能确定允许的交易类型和利率——银行对向企业贷款征收的利率（借款利率）以及向个人定期存款支付的利率（信贷利率）。事实上，当时银行家的工作更多的具有行政属性，不被允许存在风险或自由表达。

银行业务的现代化进程始于1966—1967年。由于德勃雷改革，清算银行和商业银行之间的法律区别被废除。清算银行现如今可以接受定期存款，而商业银行则可以开放柜台业务。同时，技术进步也加速银行更加积极地收集所需资源。1968年，磁卡的发明使得人们可以在自动取款机上自助取款，各大型银行联合在一起，以便磁卡在他们之间更为兼容。1979年，远程信息处理技术使得真正的自动银行柜台得以向大众开放。现如今，这种远程信息处理技术还可以方便客户，使客户不出门便可办理多种业务。

银行重新开拓了个人客户群，使得柜台数量成倍增加：其数量在1965—1975年间比之前30年的增幅还多出4倍。银行还开展了大型广告活动。除了维持经常账户外，他们还提供多元化投资项目：定期或存折账户，现金凭单以及西卡夫证券投资基金（即不定额投资公司，其投

---

① 再贴现是中央银行通过买进商业银行持有的已贴现但尚未到期的商业票据，向商业银行提供融资支持的行为。——译者

资组合由银行选择的证券组成）。几年后，我们目睹了法国银行业务的变革。现如今，与其他工业化国家一样，法国货币供应量中的非现金货币份额达到85%，其中定期投资为银行提供了一半的资源。1960年仅有30%的家庭拥有银行账户，而现在银行账户几乎用于所有地方，18岁以上的法国人中有84%拥有法国银行提供的信用卡。

信贷的分配也正在发生变化。银行现如今可以保证约3/4的信贷分配，而30年前这一比例还不足一半。事实上，它们基本上是中期（2—5年）和长期（大于5年）贷款，且不可与法兰西银行进行再贴现。但银行由于资产负债表上稳定的资本增加，现在也可以实现贴现业务。家庭占主要信贷接受者的51%：首先是消费信贷，这一领域有专门机构；其次是住房信贷，得益于1965—1969年在政府的支持下制定的政策，住房储蓄账户和相应贷款出台。然而另一方面，供给企业的传统信贷形式（即商业票据贴现于60天或90天到期）则处于非常明显的下降趋势。

早在1965年以前银行系统内某些特征还依然存在，银行之间的竞争也远没有结束。银行没有权利提供活期贷款，而提供定期贷款也不能超过规定限额，利率（特别是信贷利率）也仍由国家信贷委员会监管。至于贷款利率，在符合低于高利贷利率这一条件下，贷款利率自1978年后一直是自由涨落的。同时，银行自己设定基准利率，并确定适用于各类贷款的条件。但它们自始至终没有改掉相互模仿的习惯，这一做法极大地限制了银行间的竞争。

同时，国家也并没有放弃向公共金融机构、储蓄银行、合作银行（法国农业信贷银行）或互助银行等非商业银行提供优惠待遇，这种做法导致了银行持久的分割状态。这种割裂经常被商业银行代表所谴责，他们指责其他机构为了利益在消耗了过多资金的同时，还利用自己的特权来保证其收入来源。特别是法国农业信贷银行，它长期受益于农业贷款垄断，并自1982年后一直未缴纳所得税，不断壮大使得该银行于1996年接管苏伊士公司的银行业务，并于2003年成为里昂信贷银行的主要股东。此外，法国互助信贷银行集团也在一定程度上长期依靠其特权地位，快速发展吞并法国工商银行这一大型商业银行及其整个区域银行网络。至于法国储蓄银行集团，在2003年并购了法国储蓄及信托银行旗下投资银行——法国财政投资局。

自20世纪60年代中期以来,法国银行业经历了极为深刻的变革。长期以来受制于传统管理体系的银行业,如今更关注的是创新。从前,他们只是商业活动的简单辅助,但后来却随着经济发展开始引导投资并促进经济增长。银行业在1965年之前对竞争漠不关心,现在却纷纷要求政府解除对他们经营活动的限制。1974年,在放弃了跨国界的扩张后,各银行重拾了自1914年就被遗忘的外向性原则。这种外向性促使他们从自身利益出发,截取大量石油美元存款,参与发起大额国际贷款。该做法既是为了其自身发展,也是为了其客户的利益。2001年,法国巴黎银行按资产规模成为欧洲第三大银行、世界第四大银行。毫无疑问,在国际扩张、商业活力和竞争加剧的大背景下,银行家在新千年开始之际的工作与1965年左右的工作变化具有"天壤之别"。

2. 对银行的监管

银行对经济活动的参与很好地说明了其在经济领域的重要性,和其他国家一样,银行在法国也已成为货币的主要"制造者"。银行对个人或企业发放的贷款导致受益人的经常性账户膨胀,受益人通过支票或汇款等方式支付给债权人,从而触发新的存款,继而获取新的信贷。正如著名格言所言:"贷款创造存款。"除了储蓄资源未涵盖的预算赤字以及外汇对法郎的折算,这种银行即非现金货币的创造成为货币供应量增加的根本原因,而用于日常支付的纸币和硬币通常只是一种对经常账户的补充。

但这种创造货币的方式是非常危险的,因为没有任何一种机制能够保证它不会导致通货膨胀。如果信贷额度大于可用供应量,国内生产就不能满足家庭的消费需求以及商业的投资需求,随之而来的就是价格上涨导致的通货膨胀。因此,信贷政策就显得至关重要。国家本身可以监管创造货币的过程,也可以将这项任务委托给中央银行。如果国家干预信贷规模甚至信贷额度,那么这种信贷政策就具有统制经济的特点,也不会被允许跨越某些限制,即信贷的限制措施。如果信贷政策仅仅局限于控制信贷成本,那么它就可以遵循自由市场原则:即通过利率的上升来遏制大众对信贷的需求。但是这个政策比前一个要复杂得多,因为它不依赖于利率的绝对水平，而是取决于利率与通货膨胀率两者之间的相对关系。此外，外部因素也可能会干扰政策的执行，当某一地区利率高于世界范围内其他金融市场的利率，从而吸引了大量的流动资金时，进口性通货膨胀就会导致大量可兑换货币的流入。

对于信贷控制的需要也并不是法国政府进行经济干预的唯一原因。银行活动总是基于盈利考虑，而不是基于国家经济发展所期待的方向。同时，银行活动对不同类别的代理人或交易都起到决定性作用：这取决于它倾向于家庭还是企业，取决于它趋利于短期、中期还是长期信贷（这些信贷实际上都优先考虑国内需求中非居民要求部分）。同时，诸如 Indosuez 财富管理公司或巴黎银行等大型集团，银行可以通过参股的方式来控制大部分的经济发展。现如今，大型公司雇用的员工远远多于从事机械工程或汽车行业的人员数量。因此，国家有多种理由通过信贷政策或与银行结构相关的直接手段对信贷进行干预。

与盎格鲁－撒克逊国家采用的精炼方法相比，法国的信贷政策一直到 20 世纪 60 年代中期还保持着相对简单，甚至是不成熟的特征，基本上仅限于操纵再贴现率。当银行推行商业票据贴现时，法兰西银行利率的上涨就足以促进信贷的增加。然而 1958 年以及 1963—1965 年，在通货膨胀压力过大的情况下，信贷的限制措施完全抑制了银行的扩张进程。尽管如此，法国信贷政策从来没有尝试对银行活动进行"微调"，法兰西银行借此向银行提供在货币市场上买卖国库券所确切需要的现金流，而自 1938 年以来引入的"公开市场"原则却一直未被使用。

自 1967 年起，法国逐步引进了许多更加注重市场规范的机制。首先，存款准备金要求银行以未付准备金的形式被法兰西银行冻结部分存款。法兰西银行只需上调准备金率即可抑制信贷的扩张，这使银行开始正视其肩负的责任：如果增加信贷，则会导致存款的增加，利润就会减少；反之，如果减少信贷，就会减少存款，但利润则会增加。与此同时，法兰西银行也在大力干预货币市场活动，而逐步放弃对再贴现利率的操纵。1971 年，法兰西银行通过下调国库券拍卖利率使其低于再贴现率，鼓励银行借此获取所需资金。然而，通货膨胀的变化导致悲剧一再重演。最终，在 1968—1970 年有关信贷的限制措施被重新确立，并于 1971 年 12 月成为永久性规范条例。

1976 年后，经济危机、货币主义兴盛以及要求取消管制热潮，引发了一场严重的突变。巴雷政府设定货币供应的年度增长目标，并提出遵守信贷政策的要求。然而结果令人大失所望：至少在法国，货币供应量的增长率与货币主义理论所假设的上涨之间似乎并不存在密切的联系。现如今的法国信贷监管措施则主要效仿其他工业化国家。从 1978 年开始，法国各大银行可以自由设定基础利率。根据市场的变化，法兰西银行以一种极具干预性的利率售卖招标特定数量的国库券，从而定期向各大银行提供必要的流动资金。法兰西银行还可以调出 7 天内银行账目，根据减少或增加流动资金的需要，以有吸引力或极具压制性的利率支付这些存款。

自 1972 年 12 月起生效的信贷限制措施，在 1985 年被一个致力于优化存款准备金的新制度所取代。从此，对于一切非自有资金贷款的增加，银行必须提高其在法兰西银行的无息储备量。这一机制的实施极为严格，但它同时也鼓励银行以发行债券或投资证书的方式增加自身的资金量。总体来看，所有这些措施的根本目的都在于减少政府对银行直接干预，同时倾向于法兰西银行的间接调控。1993 年，一项强调法兰西银行在国家面前享有的独立性的新法规出台。从此，与中央政权任命的地方长官一样，6 名相关人士经共和国总统和 2 个议会议长提名，由政府任命组成货币政策委员会。法兰西银行的使命也被重新定义：它不再参与筹备以及实施政府决定性货币政策，而是根据新法律的条款，确定和实施货币政策以确保价格的稳定。在政治权力上，银行就像德国联邦银行一样，从依附于政府逐渐转变为完全自治。此外，对稳定的迫切需求变得至关重要，银行则成为这种稳定性的担保人。在这次改革之后的区区几年，1999 年欧洲中央银行的出现削减了法兰西银行的大部分特权。自那时起，法兰西银行的唯一使命便是在法国实施法兰克福确定的主要发展方针。同时为了适应这种新形势，法兰西银行进行了艰难的重组，不得不关闭许多分支机构。

银行业结构的调整反映出一种类似的演变过程，尽管这一过程与时间有所脱节。事实上，即使在信贷政策自由化转变后，法国政府也一直试图依据当时的经济问题来引导该行业的发展。1967 年，1945 年实现国有化的国家贸易与工业银行和巴黎国家贴现银行合并，巴黎国民银行随之诞生，并很好地指明了私营部门的发展道路。20 世纪 70 年代，巴黎银行与 Indosuez 财富管理公司这两大金融、工业、银行业集团在政府的支持下逐渐强大起来。与传统商业银行不同，拥有完备的柜台网络的巴黎银行将法国北方信贷银行、巴黎联合投资银行与银行公司汇集在一起，使其股票交易规模成倍增长。Indosuez 财富管理公司亦是如此，它围绕着苏伊士金融公司，对印度支那银行、专门从事房地产行业的海宁银行，以及法国工商银行省级银行网络进行了重组。同时，各银行与工业的联系日益紧密，尤其是像法国圣戈班集团这样的大型企业。

1982 年，法国莫鲁瓦政府虽然以一种不同的心态进行国有化改革，但其本质仍然是在转变银行业的结构。莫鲁瓦政府希望将银行业与解放精神联系起来，使银行服务于国家经济发展，从而脱离国际金融市场，同时指导创造就业岗位的中小企业发展。在这一政策的实现过程中，董事会和工会之间的集体协商发挥了巨大的作用。作为 1945 年完成国有化改革的三家大型储蓄银行的所有者，法国政府现在牢牢控制着 2 家金融集团和 36 家银行，这些银行有超过 10 亿法郎的存款。也就是说，法国政府可操控银行总存款规模的 91%，而这一数据在 1982 年之前仅为 60%。只有那些外国银行在法国成立的本地银行及其子公司才能摆脱这一局面。

当今法国的银行业

表 6 - 3　　　　2001 年不同金融机构在发放信贷总额内的比重

	数额（十亿欧元）	所占比重（%）
商业银行	918.1	75.1
法国储蓄及信托银行、储蓄银行	100.5	8.2
专门性金融机构及金融企业	188.0	15.4
其他金融机构	16.2	1.3
其他	1222.8	100

在欧洲的地位：

表6-4　　　　　　　　　2001年欧洲前12强银行排名

	总资产数额 （十亿欧元）	自有资产		净利润	
		数额 （十亿欧元）	占总资产比重（%）	数额 （十亿欧元）	占自有资产比重（%）
德意志银行	914.4	40.2	4.4	0.4	1.0
瑞士银行联盟	845.4	29.4	3.5	3.4	11.5
法国巴黎银行	825.3	24.6	3.0	4.0	16.3
英国汇丰银行	780.0	51.0	6.5	6.1	12.0
巴伐利亚联合银行	716.3	25.1	3.5	0.9	3.6
荷兰国际集团	705.1	21.4	3.0	4.6	21.5
瑞士信贷集团	682.8	19.1	2.8	1.1	5.7
苏格兰皇家银行	602.8	36.6	6.1	3.1	8.5
荷兰银行	596.4	11.0	1.8	2.3	20.9
巴克莱银行	582.9	23.7	4.1	4.0	16.9
法国兴业银行	512.5	15.8	3.1	2.2	13.9
苏格兰哈里法克斯银行	510.4	18.1	3.5	2.7	14.9

表6-5　　　　1990年和2001年欧洲银行机构数量　　　　（个）

	1990	2001	变化
商业银行	380	277	-27%
互助性银行及合作性银行	173	147	-15%
金融企业	1209	523	-57%
专门性金融机构	32	17	-47%

表6-6　　　2000年各国每100万居民可使用自动取款机数量　　（个）

西班牙	1123
美国	991
日本	922
法国	582

续表

西班牙	1123
德国	580
英国	575
希腊	330
瑞典	295

但是，改革的结果并不令人满意。不凑巧的是，国有化改革时期恰逢银行系统出现严重危机之时。1982年银行的收益下降了40%，像欧洲投资银行[①]这样的著名金融机构也损失惨重。这是因为许多新的开支正在累积，即使在利润极低的时期，银行也在对国有企业发放低利率贷款。石油收入的萎缩以及第三世界债务危机迫使银行为其所面临的风险提前准备相应准备金。同时，由于贷款利率的下降速度快于信贷利率，通货膨胀的减弱也削弱了银行的利润。在这种情况下，企业不得不停止招聘，以降低运营成本。另外尽管有些客户提出了抗议，但银行还是坚持对当时免费服务的收费定价问题进行论证，这其中就包括支票管理以及经常账户的维护费用。

法国政府也很快意识到了银行活动还需满足一些至关重要的需求。自1990年7月1日起，欧洲资本流动实现了全面自由化。如何减轻国有比重、提高银行盈利能力以及提升国际竞争力成为法国银行发展的迫切需求。

银行业国有比重得到了大幅度的削减。两次连续的私有化改革浪潮不仅涉及1982年实现国有化改革的两个主要金融集团（苏伊士集团和巴黎银行），还涉及法国兴业银行和巴黎国民银行在内的大部分储蓄银行。法国政府不仅放弃了对法国农业信贷银行的监管，并将其所持股份出售给区域互助基金会，还撤销了对许多其他具有特殊地位的前公共或半公共机构的控制。这其中包括：处于近乎破产状态的法国地产信贷银行，在1999年被储蓄银行接管；国家信贷银行，更名为法国那提西银行后吞并法国对外贸易银行；法国地方信托银行与比利时社区信托银行

---

① 前身为罗斯柴尔德银行。

合并后更名德克夏银行……但里昂信贷银行的复兴发展长期以来一直阻碍这种国家监管机制的终结。风险集聚促使弱势股东纷纷减持股份，给银行带来严重的财务危机并导致银行于1994年提出破产申请，迫使作为唯一股东的国家大量注入公共资金，5年后其私有化改革才得以启动。

相对在近些年经历了许多困境的其他法国银行而言，里昂信贷银行还算是非常幸运的。有些银行已经连续亏损了好几年，例如法国最负盛名的金融集团之一 Indosuez 财富管理公司。1996年，在苏伊士公司放弃金融活动后，Indosuez 财富管理公司被法国农业信贷银行收购。而苏伊士公司转而致力于城市社区服务行业，并为此控制了里昂水务公司。至于另一家大型金融集团、苏伊士公司的对手巴黎银行，也同样遭受了重创，它不得不将其最重要的子公司法国北方信贷银行卖给法国兴业银行，并在巴黎国民银行与法国兴业银行之间的一场艰难证券交易战后，于1999年接受与巴黎国民银行合并。

这些发展困境和强制的集中化的原因既是周期性的，也是结构性的。经济危机的爆发使得法国的家庭根本无法归还所借的款项，企业倒闭成倍增加。20世纪80年代后期房地产市场崩溃，巴黎的情况尤为严重。然而银行在巴黎地区房地产领域投入了巨资，这对他们产生了如同2000—2002年间股票价格的灾难性下跌一样极为深刻的影响。

长期以来，银行业结构中的许多不足之处也成为其发展不利的根源所在。银行的盈利能力在所有大型工业化国家中都处于劣势地位（日本除外）。通过优先分配信贷，银行往往只能收取较低的利率，特别是在当前它们处于完全竞争的背景下，这极大地限制了它们的盈利能力。与盎格鲁-撒克逊国家的银行一样，法国银行也没有向客户征收服务佣金的习惯。最后，银行业还有可能遭受因过多分支机构引发的困扰，以及由于雇员的拙劣带来的不必要的损失，因为有时该行业员工过多但员工的能力却远远不足。

为了克服这些已经根植多年但在最近才被发现的弊端，银行业内部已经尝试了许多种解决方案。在政府的大力支持下，其中一种解决措施便是与大型保险公司进行合并。针对同样的客户，面对同样的风险，银行和保险公司确实在交易方面存在许多共同点。由此，通过收购银行股份，大型保险公司为银行提供了资金支持，银行保险业得到大力发展。巴黎联合保险集团（UAP）于 1994 年完成私有化改革，成为苏伊士公司和巴黎国民银行最大股东。在与安盛保险集团合并后，其主要权益得以保留，并成为该行业最大的企业之一，2001 年全球排名第三。国家保险集团也于 1998 年实现了私有化改革，它长期以来一直是法国工商银行的参考股东①。法国工商银行涵盖了巴黎和各外省存款银行网络，但在之后却将这一网络的控制权交由联合信托银行集团管理。

另一种解决方案与上一种类似，是将其业务扩展到通常比法国更有利可图的海外地区。大型银行重树了长期的国际化传统，并在国际化进程中、特别是在以北美和东亚为首的利润丰厚的地区创造了相关网络。法国银行现在仅排在美国之后，拥有世界第二大银行网络，并通过其子公司、分支机构或代表处在 124 个国家开展业务。它们与外国合作伙伴（主要在欧洲）交叉持股并建立商业联盟②。面对大量的合并和收购，法国银行也没有丝毫犹豫。1989 年，苏伊士公司开始间接控制莱茵河流域最大保险公司之一的德国科洛尼亚保险股份公司。3 年后，里昂信贷银行收购了德国公共经济银行。然而这类做法并不总是成功的。苏伊士公司在并购了德国科洛尼亚保险股份公司之后不久就将它转让了出去。里昂信贷因其在 1992 年收购加州人寿保险公司时被美国法院重罚，对德国公共经济银行的收购则加重了其本身已岌岌可危的财务负担。尽管如此，国际化对于法国银行乃至整个法国来说仍然是发展动力和经济振兴的重要保证。事实上，作为大型生产部门企业，法国银行在过去 30 年中经历了极其深刻的变革。

---

① 参考股东是股东的一种，持有相当大比例的投票权。——译者
② 例如，巴黎国民银行和德累斯登银行；法国商业信贷银行与德国 BHF 银行以及英国查特豪斯私募股权公司。

第三部分

问 题

第七章

通货膨胀

一 频繁出现

1. 物价上涨

通货膨胀并非仅为物价上涨，后者只是阐述了前者的表面现象，通货膨胀的性质和缘由是经济学家们激烈争论的重要主题。然而，对于购买力变化敏感的普通民众而言，通货膨胀最常见的表现形式仍是商品零售价格的上涨。近些年来，法国已经历了多次强度远超他国的通货膨胀。

总体来看，表7-1所示，尽管不同时期法国商品零售价格年均增长率的上涨幅度略低于其他国家，但在1985年之前，其年均增长率依然高于OECD成员国的平均水平。此外，在"黄金三十年"末期，1967—1972年法国经济年均增长率是美国1960—1966年年均增长率的3倍，英国的2倍。另一方面，法国工业化水平与其他几个国家相比仍然有很大差距，在国际经济形势相对稳定时期，如20世纪50年代，这一情况尤为显著。较大差距带来的是令人担忧的通货膨胀差异，通胀差异指标衡量的是法国通货膨胀率与主要贸易伙伴国家（德国、美国、英国、意大利、比利时和荷兰）的加权平均通胀率之间的差异。这一差异会随着世界市场价格上涨加速而减小，如1974—1975年、1979—1981年；反之亦然，如1976—1978年、1982—1983年。1988年和1991年则为关键的转折点，首先是OECD成员国的进一步扩大，然后是东德和西德的统一，通货膨胀差异随之消失。这是否意味着法国传统高敏感性通货膨胀的终结？现在给出肯定的回答还为时尚早。

表 7-1　　　　　　　商品零售价格年均增长率　　　　　　　（%）

	1955—1959 年	1960—1966 年	1967—1972 年	1973—1979 年	1980—1985 年	1986—1991 年	1992—1995 年	1996—2003 年
日本	1.2	5.7	6.7	9.7	2.7	1.6	0.5	-0.4
德国	1.8	2.7	4.3	4.7	3.9	1.6	3.0	1.2
美国	1.9	1.7	4.9	8.4	5.2	4.3	2.6	1.9
意大利	1.9	4.4	5.0	16.6	13.8	5.8	4.5	2.5
英国	2.9	3.4	7.0	15.5	7.0	6.0	2.6	1.5
法国	5.5	3.5	5.9	10.5	9.6	2.8	1.9	1.5
OECD 国家平均水平	2.5	2.7	5.4	9.6	7.0	3.9	4.4	1.4

但是不同类别的产品价格涨幅并不一致，甚至完全相反，相对价格的变化可以验证这一点。长期以来，工业品对农产品的相对价格以极小的程度下降，而服务业相对价格却在增加。以 2002 年为例，法国商品零售物价指数（不包括烟草）上涨了 2.1%。其中，食品和非酒精饮料类的价格涨幅只有 1.4%，低于其他商品的平均涨幅水平，但同时一些农产品（如油和人造奶油）的涨幅很高，达到了 5.9%，其他的食品（如禽肉）甚至降低了 2%。制成品方面，价格普遍降低，家用电器下降了 2%，视听设备下降了 8%，电话机下降了 11.7%，微型计算机下降了 18.9%。受伊拉克战争的影响，石油资源紧张，液体燃料的价格急剧上涨，涨幅达 15.3%，远高于平均水平。另一方面，城市燃气价格略微下降了 1.4%。而服务业价格的涨幅往往高于其平均水平，特别是在面向家庭的服务方面，其中酒店和餐馆价格上涨了 3.4%，医疗上涨了 11.3%。服务业中能保持稳定增长的部门也很少，跟团旅游只上涨了 0.5%，虽然公共交通也上涨了 1.3%，但涨幅却低于平均水平。

正如让·弗拉斯蒂埃的研究所述，供求定理和具有竞争力的产业结构根本无法解释由于生产力提高而带来的价格上涨现象。技术进步可能

第七章　通货膨胀

使得一些产品的价值有较小的增长，也可能使其大幅下降。如今，彩电的价格要低于20世纪60年代末法国刚推出彩电时的价格，如果考虑到价格的一般演变，当时购买一台彩电的成本如今至少可以买8台。微型计算器的价格变化更能反映这种现象，现在的价格已是20年前的1/15。另一方面，服务业大多数难以实现技术进步这一点解释了其相对价格的上涨，我们更愿意称之为实际价格和人均工资的比值保持相对稳定。1960年给一个人剪头发的劳动价值相当于巴黎手工劳动者工作66分钟的基本劳动报酬，1990年相当于其工作130分钟的基本劳动报酬。

有时我们也需要运用供求变化来解释价格上涨。在石油危机期间，燃料价格由于供应短缺而提高。按换算成法郎的固定汇率计算，1973—1982年间，进口原油价格增长到原来的5.5倍。然而自1986年后，由于能源消费结构重组，经济危机使得原油需求下降，OPEC[1]成员国之间的矛盾重重，国际原油价格开始持续走低。只有在几个相对较短的时期内，如1990—1991年（伊拉克入侵科威特，紧接着海湾战争爆发）和2002—2003年（反恐局势紧张，然后是美英对伊拉克的战争），石油价格才有所上涨。

因此，尽管世界能源价格的变化是一个持续不确定因素，但对于绝大多数产品而言，在很长一段时间里，实际价格的下降是不可否认的，而通货膨胀也是现实。相比于其他国家，法国的名义价格增速特别快，并对其国际地位产生了严重冲击。

2. 货币疲软

法郎在世界范围内面临贬值的情形屡见不鲜。自第一次世界大战结束以来，法郎只经历了几次短暂的稳定时期，例如1928—1936年（庞加莱法郎[2]）和1958—1969年（皮奈法郎[3]）。无论是固定汇率制还是浮动汇率制，无论是对资本流动严格管制还是宽松政策，相较于其他主

---

[1]　石油输出国组织，简称"欧佩克"。——译者

[2]　"一战"结束后，法郎疲软，汇率不稳定。1926年7月，雷蒙·庞加莱第三次组阁，采取了系列稳定经济的措施，其中就有将法郎贬值，使法郎成为一种稳定的货币。——译者

[3]　1958年戴高乐就任法兰西第五共和国总统，实施了一系列经济改革。经济财政部长安托万·皮奈推出新法郎，又称"皮奈法郎"。——译者

要货币，法郎总是表现出走弱的趋势。自法兰西解放以来①，法郎经历了11次贬值，以及4次在欧洲货币体系②内的汇兑平价调整③。如果考虑到外国货币的升值、法郎多次退出欧共体蛇形浮动汇率制度④，以及1993年夏汇率体制几近崩溃的多重影响⑤，那么法郎大约总共历经了15次贬值。相比于其他货币，法郎显得更加脆弱。

2001年12月，当法郎向欧元过渡时，法郎的市值已经远远不及第二次世界大战后的价值。用新法郎计算⑥，1945年12月的1美元相当于1.19法郎，而到了1999年12月，7.44法郎才可以换到1美元，贬值程度可见一斑。然而事实上，1973—1979年、1985—1987年、1990—1992年这三个时期美元走弱，已在一定程度上缩小了两国货币的价值差距。此外，法郎对德国马克也呈现持续贬值趋势。用新法郎计算，1948年6月发行时，1德国马克相当于0.78法郎，在之后很长一段时间内，两国货币以平价兑换。自20世纪60年代初，法郎兑德国马克汇率贬幅逐渐扩大。截至2001年底，1德国马克等于3.35法郎，是其发行之初汇率的4倍之多。再看法郎兑荷兰盾或瑞士法郎的汇率变化，贬值可以说都是灾难性的。2001年，荷兰盾和瑞士法郎各自对法郎的汇率分别是战后初期的6.6倍和16倍。甚至是长期疲软的英镑，在1967—1974年走软尤为显著的情况下，到2001年12月底，其对法郎的汇率是1945年的两倍。

毫无疑问，法郎国际地位的衰退比汇率贬值的影响还要深刻。法郎区是法国本土、法属海外省、海外领地⑦以及14个非洲国家的货币集团，如今以固定汇率（1西非法郎⑧ = 0.001524欧元）与欧元挂钩。尽

---

① 1944—1945年，盟军逐步夺回自1940年被法西斯占领的法国。——译者
② 1979年成立的欧洲货币体系，实质是一个固定的可调整的汇率制度。——译者
③ 两国货币兑换的一个固定比率。——译者
④ 蛇形浮动，又称联合浮动。指国家集团对成员国内部货币实行固定汇率，并规定波动幅度为±2.25%，对集团外货币则实行联合的浮动汇率。——译者
⑤ 1992—1993年，欧洲货币危机。——译者
⑥ 即上文的皮奈法郎。——译者
⑦ 法属海外领土有4个海外省、4个海外领地。——译者
⑧ 非洲金融共同体法郎，是西非经货联盟的统一货币，简称为西非法郎（FCFA）。——译者

第七章 通货膨胀

管法郎区依然存在，但法郎在世界市场上并不占据重要地位，既不能作为储备货币[①]，也不能作为汇兑票据或发行国际债券[②]的国际货币。尽管法国银行的国际地位有所突破，法郎也没有成为受益者，更别说能像英镑一样，依靠伦敦金融城内数家银行的庞大力量来保持其竞争优势地位。

此外，法国在国际货币舞台上还缺少话语权，戴高乐总统在1965—1967年提议的重回金本位的梦想难以实现，法国政府提出的相关政策意见几乎没有被听取过。正如爱德华·巴拉迪尔[③]设想的那样，外汇市场的稳定并不意味着完全不能超过设定的一般汇率波动范围。事实上，当时整个欧洲的实力也相对较弱，为了使贸易伙伴意识到在欧洲经济共同体[④]下开展货币合作的紧迫性，瓦莱里·吉斯卡尔·德斯坦作为财政部长在1972年《巴塞尔协议》签署时以及作为总统在1979年欧洲货币体系成立时均做了很多工作。但是，法国的通货膨胀迫使法郎在1974—1975年和1976—1979年两次退出蛇形浮动汇率制。同样，1981—1983年间，短短18个月内的3次汇兑平价调整也削弱了法郎在一篮子货币[⑤]中的地位。然而，反常的是，1982—1992年实施的"竞争性通货紧缩"政策[⑥]并没有在货币动荡期间，尤其是1993年夏欧洲货币危机中让法郎树立威望。紧接着，直到1996年，法国财政赤字屡创新高，人们不禁怀疑法国是否进入了欧元启动阶段。欧元启动也带来了新的问题，欧元的固定汇率是否意味着法国种种货币问题走向终结？但当我们再回顾法郎的演变史时不难发现，法国对通货膨胀压力的

[①] 储备货币是各国用作外汇储备的货币。它必须是可自由兑换的货币，并在国际被广泛用于计价和支付结算。——译者

[②] 国际债券是一国政府、金融机构、工商企业或国家组织为筹措和融通资金，在国外金融市场上发行的，以外国货币为面值的债券。——译者

[③] 法国政治家，曾任法国总理，法国经济、财政和私有化部部长等职位。——译者

[④] 欧洲经济共同体与欧洲煤钢共同体、欧洲原子能共同体共同组成欧洲共同体。——译者

[⑤] 欧洲货币体系的内容之一：欧洲货币单位是当时欧共体12个成员国货币共同组成的一篮子货币，各成员国货币在其中所占的比重大小是由他们各自的经济实力决定的。——译者

[⑥] 竞争性通货紧缩是指固定汇率制度下，通胀率高的国家实行相对偏紧的货币和财政政策，就业市场再通过劳动力供需关系压低平均工资水平，降低通胀率，竞争力恢复。这一政策是原联邦德国的模式。——译者

高度敏感性早已成为常态。

3. 长期治理不力

在法国，通货膨胀是历届政府的难题，没有一个政府敢吹嘘他们在对抗通货膨胀时取得了决定性的胜利。尽管所有可能的政策工具都被一一使用，但通货膨胀似乎已扎根于法兰西大地上。

用行政手段实行紧缩性政策很常见。利用1945年政令①赋予的权力，多届政府在1945—1948年、1956—1957年、1963—1965年、1969年、1974年、1976年和1982年间曾短期或长期施行价格冻结。但许多国有企业拒绝提高赋税，认为国家这一举措的目的在于加强对其的控制和监管。不过税收自主政策有时倒是会被通过。

就工资而言，虽然自1950年劳资双方之间开始自行签订集体合同，但政府并没有因此丧失调整工资的途径。通过确定最低工资和公职薪酬，法国政府依然在工资调控中扮演着重要的角色。政府还可以间接干预私人部门，要求其年工资上调幅度不得超过一定比率，这就是法国总理米歇尔·德勃雷于1961年致信全国雇主委员会主席的目的。1963—1966年出台的收入政策，以及1969—1972年夏邦—戴尔马斯②政府推行的合同制③，都是为了在物价稳定、生产率提高和社会进步三者之间实现平衡。事实上，后来有些政府毫不犹豫地在收入方面进行了强制性干预，例如1976年总理雷蒙·巴雷要求打破长期以来高收入群体收入的过度增长，1982年总理皮埃尔·莫鲁瓦要求冻结工资、商业利润、酬金、股息等所有类别的收入分配，时间长达5个月。

在银行信贷方面，过度发放贷款似乎是导致通货膨胀的原因，因此政府采取措施限制银行放贷，一开始只是在经济过热时期（1958年、1963—1965年、1968—1970年）才会执行，此后的1973—1985年政府对银行进行了长期监管。

---

① 1945年政令是物价管制政令。——译者
② 时任法国总理雅克·夏邦—戴尔马斯。——译者
③ 当时政府以国营企业和公用事业作试点，同他们签订了"纲领性合同"。按合同规定，政府给予国营企业和公用事业独立经营权，而国营企业和公用事业则必须同本部门职工签订"进步合同"，以便确保职工逐年提高购买力。——译者

第七章 通货膨胀

但是，无论是物价、工资还是信贷，法国政府都没有行之有效的政策工具，结果往往令人失望。这种失败有时是直接的，例如 1946 年 12 月莱昂·布鲁姆①政府采纳"实验 5%"政策②，认为此政策可以使物价下降。但事与愿违，在短暂的物价稳定之后，通货膨胀卷土重来。实际上，无论什么政策都不能完全消除通货膨胀，价格上涨只是通货膨胀的通俗解释，甚至是最表面的现象。在工资方面，工资上涨在加重企业生产成本的同时，也刺激了消费者的需求，一定程度上确实推动了通货膨胀，但未必是驱动性因素。至于信贷，尽管银行在通货膨胀问题上有不可推卸的责任，但他们只是在满足其他金融机构的需求，而这些金融机构都早已预料到物价上涨，早已将利率升高。人们也逐渐意识到强制性手段的局限性，以至于后来推翻了之前的政策。在 1986 年，1945 年政令被废除；在 1985 年，限制银行信贷的措施被一个更加注重银行自主管理的新体制所取代。

为了对抗通货膨胀并实现经济稳定，政府一般有两种途径，要么控制社会总需求，要么增加借贷成本。但这并不能说明前者受到了凯恩斯主义的启发，后者受到了自由主义的启发。自 1945 年以来，法国没有一届政府原封不动地照搬单一经济理论，他们总会从财政和货币两方面交替或同时采取一系列应对措施。

控制社会总需求是财政政策手段。财政盈余可以抑制总需求，国家也能借此获得一部分可支配收入，但实现这一点非常困难，法国只在 1970—1974 年实现了盈余。另外，缩减财政赤字一直是政府的目标。有时赤字会急剧下降，例如 1949—1950 年、1958—1960 年、1963—1965 年和 1976—1977 年，法国财政赤字大幅下降。有时则相反，比如 1983—1991 年，赤字率③只从 3.3% 下降到 1.2%。交易保证金和财政盈余一样，也可以抑制流动性过剩。为此，法国政府还发行了大量公债④，比如 1952—1958 年的皮奈公债、1973 年吉斯卡尔公债和 1977 年

---

① 1946—1947 年法国临时政府主席。——译者
② 把商品零售价普遍降低 5%。——译者
③ 财政赤字率 = 财政赤字/GDP × 100%。——译者
④ 公债是各级政府借债的统称。中央政府的债务称为国债；地方政府的债务称为地方债。——译者

巴尔公债①。此外，1982—1985 年，国家财政当局每年发行 3—4 次可展期债券②，逐步取代了短期国库券③。

但紧缩性财政政策不等同于减少开支或提高税收。自 1945 年以来，财政支出放缓都是为了保护私人投资。一般来说，做出相反选择的政府相对较少，1952 年安东尼·皮内政府就是这样的特例。另一方面，提高税收是以较少考虑未来经济发展为前提的，相比于家庭受到的影响，企业首当其冲。有几届政府也将之付诸实践，一些有争议性的分析认为过度投资加大了通货膨胀压力，政府因此在 1975 年对企业征收预扣税④。

增加信贷成本是货币政策的手段。法国中央银行（法兰西银行）通过提高再贴现率⑤或提高利率干预货币市场，使贷款成本对企业和个人具有威慑作用，从而限制商业银行增发贷款。特别是在面对高通货膨胀压力时，央行会使用这一工具，如 1969—1974 年和 1979—1982 年。

然而，无论是通过控制社会总需求还是增加信贷成本，或两者兼而有之，都只能暂时稳定时局，并不能彻底消除通货膨胀，除非此时国际经济形势也趋于稳定，比如 1952—1953 年、1958—1959 年以及 1985 年以后。事实证明，许多政策工具的效果远不及之前设想的那样，有效性总让人质疑。例如，如果物价上涨得更快，那么同一时期提高名义利率⑥就会收效甚微。法国政府直到 1976 年才注意到这个问题，并不再采用控制名义利率的方式来抑制物价上涨。同样，为抑制流动性过剩，政府发行债券，但会使得股票市场的流通资金大量减少，反而阻碍了企业以债融资或发行股票融资，间接迫使它们更多地向银行贷款，从而加剧通货膨胀。此外，被强制征收预扣税的企业要么提高商品售价，要么增

---

① 均以时任法国经济财政部长命名的公债。——译者
② 债券期满时，可以由投资者根据事先规定的条件把债券的到期日延长，且可以多次延长，这种债券的期限一般较短。——译者
③ 短期国库券是政府部门发行的短期债券。——译者
④ 预扣税是指雇主付给非居民，包括雇员、商业伙伴及海外代理商时所应缴的税款。预扣税的征收会减少外国投资者的投资报酬。——译者
⑤ 再贴现是商业银行以未到期的合格票据再向中央银行贴现。——译者
⑥ 名义利率是央行或其他提供资金借贷的机构所公布的未调整通货膨胀因素的利率。——译者

第七章 通货膨胀

加企业成本，通货膨胀也会因此传导加剧。在紧缩性财政政策下，提高增值税税率会立即导致商品零售价格上涨。为使国家社会保障统筹账户收支平衡而提高雇主的社保缴款，会导致企业成本增加，企业为了维持利润，则将上调商品售价。除非企业停止涨价并进行裁员，否则传统的财政政策工具将无法抵抗通货膨胀压力。

在和通货膨胀艰难斗争的过程中，恢复市场自由竞争俨然是一种更正确的补救措施。第二次世界大战后以来，德国是抵抗通货膨胀最成功的国家，还同时确立了自由竞争的市场经济体制，出现这样的奇迹绝非巧合。在法国，少数时期经济也是朝这个方向发展的：1948年财长勒内·梅耶、1957年财长费利克斯·加亚尔都实行了"成本价格"政策①；1958年"皮奈—吕埃夫"计划②禁止指数条款③写入合同；1953年议员埃德加·富尔提出反卡特尔④、反滥用市场支配地位行为⑤的议案；1960年法国贸易部秘书长约瑟夫·丰塔内继续推行这一政策；1977年总理雷蒙·巴尔成立法国竞争理事会，进一步保护市场竞争；1986年总理希拉克和内阁财长爱德华·巴拉迪尔通过将其更名为竞争委员会，扩大了该组织的权力，使得取消价格控制和减缓通货膨胀趋势得以实现。

在自由竞争的市场下，经济将富有活力，往往能从根本上消除通货膨胀。那么，至少在近期放松监管之前，是否因为法国政府只是个别时期朝这个方向发展，才使得法国的通胀高于其他工业化国家的平均水平呢？事实上，我们认为法国政府的有些政策措施是缺乏大局意识的。例

---

① 成本价格是生产商品所耗费的不变资本与可变资本之和。——译者
② 1958年戴高乐执政时期，为了使经济重回正轨，法国时任财政部长安托万·皮奈和法国经济学家雅克·吕埃夫等8人共同成立了一个委员会，该计划由此得名。——译者
③ 指数条款是指合同当事方为保护自己免受通货膨胀影响，将交易价值与宽泛的物价指数相联系。——译者
④ 卡特尔是一系列生产类似产品的独立企业所构成的组织，目的是提高产品价格和控制产量。——译者
⑤ 滥用市场支配地位行为是指具有市场支配地位的企业不合理利用其市场支配地位，在一定的交易领域实质性地限制竞争，违背公共利益，明显损害消费者利益，损害自由公平的市场竞争秩序，应受反垄断法规制的行为。——译者

如，1959年成立的鲁夫—阿尔芒委员会①，本是为了推动1958年12月的经济振兴计划②的圆满完成，但实际上该委员会仅仅提了一些建议，而且其中大部分最终没有被采纳。与此同时，尽管欧洲内部的开放曾迫使法国经济更多地参与竞争，但当时的竞争只涉及生产部门，而且直到1993年，欧洲单一市场的准备工作才完成，开始实现服务和资本的自由流通。事实证明，方向不明的政府政策只能得到事倍功半的效果。

二　比其他国家更加根深蒂固的原因

1. 法国和其他工业化国家的共同原因

通货膨胀是全球性现象，也是20世纪资本主义工业化国家的经济所特有的问题，法国的通胀机制在许多方面与其他国家都是相同的。

国际市场因素在通货膨胀中起着重要的作用。世界各国都是如此，原材料价格的上涨从生产成本方向引发了通货膨胀。例如，朝鲜战争初期原材料价格飙升；1972—1973年农产品价格上行压力巨大；1956年秋苏伊士运河③首次关闭达6个月之久，1973—1974年和1979—1980年的两次石油危机，以及1990—1991年和2002—2003年伊拉克战争，都使国际油价上涨。然而法国国家统计与经济研究所研究表明，这些远远超过10%的通胀率，只有其中的三到四个百分点可以用成本推动价格上涨机制来解释。

国际货币的不稳定也是通货膨胀的一个重要因素。1969—1974年，法郎兑美元几度处于强势地位，吸引了大量国际资本兑换成本币，流入巴黎，法国货币供应量出现不适宜的暴增。1981—1985年，美元的升值拉高进口成本，给法国企业带来了压力。欧洲货币④交易的增加为各

---

　　① 1959年，皮奈—吕埃夫计划后，雅克·吕埃夫和工程师路易·阿尔芒，共同担任一个新的委员会的主席，该委员会由此得名。成立该委员会旨在消除法国经济发展结构性障碍。——译者
　　② 即皮奈—吕埃夫计划。——译者
　　③ 苏伊士运河是国际原油运输的重要通道。——译者
　　④ 欧洲货币，亦称境外货币，是指在货币发行国境外流通的货币。——译者

第七章 通货膨胀

国银行绕开本国严格的信贷管制提供了可能，满足了银行自身和银行客户外汇融资的需求，这类借款不以法郎结算，也不受法国政府监管。此类输入型通货膨胀①导致法国国内物价持续上涨。

对于世界各国而言，通货膨胀是社会群体之间竞争的结果，特别是当收入不平等现象恶化时，人们提高或维持收入水平的愿望更加强烈，通胀也会加剧。人们普遍认为，即使按国际惯例谨慎地比较各国收入差距，法国企业的不平等现象会比盎格鲁－撒克逊和斯堪的纳维亚国家及德国企业更严重，法国会更容易受这种通货膨胀机制的影响。在20世纪50年代中期到60年代末法国经济高速增长时期，法国国内工资差距一直在扩大，悲观情绪在一部分人群中不断蔓延，最终导致了1968年的"五月风暴"②。当时，高级管理人员和普通工人的平均工资比从1950年的3.33倍，扩大到1962年4.29倍，1967年更是扩大到了4.54倍。之后才下降到略微低于第二次世界大战后初期水平，1993年高级管理人员的平均工资为普通工人的3.25倍。

此外，负债不断增加成为所有西方经济体的共同特征，通货膨胀既是其结果，也是其原因。在法国，当个体和企业正在弥补同其他工业化国家的显著差距时，他们就会表现出更加强烈的举债意愿。1965—1975年，企业贷款平均每年增长20%，而个人住房贷款平均每年增加30%。这些数据远高于GDP增长率，银行自然成为众矢之的，人们认为是它造成了长期的通货膨胀。

公共债务累积也是各个国家的共同特征。为了弥补财政赤字，政府会发行公债，在这方面，法国做得似乎比其他国家更加明智。1960年后，美国联邦预算只有一次实现了收支平衡。德国自1965年后长期保持财政赤字，较大的赤字率也同样惊人。法国却恰恰相反，国家财政预算在1964—1965年保持收支平衡，1970—1974年出现财政盈余。此外，法国的公共债务占GDP的比重直到今天仍然比其他国家低，即便在负债规模增长特别快的时期，情况也是如此，如1981—1983年和1992—

---

① 输入型通货膨胀是指由于国外商品或生产要素价格的上涨，引起国内物价的持续上涨现象。此处指的是货币供给途径的输入型通货膨胀。——译者

② 五月风暴是1968年5—6月在法国爆发的一场学生罢课、工人罢工的群众运动，由于整个欧洲各国经济增长速度缓慢而导致的一系列社会问题。——译者

1995年。我们如果将其他公共行政部门（地方当局、社会保障制度）的债务和国债共同计算，即可得到国家公债总额。2001年，法国公债占GDP的57%，的确低于其他工业化大国，当时德国是59%，意大利是110%，日本是133%。然而令人担忧的是，近几年这一比重不断上涨，在2003年上升到62%，超出了《马斯特里赫特条约》对欧盟各国设置的公债标准①。可以说，自1945年以来社会态度和经济行为在不同程度上引起了通货膨胀。

2. 法国特有原因

如果我们不考虑法国经济的一些长期性特征，将无法理解法国通货膨胀的严重性。

其实，法国的经济增长环境在长达25年里一直是有利的。图7-1所示，首先，1959年之前，法国相对世界其他地区而言是封闭的，使得国内企业可以高价销售商品。在封闭市场中，出口无法成为经济增长的动力，也没有必要抑制内需，限制竞争则带来了恶性价格上涨。除外汇管制的原因外，封闭的环境同样抑制了企业低利率融资的需求，因为法国远离了低成本的国际资本市场，这是成本推动型通货膨胀的因素。

从1959年开始，新的经济环境出现打破了贸易壁垒，紧接着在20世纪60年代中期，法国通过扩大劳动力规模缓解了工资增长问题。然而，法国的通货膨胀压力依然较大。在不断增加的家庭消费和企业投资推动下，通货膨胀压力成为经济增长率高于工业化国家平均水平的"附属品"。随着社会总需求②的各组成部分快速增长，人们对价格上涨的预期增加，经济过热的风险变得明显，在1968—1973年尤为显著。当时法国的通货膨胀是实现现代化的代价，人们相信只要度过这一阶段，经济就会快速增长。

工资刚性③也是长期推动着通货膨胀的动力之一。一切经济问题都

---

① 马约规定成员国的公债不得超本国国内生产总值的60%。——译者
② 一般来说，社会总需求＝个人消费支出＋私人投资＋政府支出＋（出口－进口）。——译者
③ 工资刚性是指工资确定之后不易变动（尤其是不易下降）的特性，即工资的弹性不足，工资率具有向下刚性或黏性的特征，并不会随劳动需求的变动做出充分调整。——译者

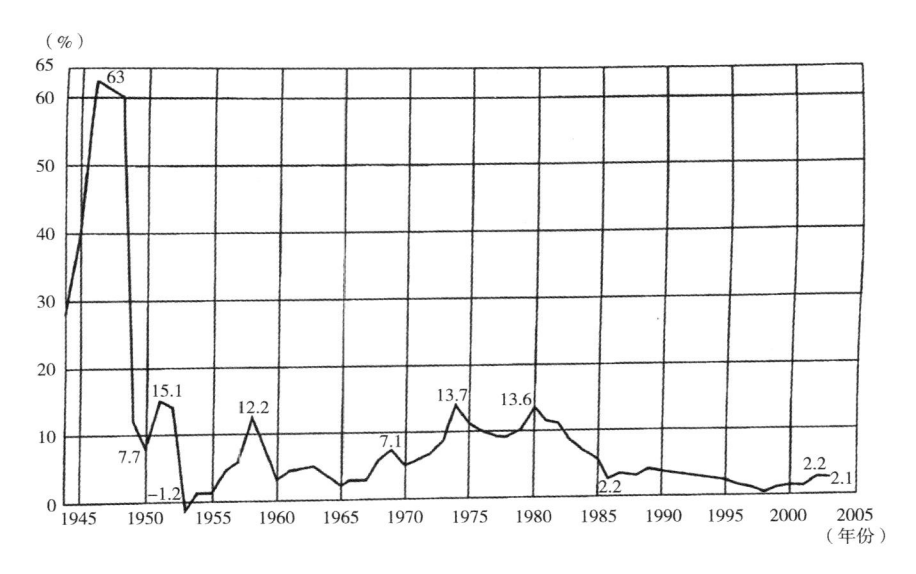

图 7-1　1944 年后商品零售价格年均增长率

曾在法国出现过，比如工资只能朝同一个方向变化，即无论是名义工资①还是实际工资②都在持续上涨。这种现象在不同行业间上演，让法国政府的努力化为乌有，例如 1969—1972 年夏邦—戴尔马斯政府的政策，要求一定程度上限制生产率提高③，从成本角度维持通货膨胀水平。与其他工业化国家不同的是，直到 1982 年，法国工资占国民收入的比重都在稳步增加。此外，工资中扣除的个人社保缴款大大增加了用工成本，而法国的社保统筹靠的就是企业和个人的缴款而不是国家税收。因此，在经济危机下，随着政府转移支付④增加，社保缴款也一定会增加。

---

① 名义工资即货币工资，是指工人出卖劳动力所得到的货币数量。——译者
② 实际工资是指工人用货币工资所能购买到的生活资料和取得的劳务的数量，它较确切地反映了工人的实际收入水平和生活状况。——译者
③ 生产率提高，一些企业特别是垄断企业和寡头企业的利润会增加，很有可能会操纵价格，如果这种行为的作用大到一定程度，就会形成利润推进型通货膨胀。——译者
④ 转移支付是指政府或企业的一种不以购买本年的商品和劳务而作的支付，即政府或企业无偿地支付给个人或下级政府，以增加其收入和购买力的费用。它是一种收入再分配的形式。——译者

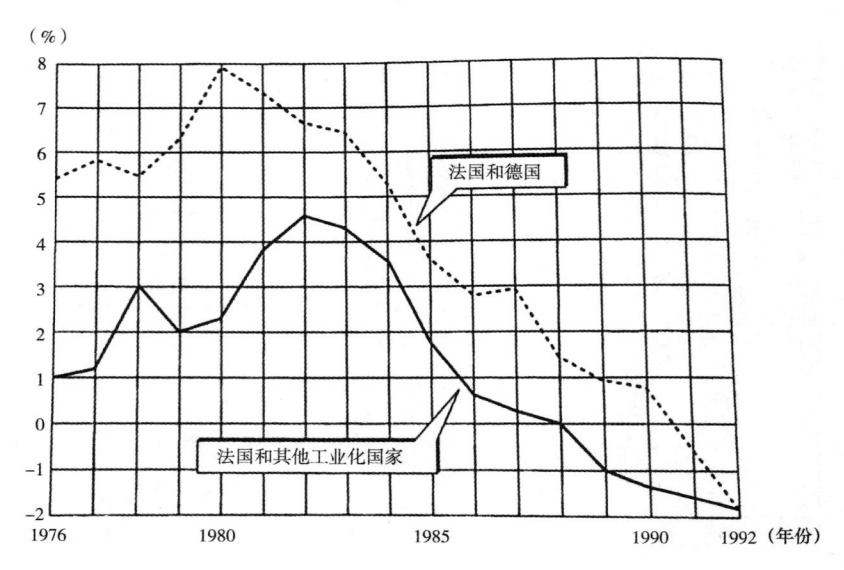

图 7-2　1976—1992 年法国与其他国家通胀率差额的变化

（图中标注：法国和德国；法国和其他工业化国家）

历史上的中央集权对法国社会经济影响深刻，公共支出就是这一制度的产物。自 1945 年后，法国政府的公共支出与通胀激增并非没有关联。各方面的新问题不断涌现，影响着法国的公共支出：政治方面，如法国 1962 年结束殖民战争；社会和人口方面，如努力解决住房、医疗卫生和教育问题（今天这三大领域占国家预算支出的近 1/3）；经济方面，如刺激经济增长以对抗 1974 年后的经济危机。然而，法国的公共支出比其他国家更容易受通货膨胀影响，因为法国这部分支出并不依靠借款，而是依靠税收（至少相对国外而言，将借款作为支出来源目前在法国很少见）。不仅如此，法国的间接税[①]和直接税占 GDP 的比重还特别高，如表 7-2 所示。

表 7-2　1998 年各国税收和社会保障缴款占国内生产总值的比重　　（%）

	法国	意大利	德国	英国	丹麦	欧盟
商品和劳务税	16.1	15.4	11.6	13.6	17.9	13.7

---

① 间接税是指纳税人能将税负转嫁给他人负担的税收，如消费税、增值税、关税等。——译者

第七章 通货膨胀

续表

	法国	意大利	德国	英国	丹麦	欧盟
所得税	11.5	14.4	11.5	16.4	29.4	13.7
财产税	0.5	0.4	0.1	0.2	0.2	0.3
社会保障缴款	18.3	13.0	19.2	7.7	2.6	14.7
合计	46.4	43.2	42.4	37.9	50.1	42.4
转嫁税	34.4	28.4	30.8	21.3	20.5	28.4

法国的个人所得税[①]和工资税[②]属于直接税，尽管提高此类税收可以抑制通货膨胀，但相关政策还是很晚才出台。直到 1917 年法国才设立累进税制，比普鲁士落后 25 年，比英国落后 10 年，法国现代税收制度实际上要追溯到 1959 年。1949 年，设立公司所得税[③]，1982 年，也就是左翼上台执政[④]的第二年，财富税[⑤]设立，但 1986—1987 年又被右翼领导人[⑥]取消，后来虽然被罗卡尔政府[⑦]恢复，但征税规模相对较少。另一方面，间接税一直都在发展，法国在欧洲成为这一领域的典范，例如法国在 1954 年创建的增值税，逐渐覆盖了所有经济活动。但这些已包含在商品售价中的税通常会拉高通货膨胀，就像社保缴款既包含在个人的总工资中又反映在企业的成本中。

因此，法国是迄今为止唯一一个间接税占 GDP 相当高比重的工业化大国。这一类税收与个人所得税和公司所得税不同，与财产税也不同，它会立即反映在所售商品和劳务的价格中。但这并不是法国长期存

[①] 法国采取综合税制，以家庭为单位征收个人所得税，纳税人的家庭所有收入，不区分来源，统一加总计算应纳税所得额。不同来源的收入在计入应纳税所得额时可以减去获得该项收入而支付的必要的成本、费用。——译者

[②] 工资税是对非增值税纳税人（或其90%以上收入无须缴纳增值税）的法国居民公司征收的，纳税人主要是银行、保险公司、医疗或辅助医疗公司、协会和其他非营利组织。资税的税基是雇主向雇员支付的所有货币和其他非货币形式的报酬乘以上年度其无须缴纳增值税的收入占其总收入的比重。——译者

[③] 公司所得税是对公司的净利润进行征税。——译者

[④] 时任总统为密特朗。——译者

[⑤] 对拥有财产净值超过一定数额的自然人按年度征收财富税。——译者

[⑥] 指希拉克政府。——译者

[⑦] 密特朗二度执政，任命社会党人罗卡尔为总理。——译者

在通货膨胀压力的唯一因素，因为 1985 年后，法国曾成功抑制过通货膨胀，而且并没有大幅改革国家税收体制和附加税制度。相反，一直以来直接税占重要地位的英国往往比法国更容易受到价格上涨的影响。即使转嫁税占 GDP 比重较为接近的德国和意大利，长期以来在通货膨胀方面的表现也截然不同。由此可见，这种法国特色的间接税只会加重通货膨胀压力。

此外，经济和社会结构上，法国相比于其他工业化国家是相对落后的。法国本身可能有对原始发展模式的偏好，这种模式虽然与现实脱节，但相对其他模式可以更好地保护过去的"遗产"。长期以来受到国外法律保护的法国公司一直试图遏制同行业竞争的影响，法国政府也会鼓励这种竞争，认为这是避免破产和降价的最佳方法，其作用在 20 世纪 30 年代经济危机时尤为显著。但实际上，一些行业出现了秘密或公开的卡特尔组织，他们通过生产配额制度形成联合，政府对此能够采取的措施十分有限。不过，有时的情况恰恰相反，直到今天，法国政府都会以保护弱者的名义遏制某些领域的竞争，出台有关零售业的一系列政策就是为了反抗大型商店或超市的垄断，比如 1973 年出台的《鲁瓦耶法》，此法在 1996 年加入了更多限制性条款；1982 年为了保护书商的利益出台的《雅克·兰法》，强制实行同一书价制度①。

同样，在社会中，多种本位主义使得通货膨胀长期存在，比如，小商贩数量越来越多，不利于价格的稳定；坚持农业自给以避免受到价格持续上涨的危害；封闭型行业的特殊进入规则。在 1993 年向欧洲市场开放环境下，经济活动的现代化和劳务自由化导致此类本位主义逐渐被边缘化，但长期来看两者依然会加剧通货膨胀压力。

自法兰西解放以来，多种原因导致了法国不同类型的通货膨胀。所有的经济主体：企业、家庭、政府、金融机构，都应该为此承担属于自己的责任。观察价格上涨的过程是一个判断通货膨胀类型的极好途径，从传统的需求拉动型通货膨胀和成本推动型通货膨胀到由于外汇大量涌入的输入型通货膨胀，再到 1969—1974 年的结构型通货膨胀，这些类型的通货膨胀先后在法国发生。

---

① 即由出版商设定图书的零售价格，书商打折的最高上限为 5%。——译者

尽管自20世纪70年代末以来，法国政府都有通过长期政策根除通货膨胀的意愿，而不仅仅是通过临时禁令来掩盖它，但这种现象的普遍性使人们对政府能否取得成功持怀疑态度。试想一下，这样一个深深根植于国家现实的问题最终却没有导致严重的后果，那将多么令人惊讶。

三　多重影响

1. 对储蓄的影响

通货膨胀对储蓄产生了双重影响，它不但可以同时阻碍和刺激储蓄的形成，也会因其对各类投资的影响而导致储蓄结构的重组。

一方面，人们的最初印象是通货膨胀阻碍了储蓄的形成。在价格上涨的情况下，通过储蓄推迟现实的消费，使潜在购买力丧失，这是不理智的行为。自1918年以来，那些把财产放在固定收益债券上的不幸的小投资者就证明了这一点。这类投资在19世纪很常见，但在两次世界大战期间却几乎消失了。但是当通货膨胀发生时，政府也需要保护这部分资产的购买力。如果这笔储蓄保证其回报率至少等于货币的贬值速度，或者这个储蓄是购买的理财产品，必要时可以转售以获得高于通货膨胀率的资本收益，那么就达到了投资的目的。另一方面，通货膨胀也会刺激储蓄。事实上，只有在恶性通货膨胀这种极端情况下，储蓄才会以货币逃离①的方式完全消失。第二次世界大战后，法国险些经历这样的情况。但20世纪70年代，无论通货膨胀多么强势，法国都没有出现类似的情形。法国的家庭储蓄率（相对于家庭可支配收入）一直保持相对稳定的水平：1970年为18.8%，1981年为18.0%。1975年，法国工业产值自第二次世界大战以来出现了第一次下降，再加上对失业和通货膨胀的双重担忧，法国的家庭储蓄率竟然一下子增加到了20.2%，并在3年后达到历史最高值（1978年为20.4%），这些都得益于经财部长勒内·莫诺里采取的有利于股市融资的措施。有点反常的是，在1982年此后的5年里，法国的紧缩性经济政策导致储蓄率暴跌，并在

---

① 即尽可能地消费以避免通胀影响。——译者

1987年跌回到历史最低水平10.8%。鉴于价格回归稳定，再为通货膨胀建立预防性储蓄看起来似乎多此一举。自1990年起，家庭储蓄率的反向变化开始上演。失业率上升使得人们再次重视储蓄，2002年的储蓄率提升至约17%的水平，但仍然低于20世纪70年代中期的家庭储蓄水平。

家庭的储蓄行为并不仅仅取决于价格上涨的速度，还须考虑人口、经济和社会因素：家庭规模、户主年龄、收入水平及其合法性……在这方面，严格的财务逻辑只能解释所观察到的部分变化，而这些变化往往是专家们也无法理解。

就储蓄的构成而言，其本身似乎更直接地受到通货膨胀速度的控制。25年来，法国不同类型投资的变化就清楚地说明了这一点。如表7-3所示，1977—1994年，不同时期各类投资的实际年收益率，即扣除价格上涨因素后的年收益率，对比鲜明。

表7-3　　　　　不同时期各类投资的实际年收益率　　　　　（%）

	1977—1981年	1982—1985年	1986—1991年	1992—1994年
股票	2.2	28.5	3.5	7.4
私营部门债券	-1	11.3	6.7	7.1
房地产	1.5	2.2	+2.7*	+2.6*
A类储蓄①	-4	-0.2	1.5	2.6
农用土地租赁	-2	-7	-1.6	-3

注：*1986—1991年、1992—1994年巴黎房地产实际年收益率分别为14.5%、5%。

1977—1981年，法国的通货膨胀进一步恶化。储蓄转向非金融类投资，以防止资产贬值。在收益预期不佳的情况下，购房依然极具吸引力，更重要的是购房满足了人们对不动产的憧憬，在当时，购买第二套住宅是享受休闲生活的象征。此外，银行在法国政府的支持下，通过住房储蓄业务发展强劲。于是不动产在家庭财产中的份额逐步上升：1962

---

①　A类储蓄是法国储蓄的一个类别，其主要特点是受管控和免税，存储上限跟随储户性质的不同而有所变化，利率比大额存款高。——译者

年为46%，略高于1949年的41%，1981年增至62%。

在整个通货膨胀期间，黄金也受到高度追捧，人们要么直接购买黄金，要么认购黄金指数化债券①，如1952—1958年的皮奈公债，1973年的吉斯卡公债。美元危机、国际政治与经济环境恶化也不断加速黄金在世界范围内的流通。

相对于非金融类投资，金融类投资贬值。由于法国政府拒绝加息以至利率小于通货膨胀率，导致银行存款的实际利率为负值；微薄的股利使得债券的现值下降，从而导致证券的购买力也受到影响。

一切变化都从1982年开始，各类投资出现了沧桑巨变，储蓄结构进行了深度重组。紧缩性经济政策有利于金融类投资。首先便是证券，在1982年跌到历史最低点之后，企业的发展前景开始改善，股利分红吸引了新的股东，较低的利率也使债券升值。对于证券投资者来说，1982—1985年是一个空前繁荣的时期。但不可否认的是，随后的巨变也让他们痛苦万分，1987年股市大幅崩盘②，之后2000年夏到2003年春的股灾，持续了两年半之久，影响巨大。尽管如此，长期的证券投资仍然是收益最高的。

另一方面，从1982年开始，非金融投资只有微薄的收益，甚至是负收益，例如，农用土地的租赁受到营业收入波动的不利影响；黄金，这个过去通胀时期的"避风港"，现在要与其他投资标的（如美元）一起竞争，其实际年收益率在1982—1992年下降了10.6%；A类储蓄的收益率倒是为正值，因为国家最终决定将其利率设定在通货膨胀率之上，但其收益仍然非常有限；收益具有规律性是房地产投资的特点，但仍远低于证券收益。此外，投机浪潮使房地产投资具有不确定性。特别是在巴黎，房价被炒到了一个相当夸张的地步，接下来就不可避免地出现了降价的调整。

可以理解的是，在这样的情况下，家庭为了得到更高的投资回报，会重新配置他们的资产组合。1977年，流动性资产仍占法国家庭金融

---

① 黄金指数化债券的现价值主要是由黄金价格的增长率和债券的收益率决定的。——译者

② 1987年全球股灾是指以美国纽约股市暴跌为开端，并迅速引起西方主要国家股票市场连续大幅下挫的过程，这是迄今为止影响面最大的一次全球性股灾。——译者

资产的 82%，投资性资产仅占到 18%。到了 2002 年，这一比例被逆转，25% 为流动性资产，75% 为投资性资产，其中证券占 46%，保险产品（人寿保险居多）占 23%，剩下的 6% 为其他的各种投资品。

股价飙升在很大程度上是通货紧缩的结果，如 1982—1987 年和 1996—2000 年。在这一过程中，其他因素同样扮演了不可忽视的角色，法国政府也在不遗余力地发挥他们的作用，以降低股票投资的风险。这就要从 1963 年法国第一家可变资本投资公司（SICAV）谈起。可变资本投资公司由银行、保险机构或金融机构组成，其资产由公司选中投资的证券组合而成，经营的证券投资基金管理公司保证给投资者（即公司股东）以最高、最稳定的收益。为使股票投资的收益更高，法国政府增加了 1983 年设立的股票账户下税收抵免款项（1965 年创设）的优惠，该措施于 1978 年法国财长莫诺里提出 SICAV 相关政策时被批准通过。为保护投资者的利益，法国政府还要求证券交易委员会（1967 年成立）监管证券市场。

此外，法国政府通过 20 世纪 80 年代实施的一系列改革实现了证券市场现代化，试图使巴黎证券市场和伦敦证券市场具有相同的国际地位。具体措施有：1983 年创建第二市场①，面向想要进行相对小规模融资的企业（其中以中小型企业居多）；1986 年开设法国期货交易所，允许公债进行远期交易；得益于计算机的发展，买卖双方口头喊叫式出价消失；1988 年，原先只有证券经纪人被允许进入的证券市场开始向金融机构开放，此后为了遵守欧洲框架下的有效自由竞争原则，彻底取消了证券经纪人作为中间商对所有交易行为的垄断。

国家经济的方针政策也间接地促进了股价上涨。1982 年秋，推行国有化引起了一阵相关企业证券的投机热潮，因为法国政府将采取对原股东赔偿的方式将这些企业收归国有。通过向投资者发行条件非常有利的证券，企业私有化②也吸引了数量可观的人前来认购，如法国圣戈班

---

① 法国的股市主要有第一市场和第二市场两部分组成。第一市场对申请上市公司的上市资本和经营状况有严格的规定，一般来说在第一市场上大多是一些法国和外国的大公司。——译者

② 1986 年，希拉克任法国总理，时任总统密特朗。新政府的成立标志着左翼总统和右翼总理的"共治"开始。——译者

集团有 150 万名投资者，巴黎银行为 380 万名，法国埃尔夫阿奎坦石油公司为 300 万名，巴黎国民银行为 280 万名。1997 年，在国家出售法国电信公司的 23% 股份时，有 670 万人参与认购，390 万人认购成功。这次私有化交易获得了前所未有的成功，但最终结果却令投资者非常失望。在巴黎交易所首次公开发行募股后，法国电信股票市值在 2002 年下降了 2/3，远低于其上市时的价格。但在经济全球化影响下，法国电信在巴黎股市的低估值还是吸引了外国资本的购买。

但是，如果股价上涨与通货紧缩不一致的话，所有以上这些因素都不足以引发时间如此之长、涨幅如此之大的牛市。不仅如此，通货紧缩也会突然使金融投资变得非常有吸引力。当然，随后的股市逆转往往也是残酷的。然而，当股票大涨时，巴黎证券交易所成为仅次于纽约、东京和伦敦，并居于法兰克福证券交易所之前的世界第四大交易所，而不久之前它还名列第 7，落后于苏黎世和多伦多证券交易所。证券投资也随之变得更加大众化，2001 年，17% 的法国人进行了证券投资，占家庭总资产的 22%。尽管略低于房地产投资的比重（30%），但与过去相比，证券投资已大幅增加。必须强调的是，证券投资的普及是相对的，它并没有伴随着社会不平等的减少、如今社会不平等现象比以往任何时候更加严重。所有迹象都在表明，首先是最富裕的家庭，即企业高层管理人员和自由职业者的家庭，在股票大涨时期（如 1982—1987 年，1996—2000 年）时大幅获利，最后一小部分利益留给了小股民。

2. 对经济和社会稳定的影响

如不论其危害，通货膨胀经常也会被认为是一种有益的因素。无论是在第四共和国还是在 20 世纪 60 年代后期，多次经济增长时期都会出现通货膨胀，因为通货膨胀不仅是经济繁荣的结果，还可以成为推动经济发展的因素。

法国经济出现的种种良好势头证明了这个观点。通货膨胀通过影响总需求的各个组成部分刺激经济增长，对物价上涨的预期使家庭消费大增，企业投资变得容易，债务负担也随通货膨胀减轻。如果政府任由外汇市场本币贬值程度高于国内的贬值程度，那么出口会因本币贬值受益。用外币表示的出口价格下降对国外消费者非常有利,会导致他们的需求增加,除非他们对价格波动不敏感。只要企业有足够的储备来满足国外过多的需求,出口就会增加。对称的论证表明进口会减少,因此贸易平衡改善。但通货膨胀时,政府寻求措施刺激对外贸易较为罕见。对法郎地位的依赖和维持汇率尽可能稳定的简单愿望解释了为什么通货膨胀只有在法国非常特殊。然而,正是通货膨胀迫使法郎在 1974—1975 年,1976—1979 年两次退出欧洲蛇形浮动汇率机制,以减少外部的约束。1982—1983 年,在其他工业化国家中,自由主义经济政策的支持者宣扬一种新的货币政策,在他们看来,货币的低水平波动可以减轻经济危机带来的伤害。

在 1993 年和 2002—2003 年经济衰退时,"货币低水平运动是有利的"这一论点再次出现。反对者则认为,货币稳定是有害的,会使实施此类政策的国家陷入通货紧缩和长期的经济危机。他们还认为应该尽快放弃货币稳定政策,并允许政府通过财政刺激的手段促进经济增长和实现就业稳定。

的确,从社会方面来看,我们也看到了通货膨胀的有利影响。如果没有通货膨胀,房地产将不会像如今这般迅速地扩张,因为通货膨胀减轻了还贷的负担,许多法国人都可以购买或建造自己的房屋。今天,56% 的家庭拥有自己的基本住宅,第二套住房占全国住房存量的 10%。事实上,人们若想满足自己对个人财产的渴望,根本没有别的良方,除了寄希望于货币贬值。

然而,残酷的现实使通货膨胀成为法国政府无法忽视的弊端之一。在经济上,通货膨胀使企业的财政状况恶化。当然,企业完全可以立刻将工资、原材料、能源或财务费用的增加转嫁到他们商品的售价上,但他们很快就会发现这一方法的局限性。借债融资会削弱企业根基,企业附加值①的一部分将会被用来偿债,而且这部分费用会不断增加,从而进一步降低用于企业自身发展的可支配利润。这是一个不断积累的过

---

① 附加价值是从企业的销售收入中扣除企业从外部购入价值部分(如原材料、燃料等)后的剩余。同时也构成据以对各方面的利害关系者分配工资、利息、地租、税金和利润等的企业收入的源泉。——译者

程，而且很难逆转。20 世纪 80 年代初期，法国企业在改善资产负债和解决债务问题的努力值得称赞，但消除通货膨胀的负面影响着实花费了他们太长时间。

货币贬值刺激下形成的贸易平衡很快就会遭受负面影响。除了接受本币汇率不断贬值使得国家经济疲软的现实，法国政府会很快采取措施来稳定本币汇率。那么，国内物价上涨会高于对外贸易价格的上涨水平，进出口差额就会立即得到改变。

至于通货膨胀的社会效益，似乎也是很有争议的。自当前经济危机开始以来，以经验数据作为唯一支撑的菲利普斯曲线在法国和其他国家都是失灵的。至少十年来通货膨胀和失业并存的经济滞涨现象理论上应该被排除在统计数据之外。实际上，通货膨胀和失业的关系也看上去远比曲线解释的更加复杂。而且，受通货膨胀刺激而强大起来的房地产业，长期以来一直使法国家庭放弃了对经济发展更有利的其他形式的投资。此外，对价格上涨的适应能力因社会等级而各不相同，通货膨胀始终是日益扩大的不平等的同义词。

因此，通货膨胀不仅是收益的来源，也是通货膨胀国家永久性问题的源头。1945 年后，法国已多次经历这样的情形。不可否认的是，如同大多数工业化大国，现在这种经济失调在法国似乎已经得到控制。但我们不能忘记，最近才获得的这一胜利也许还不稳固，因为通货膨胀可能随时会因财政赤字恶化、能源价格和商品价格不稳定而卷土重来。但可以肯定的是，如果没有理解强烈影响法国经济发展和社会结构的通货膨胀，我们就无法理解法国经济今天的样子。

什么是通货膨胀？

一、通货膨胀理论有两个学派

通货膨胀是一种不平衡的现象，就像其他经济现象一样，可以从货币或现实两个角度进行分析。新古典主义经济学家们（美国经济学家米尔顿·弗里德曼及其追随者）主张从货币角度解释该现象，也就是货币学派。物价上涨是因为政府过度宽松，在货币乘数作用下，银行发行了太多货币①，货币供应量 M1② 膨胀并超过了生产需求。相反，凯恩斯学派主张通胀首先是一种真实现象，即非货币现象。这是生产者和消费者期望与可支配生产力不协调的结果。如果总需求，即消费和投资的总和，超过总供给，价格上涨就不可避免。

两种理论相比起敌对关系，似乎更具有互补性。但是，在解决通胀的方法上，双方相互对立：

货币学派：优先使用货币政策，无论政策的结果如何，都必须在数量上限制货币的发行，使之达到与经济增长相适应的水平；

凯恩斯学派：实施整体周期性政策，快速增加供给（大量进口）和压缩需求（减少预算赤字，监测收入变化）。

二、通货膨胀的类型

许多政策会导致通货膨胀，因为各种因素积累，通货膨胀一旦发生往往会持续。

需求拉动型通货膨胀有时是供给暂时短缺（受战争、罢工、天气的影响）导致的。但更常见的情况是，相对于正常供给水平，需求过度引发了通货膨胀，比如，额外收入或贷款推动的消费；无限额的追求经济扩张，导致过度投资；通过货币手段（国库券或央行贷款），而不是通过长期借款融资形成的预算赤字，而采纳后者可以降低市场的一部分流动性。

成本推动型膨胀是由企业成本增加引起的：工资上涨且远高于生产力，也许是迫于工会压力，也许是企业社保缴款增加；生产成本提高，例如，朝鲜战争初期原材料价格上涨、1973—1974 年和 1979—1980 年石油危机、1980—1985 年美元上涨；利率上升导致财务费用上涨，大大加重了向银行贷款的企业的负担。

结构性通货膨胀并不是指任何具体的通货膨胀机制，而是指一种向通货膨胀发展的趋势。当缺乏足够的竞争时，大企业会选择"管理价

---

① 此处货币是指企业或个人存放在活期账户和支票账户里的钱。——译者
② 狭义货币（M1）= 流通中的现金（M0）+ 活期存款。——译者

格"①；当某些行业受到法规保护或因相比其他工业化国家发展落后而受到保护时，这些行业会规定关税、费用和利润，从而导致通货膨胀。需要指出的是，第三产业也可以维持通货膨胀水平，因为至少在最近阶段内，技术发展缓慢的第三产业无法提高生产率，从而降低其商品的相对价格。

显然，以上所有这些过程都是相互关联的。在一个具体的案例中，实际上不可能知道是工资增长引发通货膨胀，还是工资增长只是对已有价格上涨做出的反应，从而引发了"工资—物价螺旋式通货膨胀"。

三、通货膨胀与社会

20世纪的工业社会是有利于通货膨胀的。当时通货膨胀已成为解决冲突的手段，据说有取代19世纪阶级斗争的趋势。通过要求或强制规定得到比竞争群体更高的收入增长，每个社会群体都希望增加其在国民收入中的份额。生活条件改善、社会地位提高，缩小与其他人的差距或维持现有财富的愿望，延续了物价和收入上涨的趋势。这一切看上去都好像是不同的社会群体以牺牲最弱势群体为代价来逃离自己糟糕的现状，这是通货膨胀的"抓鬼牌"游戏，游戏中债务成为选项之一。对于每个家庭来说，由于货币贬值、还贷负担减轻，以超出其财力的方式生活、拥有财产，特别是拥有不动产变得更加容易。那么，银行只会去满足个人、公司和公共机构的贷款需求。在这方面，面对通货膨胀，各类经济主体之间存在客观的共谋。

四、如何衡量

通货膨胀的强度会受到零售价格上涨的推动。首先来看不同程度的通货膨胀：爬行的通货膨胀，年增长率约为5%；飞奔的通货膨胀，年增长率10%到15%左右；恶性通货膨胀，年增长率超过50%或100%。

但由于以下两大因素，物价上涨很难衡量。其一，通过修改分配给不同类别产品的相应份额，可以隐藏通货膨胀程度。这就是"指数的政治"，短期内是巧妙的，从长远来看是危险的，因为它歪曲了测量工具。

---

① 按照有关规定，这类价格在某一段时间内、在若干种交易中能够维持不变。——译者

所以，物价指数并不总是能够免于批评。其二，年度变化可以计算年平均值（从1月到12月）或滑动值（从上一年的一个月到下一年的同一个月）。第一种方法对于经济的整体表现更有意义，第二种是现象的瞬时演变。

第八章

失　业

一　三大因素

1. 结构性因素

从战后到20世纪60年代初，法国的失业问题并不突出。第一次石油危机爆发（1973年10月16日）前夕，法国的失业人口还不到就业人口的3%。然而到2003年，其失业人数达到285.5万人，占就业人口的9.6%，是30年前的3.5倍。

失业率上升的原因非常复杂，对此也有很多争议。其形成原因大致分为三个方面：其一，人口、社会和技术发生了结构性变化；其二，经济衰退导致需求减少；其三，劳动力成本增加遏制了企业招工。虽然这三个因素不是同时出现的，但彼此之间的联系却十分紧密，并随着时间推移不断加剧，导致失业率的解决尤为困难。

上述结构性变化从20世纪60年代中期就开始了。因人口演变，法国就业人数曾长期停滞不前，不过在1962—1982年却急剧膨胀。因为这一时期的"婴儿潮"一代达到了就业年龄（1962年，出生于1944年的年轻人恰满18岁），进入劳动力市场的人数因此增多，而退休人员为出生于第一次世界大战前后的"空心化阶层"（1982年，1917年出生的人恰满65岁），退出劳动力市场的人数极少。另外，1975年之前有大批国外移民涌入法国，再加上1962年侨居在阿尔及利亚的法国人纷纷回国。在以上人口因素的刺激下，法国就业人数不断增加。尽管

1965年前后法国的"婴儿潮"就已结束,但1992—2002年法国就业人口的数量还是增加了150万,达到了2650万人。对比1962—1972年和1972—1982年(均为190万)以及1982—1992年(130万)不难看出,在上一时期刚刚放缓的就业人口增长如今又有所加强。

如果说"婴儿潮"一代退休可能会降低失业率,但失业率真的能实现稳定吗?这样推断未免太过简单。失业率并不一定随就业人口的增加而上升,而是取决于新增就业岗位数量。相反,就业人口激增会降低劳动力的相对成本,从而在一定程度上刺激就业。此外,各年龄段以及各类人口的就业率不同也会导致就业人口数量的波动。在这种情况下,决定性因素就不再是人口演变了,而是社会结构的变化。实际上,20年来,法国的社会结构变化大大增加了就业人口数量。1982年后法国退休年龄下降、从1959年起义务教育期限延长都对就业率形成不同程度的提升,但妇女的就业率仍普遍较低。

20世纪60年代初,随着城市化发展,女性对改善生活的担忧及其少儿教育优先的意识,促使女性就业率逐渐下降。1962—1982年,15岁以上的女性就业率在20年内从36%微升至43%,主要是因为在这之前,25—44岁育有一个或两个孩子的母亲中较少人从事职业活动。如今,由于出生率降低,工作时长缩短,从事兼职工作以及第三产业机会增加,女性也受到鼓舞,开始像男性一样从事职业活动。虽然法国的女性就业人数低于丹麦、英国和美国,女性就业活动可能还未实现发展极致,但在2003年,法国15岁以上的女性中,就业人数占49%,使法国成为女性就业水平最高的工业化国家之一。

但如果没有"婴儿潮"一代,女性就业是否就会造成失业率上升呢?女性就业可以给家庭带来额外收入,进而有可能刺激消费。从这个角度来说,她们是有利于促进经济活动的。此外,为了孩子的健康,她们偏向于购买新鲜食品(而非速冻食品),这种生活方式促进了消费转型,直接或间接地创造或维持了就业。但是,当从事职业活动的女性人数增加时,失业率恰好也在大幅上升,这种时间上的巧合仍然十分明显。

20世纪60年代末,法国突如其来的社会结构变化使得失业率居高不下。与年长的员工相比,年轻人不太喜欢稳定的职业生活,因为在同样的环境中工作，公司的内推机会总是留给了最优秀的人。一些人果断选择签订定期合同（CDD），甚至是就业中介机构推荐的临时性工作。严密的工作组织，再加上稳定、高薪的工作听起来可以维持经济增长，但这是否就是"福特主义危机"呢？的确，伴随着1968年5月的社会和文化危机，法国等国家面临陈旧工业观念的转变，这种趋势已不可逆转。这一社会结构变化至少严重冲击了企业雇员的利益，为避免失业，他们现在不得不接受越来越不稳定的工作，而工作本身极大的不稳定性又反过来加剧了这种现象。

此外，技术进步也常常被认为是造成失业的原因之一。20世纪60年代初，技术进步对就业的影响开始显现，传统产业经营困难，农业人口外流十分严重。当然，其他产业尤其是高端产业中也出现了一些新兴岗位，但这些产业创造的就业率很难达到之前的规模。另外，产业发展日新月异，导致摩擦性失业人数增加，工人失业后再重新上岗的时间延长。劳动力市场因行业、资质和地区等差异分割加剧，各种特殊情况增多。事实证明，只有大力开展职业培训，投入大量财力帮助劳动力迁移，才能彻底解决不平衡问题。从1967年至今，法国的就业供需越来越不协调，很多企业主抱怨招不到有资质的员工。由此看来，法国的失业现象是结构性的，无论是因为人口、社会还是技术因素，其出现时间都要早于当前的经济危机。

2. 周期性因素

凯恩斯根据20世纪30年代的经济危机推理，认为长期生产力发展不充分，导致经济发展缓慢，总需求下降，而失业是由总需求不足造成的。通过类比，当代一些分析人士提出了不同于凯恩斯主义的观点，如法国国家统计与经济研究所（INSEE）前所长爱德蒙·马琳沃德就指出当前失业是由发达工业化国家的经济危机引起的。

1974年后，法国同其他国家一样，内需明显不足，即使家庭消费（尤其是可持续消费品）整体上持续走高，哪怕是缓慢上升，主要领域的就业需求也会停滞不前或下降。而对于汽车制造等产业，因其各环节会给冶金、纺织、轮胎、专用设备等其他产业和修车厂、加油站、保险、驾校等服务业创造大量就业，长期以来都被视为动力产业，所以一旦这些产业陷入危机，就业形势就会恶化。另外，受1982年紧缩政策影响，法国家庭可支配收入（购买力）增长放缓，甚至在一些年份呈点状下降趋势，因此总体需求失去了主要动力。

作为拉动内需的第二大主力，投资的降幅更大。1974—1979年，净固定资产增长比前15年间放缓了2倍，在某些年份甚至在减少，例如1981—1984年。虽在1991—1994年得到短暂回升，但从2001年起又开始下降。这一趋势对就业产生了灾难性影响，波及建筑和公共工程、机床、大型设备等产业，同时还间接影响到了中间产业。

另外，财政赤字并没有创造就业岗位（1975年、1981—1983年例外），因为资金都用来偿还公共债务等非产出性支出或改组有困难的国企了。大批国企被裁撤，又如何创造新的就业岗位呢？

在法国等一些工业化国家，虽国内需求不足，但国外需求原本还可以勉强维持就业。但1979—1984年间，法国的出口增长比1970—1973年放缓了2.5倍以上，进口反而膨胀，导致大量工业陷入困境，只能靠减少业务来保持盈利。有些企业本可通过转行创造就业，但大部分企业都选择将工厂迁至海外，裁撤法国的岗位。

因此很多研究人员认为，总需求下降是失业率上升的主要原因。1975年后，法国的失业多为凯恩斯式，结构性失业较少。第一次石油危机之前鲜有的几次经济衰退从未对就业产生重大影响。而1974年后，就业形势连续几次恶化都和经济危机有关，如1974—1975年、1979—1981年、1984—1985年、1992—1993年、2002—2003年。实行稳定计划期间，失业人数在几年内增加了10万人，当时公众都因此惊慌，后来失业人数更是暴增，1975年失业人数为90万人，1980年为150万人，1986年至250万人，1993年到达300万人……相比之下，当时的10万人也就不值一提了。

这的确不符合凯恩斯理论中生产力导致就业不足的逻辑。除了工业衰退年份（如1975年和1993年），危机期间的生产率从未崩溃过，仍保持在83%左右。男性失业率不断扩大，但机器使用率却一直未得到显著提升，意味着法国失业现象的根源不仅仅是经济问题，还应归因于劳动力的相对成本。

3. 成本因素

无论是古典经济学家，还是当代经济学家，都认为失业首先是一个薪资成本问题。如果薪资水平比设备成本高得多，企业主就会试图投资设备取代生产过程中的劳动成本投入。爱德蒙·马琳沃德认为，只有降低薪资，才能恢复充分就业，而国家不应通过设立最低工资标准或失业补贴来限制薪资的降低。该理论解释了"一般性失业"，与"凯恩斯式失业"相反，似乎更适用于法国国情。

数据显示，自 1949 年后，设备的相对成本与劳动力成本相比不断降低。1956—1966 年，以不变价法郎计算，设备成本上升了 14%，劳动力成本则上升了 60%。而 1968 年后，受《格勒内尔协议》影响，再加上 1974 年以后因社会保护支出增加，这一趋势尤为明显。10 年内（1972—1983 年），直接薪资上涨了 3.7 倍，而企业主支付的社会保障支出上涨了 5 倍。直到 1983 年，由于薪资调整变得灵活以及政府削减了必要的赋税，这一趋势才开始反转。当时的时薪在 10 年间每年上涨 14%，几乎与英国相当（15%），高于德国（6%）、美国（8%）和日本（9%）。

虽然法国的失业率相对上升，但劳动力成本与设备成本相比并没有下降。企业主在雇佣员工时会迟疑，他们更愿意加大生产设备投资，提高生产率，而不愿新增就业。1968—1973 年，一般性失业持续上升，比前面提到的结构性失业水平还要高。1974 年后，在结构性失业、一般性失业和凯恩斯式失业这三大失业类型的共同作用下，法国的失业率急剧上升。

另外，一些主观因素也限制了企业雇佣员工意愿。对于很多企业主来说，员工人数稍有增加都会加剧企业困难。例如，保护性法规限制导致企业裁员困难；员工超过 50 人时，企业不得不成立工会组织，并忍受员工的投诉，而企业家又不得不回应工会的投诉，从而就保护工薪阶层这一问题再次掀起"限制雇佣员工最终会损害员工利益"这一经典争论。

在这一备受争议的领域，经过初步分析，似乎可以得出结论，法国的劳动组织过于严苛了。截至 1983 年，法国的薪资水平居高不下，再加上企业主认为管理劳动力是一种约束，所以他们更倾向于取代劳动力资本。灵活的就业体系是否会创造大量就业，还有待证实。实际上，失业现象整体上取决于上述三大因素所占的比例。当前失业主要是因为人口、社会和技术发生了结构性变化吗？或更多的是由于需求疲软吗？再或者应归结于劳动力的相对成本吗？专家们众说纷纭，没有人能给出确切答案。

表 8-1　　　　　　1973 年后就业支出变化　　　　　　（百万欧元）

	1973 年	1980 年	1990 年	2001 年
被动支出				
失业补贴	289	3987	13320	21913
鼓励退休	240	1704	1704	3512
被动支出总额	529	5691	18977	25425
主动支出				
就业维持	21	383	529	550
岗位晋升和创造	76	407	2237	9914
鼓励就业	12	211	687	1030
职业培训	872	3021	10270	12808
劳动市场运行	40	162	577	1163
非补偿性减免	0	0	160	1553
主动支出总额	1021	4184	14460	27018
就业支出总额	1550	9875	33437	52443
占国内生产总值的百分比	0.9	2.3	3.3	3.6

表 8-2　　　　　　不同性别各年龄段失业率　　　　　　（%）

	男性	女性
15—29 岁	15.9	18.2
30—49 岁	7.1	10.4
50 岁及以上	6.8	7.4
全部	8.8	11.2

表 8 – 3　　　　　从事不同职业人员的失业率　　　　　（%）

干部和高等知识分子职业	3.9
中介职业	4.6
职工	8.9
工人	10.8

表 8 – 4　　　　　不同教育水平人员的失业率　　　　　（%）

无文凭或小学毕业证书	15.1
初中毕业证书、职业能力证书、职业学习证书	9.4
高中毕业会考文凭	8.5
大学第一阶段文凭	6.2
高等教育文凭	7.3

表 8 – 5　　　　不同国籍人员的失业率（2002 年数据）　　　　（%）

法国人	8.3
——本土	8.2
——后加入	11.4
外国人	
——欧盟侨民，其中：	7.4
西班牙人	10.2
意大利人	7.0
葡萄牙人	6.7
欧盟其他成员国	8.8
——非欧盟成员国公民，其中：	25.1
阿尔及利亚人	28.1
摩洛哥人	30.4
突尼斯人	25.0
其他非洲人	22.9

表8-6　　　　　　　　失业时间和原因（2002年数据）

失业时长（月）	占比（%）
男性	16.0
女性	15.6
全部	15.8
失业1年或以上人员	占比（%）
男性	42.7
女性	42.8
全部	42.7
失业原因	占比（%）
有期限聘用结束	37.9
解雇	24.0
辞职	10.9
其他原因	27.2

二　国家采取的措施

1. 预防性措施

自古以来，要想减少失业，就要先预防失业，遏制导致失业的直接因素。对法国而言，预防失业更多是出于经济目的，而非社会目的。

为更好地协调就业的供需平衡，企业应避免可能会削弱自身竞争力的额外成本。1967年，全国就业办事处（ANPE）成立，当时的失业性质还属于结构性失业，因此政府在第五个经济计划中提出优先发展工业化，加大了就业市场的流动性。全国就业办事处不得不专注于就业供需问题、加大对各类劳动市场主体的调查、引导和建议，完全投入到工业化建设中。同时，为更好地适应经济发展需要的资质水平，成人职业培训协会（AFPA）从1971年起组织了针对工薪阶层和非工薪阶层、年轻人和中年人等各类人群的多次培训，还在中等教育和高等教育阶段增设技术课程。

从20世纪60年代初至今，在受市场竞争威胁的行业中，法国政府限制企业主辞退员工,以避免失业。上文提到的种种措施在一定程度上既维持了企业的生存能力,也避免了大规模裁员。此外,国家还采取了各种预防性失业措施,如转行帮扶、部分成本补贴、低息贷款、1978年后产业调整基金拨付专项补贴、针对冶金、纺织或机床行业制订行业规划等。所有这些措施的社会影响重大,有的影响甚至是空前的。

总体来说,虽然1975年的工业衰退被认为是偶然的,但法国政府还是加强了对企业解雇员工的行政管控。从法兰西解放起,社会法就加强了对员工的保护,防止雇员被无故解雇。后来法国政府又加强措施,防止员工被集体解雇。希拉克政府还将其纳入行政审批,规定解雇10名以上员工需征询员工代表机构的意见,由企业主向省劳动和就业部提交申请,省劳动和就业部在30天内做出裁决。1982年,奥鲁政府又加强了这项保护措施。

1986年,经过11年的推行,希拉克政府最终将社会法废除。政府认为减少失业固然重要,但还是要依靠新增就业岗位。通过激发企业管理员工灵活性,从而更好地提升企业竞争力,有助于恢复经济增长,从而新增更多的就业岗位。

2. 减少失业

为减少失业,人们常用的办法是双管齐下,既要减少可就业人口,又要新增就业岗位。

减少可就业人口有时是突然发生的,不仅取决于情况的紧急程度,还取决于相关人员的反应能力。为阻碍欧洲经济共同体成员国以外的工人涌向法国,1974年,法国政府决定限制移民数量。不久之后(1977年和1984年)又转而建立援助机制,努力减轻外籍就业人口的负担,但最终还是将之全部解雇。这可是个棘手的问题,各个时期政府的政策稍有变化就会改变行动的方向,不是有些宽容了,就是有些严苛了。经济危机爆发之前鼓励移民,危机爆发之后就一味限制,但问题却依然存在,没有得到解决。

法国人希望降低退休年龄,虽然事实证明呼声并没有想象中那么高,但政府机构还是从中受益,并得到了工会的支持。于是他们通过法律途径或与社会上的合作机构签订集体协议,鼓励企业首先裁撤高龄员工。1972 年，因经济原因被解雇的 60 岁以上的员工，按其原工资的 70% 给以补贴；1977 年被解雇员工的年龄降至 55 岁以上；1982 年又推出团结互助合同对雇佣年轻工人进行补贴。当时施行这些特殊政策的主要是冶金等受工人年龄影响最大的行业，从事这些行业的工人一般从 50 岁起就不再工作。也是自 1982 年起，所有工人在法定退休年龄（65 岁）前 5 年都不能再按一般社会保障制度享受退休金。

当然，这些措施有一个条件，那就是提前退休人员要保证不再进入劳动力市场。这样一来，这些人也就不再属于就业人口。在很多情况下，人们也许会问，这不就等同于强制失业吗？至少，从数字上来看，这个结果是惊人的。1969—2003 年，法国 50 岁及以上的男性就业率在 30 年间从 50% 降至 38%。

需要指出的是，法国没有对女性进入劳动力市场施加任何限制，并且不会让双收入家庭多纳税。况且，法律不是也规定男女就业平等吗？为什么男性就要受到如此不公正的待遇？

同样的道理，政府在经济危机爆发前还盘算着靠延长年轻人的义务教育年限来减少失业，也是完全不合理的。接受教育的确可以让年轻人有更多机会就业，但是无论是女性还是年轻人，都间接地被政府减少失业的愿望牵连了进去。现在，受就业不稳定影响最明显的就是他们，而且其数量还在持续增长。在这项政策中，只能从事兼职工作的女性和只能从事公益事业的 20 岁以下的年轻人都是政府减少就业措施的"受益者"，至少他们和 55 岁不得不提前退休的工薪阶层一样喜忧参半。

为增加就业，法国对就业岗位的工作内容要求越来越低，以至于创造就业根本不足以促进经济增长。政府机构在这方面有过惨痛的经历，1981—1982 年莫鲁瓦政府曾尝试通过创造大量公务员岗位来减少失业，但很快就因财政赤字和通货膨胀而受阻。政府只得停止向法国国家铁路公司和法国煤矿公司（人员过多，开采不足）等没有竞争力的国企征税。

另一个可能的办法是尝试重订劳动时间。政府希望通过减少每周的工作时间产生新的职位空缺。1982 年，莫鲁瓦政府沿用人民阵线的传统，决定将每周的工作时长降低至 39 小时，并维持时薪不变。政府还采取了一系列措施避免在实行过程中过于严格，导致生产力下降，进而

第八章 失业

造成就业增长缓慢。同时大力加强职业培训，使空缺出来的职位能被具有相应资质的人胜任。然而，这一举措产生的刺激作用并没有达到预期，原本希望创造5至10万个岗位，实际上最多只创造了1.4至2.8万个。

结果虽然令人沮丧，但是若斯潘政府并没有放弃这项政策。面对1993年经济大萧条导致的新一轮失业潮，政府再次降低每周工作时长以增加就业。新当权者，尤其是被任命为法国就业和团结部长的玛蒂娜·奥布里认为，"35小时"可以产生更多的就业岗位。与德国、瑞典、比利时、美国、加拿大等很多工业化国家相比，法国当时的每周工作时长仍然较高，在这项方案的促进下，法国于2002年相继出台了两部法律，一部针对拥有20名以上员工的企业，另一部针对未达到20人的企业，并涵盖了多种岗位类型（包括政府部门和协会内的岗位）以及工业、服务业和农业全部行业。实施这项方案要靠劳资协商，但由于社会地位和资质水平不同，协商存在巨大困难。大小雇主反应激烈，并对最终的时长存在很大争议，认为虽然这项措施可能会创造就业，但是能创造多少就很难说了。薪资成本上涨，再加上每周工作时长只有35小时，迫使很多企业不得不放弃一些业务，这样一来，不仅压根不会新增就业，反而还会造成裁员。但是，现任拉法兰政府的首要任务还是采取并执行这项宽松政策。

此外，政府还采取了各类其他措施。1973年后，针对不同工人的各种计划层出不穷。各时期政府都以沉重的财政支出为代价，采取措施以减少失业。很显然，各政府最热衷的还是增加有利于年轻人的岗位。1977年，法国颁布第一部就业公约，此后几乎每年都不断出台各类政策，例如对于同意雇佣年轻员工的企业，部分或全部减免其社会保障支出；创造实习岗位、取代1984年起实行的学校体系，甚至还进行了临时就业安置。但所有措施，包括2002年推出的"年轻人进入企业"都只是旧调重弹，其通病在于，由于公共财政成本高昂，政府早晚会废除这些措施，去寻求耗资较少的方法。

多年来，政府都致力于帮助失业人群寻找就业岗位。政府部门、地方行政区域、医院机构的兼职工作理所当然成为众多人的选择。1975—2002年的就业人口中，兼职人员比例从6%上升至16%，增加了2.5

倍，女性兼职人员甚至占到了 30%。虽然这大大满足了一些有多个孩子的已婚妇女从事职业活动的愿望，但还是无法解决社会失业的问题。虽然在 1981—1982 年间临时性工作曾遭到莫鲁瓦政府的遏制，但如今的政府又对其采取积极态度，规定临时工作合同最长期限可达 2 年，在这一政策的推动下，临时性工作得到了充分发展。1984 年法国政府提出并设立了公益事业岗位，这些工作面向的是 16—25 岁的年轻人。他们每周在政府机构、地方行政区域或协会从事 20 个小时以上的公益劳动，便可获得低于最低工资标准的固定补助。公益事业岗位的成功催生出了其他工作形式，例如 1990 年，政府出台了互助就业合同。但是这些"小活儿"常常受到争议，工会认为这种方式极易导致最低工资标准失去应有作用，而雇主则希望就业更加灵活，以保障经济效益更大化。

3. 失业补偿

失业人数的持续上升往往会对社会经济造成重大负担，而减轻负担的唯一方法就是提供失业补贴。补贴是法国一项较晚的创新，到 20 世纪 50 年代末才开始实行。而在当时的很多其他工业化国家，只有某些由雇主和雇员共同融资成立的社会保障金管理机构，或国家资助成立的市政救助基金会提供失业保险。在 20 世纪 50 年代，法国为维持充分就业，并未推翻建立在全社会职业基础上的现有体系，取而代之的是失业风险互助的新机制。

1959—1979 年，法国政府实行的补贴越来越全面。1959 年法国创建传统失业保险制度之时，正值第一次工业革命中兴起的各个行业首次出现转型困难时期。无论各行各业，雇主和雇员都不得不分担保险费用。由全国工商业就业联盟（UNEDIC）组成的省社会保障金管理机构工商业就业协会（ASSEDIC）就此成立。这些机构通常由雇主和员工组织共同管理，无论员工为何失业、从事何种职业，都须按以前的工资的一定比例进行补贴。最开始失业补贴的金额和期限一度被限制，之后逐渐增加，在 2 年内将失业后 9 个月的补贴比例从之前工资的 35% 上调至 70%。从 1974 年起，对于企业裁员的受害者 1 年内补贴比例就可高达 90%。1972 年提前退休人员也被适应于同样的补贴政策。补贴完全依靠相关人员共同集资，国家无须投入资金，并可以继续以援助的形式，从税收中出资分批向失业者提供补助。但是这些补助不按工资比例发放，更多的是对失业保险的补充，被补助者不能将其作为必不可少的收入来源。

1979—1984年，法国失业补贴制度逐渐崩溃，主要是因其经济负担十分沉重，工资成本增加，导致经济发展失衡。在讨论可能的改革措施时，补贴制度在社会伙伴之间出现分歧。此外，全国工商业就业联盟于1979年接管了之前的公共援助，由于对提前退休人员补贴占了其开支的一半，联盟在重压之下出现崩溃。当机构管理人员无法达成协议时，节约资金就必须依靠各行业之间的协商或法令。随着时间的推移，原有的补贴被逐年减少的"特殊补贴"所取代，失业者被鼓励重新回到工作岗位。这对工作年限较长的失业人员来说是一个优势，但对那些工作很少或几乎没有工作过的人（主要是年轻人），情况就不一样了。法国的失业补贴比工业化国家的平均水平还要高，这也许是法国政府想弥补之前的不足，但更大的原因在于20世纪60年代末以前，法国的失业率一直很低。由于经济危机，法国补贴制度濒临崩溃。

自1984年后，在政府支持下，各社会伙伴之间又达成了多个协议，全面进行改革。和1979年之前一样，救济主要分为两类。全国工商业就业联盟负责根据失业者年龄、缴纳保险时间和失业年限进行补助，补助比例大幅减少。年龄超过55岁，且就业期间一直缴纳保险的失业人员得到的补助最多，可达参考工资的57%—75%，最长补助时间为27个月。而那些未缴纳过失业保险且正在寻找第一份工作的年轻人、长期赋闲想继续从事职业活动的女性和长期失业人员只能得到国家从预算资金中拨出的团结互助专用补贴，发放期限2年或3年，不过55岁以上的失业人员除外。

由此可以看出，经济危机时间延长会导致失业补贴大幅下降。此外，由于全国工商业就业联盟不再对提前退休人员进行补贴，而是改由国家补贴，对相关人员来说，补贴力度比从前小了。最后也是最重要的一点，我们不能忘记那些既得不到全国工商业就业联盟补贴，也得不到国家补助的失业人员，他们的情况更加糟糕。这些人大部分都是在全国就业办事处登记过的求职者。但他们并不能代表所有失业人员，因为大概还有 15% 的失业人员没有登记。尽管自 1984 年后新补贴制度节约了大笔资金，但失业率还是持续上升，并致使全国工商业就业联盟的收支失衡不断扩大。经历了几个短暂平静期（例如 1994—1996 年）之后，2002—2003 年出现的经济困难很快又导致失业情况进一步恶化。

三　失业率不可逆转地上涨

1. 公共政策效果有限

在 1986 年达到顶峰之后，法国劳动力市场的恶化状况在 3 年内有了适度的改善，法国国家统计与经济研究所统计的失业人数 11 年来首次出现下降。实际上，我们从中可以看到双重现象：一方面，一个行业在削减多个岗位后，也创造了新的就业机会；另一方面，由于受女性就业率的天花板效应影响，女性求职者人数下降，劳动人口增长的势头得到轻微控制。

但这就意味着失业情况有所改善吗？女性在劳动力市场中遇到种种困难，所以在从事职业活动方面越来越犹豫。虽然新增了大量就业岗位，特别是第三产业，但增加的主要是"特殊就业形式"，例如兼职工作、临时工作、定期合同、就业安置实习等。它们的共同特点是增加了充分就业和失业之间的"中间"情况，为稳定、高薪的工作提供了一种替代品。这类岗位导致公司的员工快速更替，劳动力市场被重新分割，从事这类工作的人群则可能会被边缘化。

1988 年罗卡尔政府创造了一种新的社会保障形式：最低就业安置收入（RMI）。2003 年受益者每个月的收入保障是 412 欧元，家庭成员增加至两人，最低收入增加一半，然后每增加一名成员，最低收入就增加 1/3，这种社会保障方式依靠的是国民共同互助，而不再像先前一样依靠填补职位空缺。社会保障资金来自预算拨款，而不是社会伙伴的捐助。为了享受这项津贴，相关人员必须努力就业或再就业。这项措施既有利于降低失业率，又有利于消除贫困，目前已惠及 108.4 万户家庭，200 多万人，其中大部分人都来自安的列斯群岛、圭亚那和留尼旺等海外省。

3年后，法国的失业率略有下降，但从1991年起，失业情况又急剧恶化。1993年各类困难都达到了极点，失业人数突破300万大关，大型企业和中小型企业都面临大量裁员，诸如高层干部等之前受保护的职业首次出现失业率攀升现象。雇员受到的失业影响比工人要严重得多，大城市的就业人员遭受的失业打击要甚于农村的就业人口，就业不平等现象不断扩大，"社会分化"不断加深，威胁到了被社会排斥的全部人群，这其中包括寻找第一份工作的年轻人（1/5都没有工作）、女性（失业率比男性高1/3）、移民工人、长期失业人员（占求职者的1/5以上）。在随后的1997—2001年间，总体形势有所好转，但很快在2002—2003年间又重返困境。总之，就业形势时好时坏的特征越来越明显，其与经济周期的影响是紧密相关的，当前的经济发展显然还无法创造足够的就业岗位来满足就业人口的需求。

2. 必要但困难的选择

30年来，在与失业的斗争中，法国政府、企业主、工会和所有工人都历尽艰辛。道阻且长，可能大家已经意识到，解决失业问题要靠更加现实的方法。

法国的失业率长期高悬，因素众多，既有经济和技术因素，又有社会和人口因素。在结构性失业与经济性失业相互叠加的情况下，对抗失业的结果难免令人失望。首先要做的是减少就业人口还是新增就业岗位呢？我们想减少的到底是经济性失业、结构性失业还是摩擦性失业呢？究其原因，我们该相信凯恩斯主义还是新古典主义者？这已经不仅仅是一场学术性辩论了。如果不加注意，所采取措施产生的影响，极有可能会相互矛盾。因此，尽管通过增加临时性工作或兼职工作有望促进就业，但这样做也是有风险的，劳动力市场会出现新一批求职者，从而导致失业总人口膨胀。另外，如果我们谋求解决摩擦性失业，并加强工人的流动性（这会易于企业主裁员），在经济形势疲软时，这可能会导致经济性失业膨胀从而更加难以控制。总之，依靠财政赤字和扩大内需实现经济复苏会导致通货膨胀，工资成本增加，从而加剧失业。

此外，一些领域的长期不确定性也是造成这些困难的原因，例如工人的职业培训、教育体系的未来发展或女性的职业活动。我们可以看出，面对失业问题，政府常常不堪重负。

　　政府的一贯手法就是将矛头指向劳动力市场，限制新增劳动力，加快就业人员退出劳动力市场。但这些"社会待遇"，例如提前退休、延长学习时间、创造实习岗位和非商业性工作的效果逐渐减弱。过去10年来的统计数据就是很好的证明，只有创造真正的商业性岗位才能扭转就业形势。在这方面，职业培训显然占据了决定性地位，社会伙伴也已经充分意识到了这一点。2003年，他们就人员培训的个人权利达成了一项重要协议，培训支出不但要与工资总量成正比，还要由企业承担。但只靠大力开展职业培训显然是不够的，况且其在就业支出中的份额呈下降趋势，从1973年的56%减少到了2001年的24%。这是因为管理人员也意识到增加其他形式的就业至关重要。为鼓励企业创造或维持就业机会，改善劳动力市场的运行，法国政府对企业和劳动力市场本身提出了多项减免措施。实际上，即使失业人数增加，许多工作机会还是不尽如人意，公司往往也招不到适合他们岗位的员工。因此，为了解决这一矛盾，就必须改善劳动力市场的流动性，特别是要通过全国就业办事处正在考虑的改革。但我们不要指望能有重大变化，因为即使在经济复苏期间，这些措施涉及的员工数量也极为有限。毕竟，在开放经济中创造就业机会终归是一场既脆弱不堪又总是不可预测的全面变革。

第九章

融入全球化

一 难以平衡的国际收支

1. 贸易差额

在计算国际收支时,第一个记录的商品流通活动就是进出口总值,因此货物的出口总值与进口总值通常具有最为重要的经济意义。与计算无形的服务交易、资本流通量不同的是,进出口总值更容易被统计出来。另外,从17世纪重商主义理论角度出发,人们在分析当代德国或者日本的经济"奇迹"时,总习惯将商业活力和经济实力这两个概念同化。

然而,贸易逆差①从19世纪70年代就开始成为法国的传统,尽管贸易逆差在不同时期有着不同的经济意义。1914年以前,贸易逆差象征着经济成熟。当时法国同英国一样,依赖殖民帝国的资源,也依赖对外投资既得利润。再之后,贸易逆差成为经济衰退的标志,国际贸易、旅游业带来的外汇收入也越来越少,人们在投资的道路上举步维艰,对外投资所得利润越发微薄。最重要的是,贸易逆差足以说明工业企业难以适应国际竞争,缺乏国际竞争力,同时也说明国家对农业潜力的开发不足。

---

① 贸易差额指一国在一定时期内出口总值与进口总值之间的差额。当进口总值大于出口总值,为贸易逆差;当出口总值大于进口总值,为贸易顺差。——译者

1958年12月，结合对外开放，法国的领导人开始纷纷表示，在他们眼里贸易逆差并不是法国的宿命。起初看起来似乎如此，1959—1973年，法国贸易顺差增长了10倍之多。然而，自1974年起，贸易逆差又卷土重来。这15年实则迷惑了众人，因为实际上，贸易顺差并非由出口总值增长促成，而是由于另外一些具体原因。一是进口总值持续缩减；二是国际石油价格骤降，减少了企业的能源成本，例如1986年；三是工业减产，对进口原材料、进口设备的需求自然也就降低了，例如1975年和1993年。随后，"真正"的贸易顺差还是确有发生的。自1994年到1999年，在这连续的6年里，贸易差额的确保持在正数。在经历过一次偶然回归到贸易逆差后，2001—2003年期间的顺差数额虽然不大，但毕竟是恢复到了贸易顺差的状态。

在过去的30年间，尽管法国的经济形势不尽如人意，但关于法国各类产品盈亏差额的分析仍显示出令人鼓舞的特征。1993年，法国出口总值占GDP的14.5%，2002年，这个比例上升到了22%，法国工业产品在国际贸易中的优势更为突出。同其他主要发达国家一样，法国也减少了原材料、能源、农产品等散装初级商品在对外贸易比重。1974—1985年，石油危机、能源进口价格暴涨，促使法国能源进口比重在9年里翻了倍，而如今依旧低于1973年水平。谈及农产品出口，对于全球主要国家来说，农食加工业是十分重要的行业。但是相对来说，法国该行业的比重正逐渐下降。与之相反，法国的同期机械设备在出口中的地位越发稳固，机械设备在出口总值中的占比从1/5提升到了1/4。民用航空、核电站设备、石油钻井设施、雷达、专业电子技术、汽车等众多产业的发展促成了很多法国企业的成功。即便如此，也不排除例外发生。比如，武器产业，现如今该产业越来越受到国际军事力量的限制，同时各石油生产国的购买力也有所削弱。

不可否认，法国在国际贸易方面的弊病还是显而易见的。20世纪70年代初期之后，农产品贸易顺差并没有意味着形势扭转，而是1976年气候大旱①导致人们对农产品的需求增大。法国与大多数欧洲国家不

---

① 1976年，法国遭遇罕见的气候大干旱，政府不得不强制征收抗旱税来应对旱灾。——译者

同，有超过 1/3 的出口散装初级商品为农产品出口。直到 1986 年，法国的工业贸易差额才结束了大幅波动，并在接下来的 5 年间一直保持着巨额的贸易逆差。与同一时期突然好转的经济形势相反，众多因素导致了这巨额的工业品贸易逆差。不久以前，贸易条件指数下降的情况主要出现在汽车制造产业出口领域；由于缺乏从事机床、机器人、精密仪器产业的相关企业，国有企业只能求助于外国供应商，结果导致机械设备的进口量骤增；日用消费商品产业也与人们通常的认知不同，受到了外国尤其是邻国意大利、第三世界低薪国家生产商的严重渗透。尽管如此，一部分法国企业还是显示了意想不到的对外出口活力，相关产品所创造的贸易顺差减少甚至消除了工业品贸易逆差。1992 年，法国 6 年后第一次重建了国际收支平衡。然而却难以衡量一部分经济成就，在经济危机的大背景下，收支平衡的部分原因毫无疑问是在于人们对机械设备的需求减少了，并因此为回归国际收支平衡带来了便利。

根据与不同地区的贸易数据显示，如表 9-1 所示，自 20 世纪 70 年代初期以来，法国对外贸易呈现扩张态势。一方面，石油危机的挑战上升。1975—1982 年，石油输出国向法国出口的石油占总石油出口的比重增加了 1.5 倍。同时，法国在其他地方特别是在撒哈拉沙漠以南的非洲成功运用了它的地区影响力优势，保证了它的绝对贸易顺差。但另一方面，同样值得注意的是，自 1982 年起，非工业化国家减少了从法国的进口。石油市场的萎缩也阻碍了法国向石油输出国的出口。第三世界国家[①]的借贷危机让法国的对外市场变得不堪一击。尤其是源于日本的全球贸易竞争，让法国在一些原仅属于法国的国际市场上遭到了排挤，比如非洲的法语区。20 世纪 60 年代中期，对于一些前社会主义国家来说，由于政策原因一时取得的经济成功并不稳固。高额债务让它们只能求助于伙伴国家，例如，法国就是罗马尼亚的第一大西欧债权国，但这层债务关系并没有加强法国与它们的伙伴关系。

---

① 包括亚洲、非洲、拉丁美洲以及其他地区中的发展中国家，历史上长期遭受帝国主义和殖民主义的侵略、压迫和剥削。——译者

表 9 – 1　　　　　　　　六大工业品出口国际市场份额　　　　　　　　（%）

	1973 年	1980 年	1992 年	2002 年
德国	17	14.5	13.7	9.6
美国	13	13.2	13.1	10.9
日本	10	11	11.8	6.5
英国	7.5	7.5	5.4	4.3
法国	7.5	7.5	7.1	4.8
意大利	5	6	5.6	4.0

注：2002 年，中国占世界出口的 5.11%，超过法国、英国、意大利，排行世界第四。

因此，与其他工业化国家特别是与欧洲伙伴国家进行贸易往来变得尤为重要。然而，整个欧盟地区的国际收支平衡十分不稳定，法国贸易也只在最近才变成了顺差。2002 年，15 个欧盟国家中的 6 个依然保持着贸易逆差，分别是：德国[①]、荷兰、意大利、爱尔兰、芬兰以及奥地利。这些国家的贸易逆差通常是由于国内生产力无法从数量以及质量上满足消费需求，某些类别的产品必须大量依靠进口，比如，荷兰的农产品、纺织品、鞋、家具，意大利的家电用品、爱尔兰的牛肉、芬兰的木浆。大体来说，如果法国与欧盟国家的贸易为顺差，那主要归功于与英国开展贸易，其中部分原因在于从北海[②]进口的石油价格下跌；同时也归功于法国与希腊、葡萄牙、西班牙贸易来往带来的顺差，自从这些国家加入欧洲经济共同体后，它们就越来越依赖从法国进口货物。

如表 9 – 2 所示，法国与 OECD 成员国的贸易往来主要是涉及与美国、日本的贸易关系。法国与美国之间一直处于贸易逆差地位，仅仅存在少数例外，如 1985 年左右，美元的升值让法国减少了来自美国的进口量；2002 年，在全球贸易收缩的背景下，法国保持了不大的贸易顺差。法国与日本之间，法国的贸易逆差则更让人不安。一些年间，法国与日本之间的贸易逆差甚至超过了法国与美国间的逆差。一个极为反常

[①]　自 1949 年德意志联邦共和国成立以来，德国一直为贸易逆差，除了在 1993 年的时候，由于法国经济衰退，加上德国已经重新统一，德国才恢复到贸易顺差。
[②]　北海油田位于欧洲大不列颠岛、挪威和欧洲大陆之间，所出产的石油为沿岸英国、挪威和荷兰等国所享有。——译者

的现象是,对于法国来说,日本仅是第九大贸易国。之后法国与第十大贸易国中国的贸易与日本情况相同。由此,与石油危机时期通常讨论的论题相反,法国各种对外贸易中的突出问题既不在于与石油国家的贸易,也不在于与第三世界国家之间的贸易。不论从经济角度,还是从地理学角度,最令法国不安的、最具影响力的困扰,都源自于遥远的地区。

表 9-2 　　　　　　与 OECD 主要国家之间的贸易差额

	1973 年	1982 年	2002 年
德国	-1.0	-5.8	-8.9
比利时—卢森堡	-0.1	-1.0	+2.1
西班牙	+0.2	-0.7	+8.3
美国	-1.0	-3.9	+0.1
意大利	+0.6	-0.7	-0.05
日本	-0.1	-2.0	-4.9
荷兰	-0.2	-2.1	-2.5
英国	+0.4	-0.3	+9.6

注:"+"表示贸易顺差,"-"表示贸易逆差;单位为十亿欧元。

2. 国际收支的其他组成部分

贸易收支仅仅是国际收支的一个因素,随着第三产业的全球发展,计算贸易收支对评估一个国家的经济表现影响越来越小。

近 30 年来,服务贸易成为法国对外贸易的活跃因素。服务贸易顺差对冲了部分货物贸易逆差,自 1973 年来,货物与服务贸易仅相差 6 倍,而整体贸易逆差却是 19 倍。服务出口是一个强大因素,法国在服务贸易领域排行世界第四。法国在石油勘探、公共工程、航空运输领域表现抢眼,但在海洋运输、专利、版税以及保险服务方面却依旧是贸易逆差状态。考虑到欧洲条款减轻了对一些经济活动的管理力度,美国通过多边协商领导了关税及贸易总协定,1986 年之后又领导了世界贸易组织,给法国带来了美国开放式发展压力。现如今,法国仅限于对石油生产国保持一定的出口优势,这使得法国实现国际收支平衡更具不确定性。对于法国来说,不能只依靠优势产业平衡国际收支,因为这些产业并非完全自主，而是仅与货物贸易联系更为紧密。

移民的阻碍、失业的蔓延、薪资的缩减，一度限制了法国的资金与劳动力流通，削弱了政府财政支出的增长。自 20 世纪 80 年代中期以来，法国不但要以延缓债务等形式援助发展中国家，还是欧洲预算的最主要净贡献者。这些因素导致法国必须增加财政支出。资本收支逆差时常抵消了服务贸易带来的顺差部分，就如同 1984 年以及 1987—1988 年所发生的一样。

货物贸易收支、服务贸易收支、资本流通收支三者代数求和得的数量，经过统计拟合后就是国际收支。1959 年之前，法国通常是贸易逆差，尤其是 1945—1948 年，1951—1952 年，1956—1958 年。在 1959—1973 年间，法国基本上一直处于贸易顺差，除了 1964 年（运用平稳经济计划对抗经济过热）以及 1968—1969 年五月风暴时期（由于经济增长过缓导致的学生罢课、工人罢工运动）。然而，自 1973 年起，发展历程开始变得曲折。第一次石油危机之后，法国花了 4 年时间才得以恢复国际收支平衡①；第二次石油危机之后，法国足足花了 7 年时间才重新找回国际收支平衡；直到 1992 年才终于回归到贸易顺差状态。

近些年来，法国资本流通历经艰难。虽然法国同所有工业大国一样是资本净输出国。很长时间以来，法国资本持续对外输出，尤其是在法国经济紧缩特殊时期以及政策恐慌时期，为了支持出口，为了企业对外直接投资，为了企业更好渗透海外市场，在海外拥有比在法国更低廉的生产成本，为了方便个体购买海外证券，法国的银行纷纷向出口企业提供贸易信贷。

然而，近些年却出现了与之相反的趋势。从长期来看，法国企业有时不得不依靠国外资本作为投资来源，法国因此多次成为资本净流入国，这种情形主要发生在 1982—1984 年以及 1987—1992 年。一些大型国有企业，例如法国电力公司、法国燃气公司、法国国家铁路公司，甚至是一些私有企业，例如法国圣戈班集团、阿尔卡特—阿尔斯通公司，都将股票市场作为融资的主要途径。

为了给客户带来便利，银行增加了各种以外汇标价的交易。同时，为了满足法国政府促进就业、保持地区经济活力的需求，许多国外企业

---

① 国际收支平衡指一国国际收支净额即净出口与净资本流出的差额为零。——译者

纷纷选择法国作为它们直接投资的对象。1990年后，由于欧洲内部资本流通阻碍消除，欧洲证券交易得以迅速发展。不过，相对低估的巴黎证券市场还是吸引了不少证券经纪人在此购买证券。这样的资本输入在一定程度上说明了国民经济的衰弱，因为长期来看，资本输入并非总能带来资本与金融收支顺差。

法国的服务贸易收支在1983年开始处于逆差状态。这个现象具有重大的历史意义，因为自1830年起就从未发生过！这意味着法国这个从前的食利者，虽然如今向海外输出越来越多了，却没有收到自己应当在海外获得的利润。即便如此，1985年之后，法国的对外投资还是远远超过了外国对法国的投资（1995年除外），对此我们也无法忽视一个问题，那就是法国对外财政状况堪忧的现象曾经持续了大约15年之久。

在国际收支结算时，相比其他国家，外汇头寸规模增大往往会削弱法国经济利益。于是商业银行就不得不在外汇交易市场上寻求借款，由法国国库以国家名义达成国际借贷。需要指出的是，法兰西银行在必要时会动用外汇储备或者借贷外汇，主要通过与国外银行达成的互换协议进行交易。

从以上方面来看，法国对借贷的极度依赖导致了对外财政困境，更削减了国家财富。此外，这让有序地求助于外国资本变得更加困难，因为先前已经存在的借款让潜在的借款人缺乏信任，并犹豫到底要不要放出借款，或者设定高额利息。所有这些因素都导致法国国内决策者谨慎制定财政政策，对外借贷因而变得更加隐蔽，经财部只会或多或少放出一部分中规中矩的外债数据。

第一次石油危机之前，法国的外债小到几乎可以忽略不计，但在20世纪80年代初期，法国外债多次增加，主要还是因为当时货币管理局为了维护法郎在外汇市场的地位，选择了借贷外债。不过，至少在理论上，这些外债通过与法国所持海外当地债权互抵，基本上都清偿完了。留下的主要是与清偿能力不足的第三世界国家、前社会主义国家之间的互抵债务。总体而言，法国还是有能力避免外债危机的。与第四共和国后期相比，法国目前的外债情况好得太多。如今法国外债状况不像其他工业大国那样糟糕，只是丧失了在1959—1967年间取得的优势而已。此外，法国的对外经济关系并未造成经济不稳定，反而是促进了其国际影响力的形成。

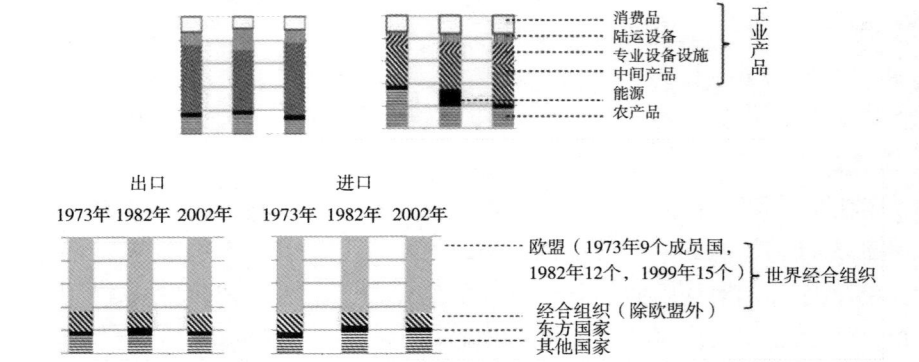

图 9-1　全球主要经济体对外贸易份额

表 9-3　　　　　出口额比进口额（到岸价/离岸价）　　　　　（%）

产品种类	1973 年	1982 年	2002 年
农产品	108	116	128
能源	15	12	34
工业产品	106	102	106
中间产品	86	101	98
专业设备设施	98	109	115
陆运设备	198	140	130
消费品	120	80	91
总和	96	83	101
地理区域	1973 年	1982 年	2002 年
OECD	97	79	102
欧盟（1）	97	82	104
OECD（除欧盟外）	96	73	95
OPEC	45	55	89
东方国家	125	68	119
其他国家	112	125	96
总和	96	83	101

(1) 欧盟 1973 年和 1982 年为 10 个成员国，2002 年增加到 15 个

表 9-4　　　　　　　　　国际收支差额　　　　　　　（十亿欧元）

	1974 年	1978 年	1982 年	1986 年	1990 年	2002 年
贸易收支	-3.5	+0.05	-15.6	-2.9	-10.7	+10.1
商品与服务收支	-1.2	+7.1	-7.5	+7.3	-0.2	+28.8
经常账户收支	-2.8	+4.8	-12.1	+2.5	-7.0	+27.5
长期资本收支	-0.3	-2.3	+1.2	-8.2	+8.6	-30.3
短期资本收支	+0.3	+0.9	+2.1	+3.5	-15.4	-14.9
外部资金变化量	+0.03	-4.1	+19.6	+1.4	+13.7	-4.2

表 9-5　　　　　　　　　主要非商业交易　　　　　　（十亿欧元）

	1982 年	1986 年	1990 年	2002 年
服务业				
贸易服务交易	-1.8	-0.5	-1.9	+0.6
技术交易	+0.4	+3.9	+2.4	+1.4
利息与分红	+0.05	-0.5	-1.5	-7.9
旅游	+1.8	+3.4	+6.4	+13.6
单边转移				
劳动力转移	-2.1	-2.0	-1.6	-5.3
公共转移	-2.6	-3.0	-4.5	-9.6
长期资本交易				
贸易信贷	-4.6	+0.3	+1.1	无
授权贷款	-0.3	-7.4	-1.0	+11.7
直接投资	-1.5	-2.6	-15.0	-11.7

二　回归平衡的条件

1. 无济于事的政府干预

法国政府在制定合适的对外贸易政策道路上任重而道远。自从 1974 年对外贸易部设立以来，仅在该部门的任职人员就几经变动。该

部门制定的对外贸易政策当然也起过成效，比如在雷蒙·巴尔①升职到总理之前，他担任对外贸易部部长时的政策就一定程度上促进了对外贸易，尽管也时常为人诟病。银行有限的金融资源限制了出口信贷。为了促进对外贸易，银行甚至求助于法兰西银行。1976年后，OECD颁布《准则》，禁止银行违反有关条款——向不同产品的外国购买者提供最低信贷。在欧洲共同市场②之外的市场上，各类有碍自由竞争的直接或间接性预算补贴都将受到欧洲法院的处罚，这些行为也受到了来自贸易竞争国的密切监督，特别是来自美国的监督，例如美国就十分及时地调查了钢铁、交通设备、农产品的倾销。其实法国为了促进出口，早就建立了各种各样的相关机构，比如法国食品协会（致力于法国农业食品领域的推广）以及法国外贸中心，这些机构都往海外派遣了贸易顾问。可惜的是，他们并不知道如何弥补出口活力的缺失，更不知道如何在海外市场更好地扩大产品销路。以上类似致力于发展外贸的机构通常由职业联合会或者银行创办，但这些外贸机构实际上仅仅涉及法国1/4的贸易活动，而在西北欧各国，这个比例达到了30%—40%，在日本则高达50%。另一方面，政府干预尤其在与第三世界国家、前社会主义国家的商贸关系上起到了决定性作用。

问题在于，贸易保护主义真的能对限制进口并防止资本外流起作用吗？在关税方面，法国自1959年起取消了贸易保护政策。如今的国际竞争无疑充斥着不太正当的合作关系，一些国家设立非关税的贸易壁垒，一些国家则享受着低劳动力成本的绝对优势。即便如此，重拾贸易保护政策不仅是法国违背国际承诺的体现，也会威胁到法国自身经济的发展。现如今，一旦法国禁止进口，人们的生活水平就会大大降低，生产设备升级也将遇到重重难题，汽车、航天航空等产业的工作员工将即刻失业，因为正是这些产业让法国一半以上的生产成果得以出口。如果采取贸易保护政策，那么将无法避免来自利益受害国家的各种报复。

事实上，资本流通比货物进口受到法国法律约束的时间更长。外汇

---

① 雷蒙·巴尔是法国政治家，1972年前曾担任欧共体委员会副主席，1976—1981年在吉斯卡尔·德斯坦总统手下担任总理和经济与财政部长。——译者
② 欧洲共同市场一般指欧洲经济共同体。——译者

管制部门从1939年的设立到1990年欧洲开始实施资本自由流通期间一直发挥着管制作用，只有1959—1968年除外。该部门旨在规范所有对外金融交易，例如：1986年前国库授权的直接投资；由于外汇证券机制受到管制，外国证券仅在法国本土进行出售交易，这就导致购买者只能在有限的市场上获取所需外汇或证券；外汇交易限制让人们难以承担出国旅游的费用；1982—1986年，在欧洲范围内第二住房的购买也遭到了管制；1989年3月以前，为了避免对法国货币进行投机买卖，法国禁止给非法籍居民发放以法郎标价的信贷。为了防止在兑换法郎过程中的时间延误可能会造成的货币贬值，法国政府更是严格控制了个体、企业对外汇的持有时间。

然而，上述所有措施从未成功地将处于国际收支经常账户逆差的法国从货币贬值中拯救出来。因为这些措施其实存在不少弊端，它们不仅限制了法郎的国际化进程，还导致巴黎证券市场与世界重要金融市场脱钩，甚至时常与促进外贸的本意相悖。而实质上，各个国际收支平衡的组成部分关系紧密，并不能彼此孤立开来。要知道，海外的销售网络、海外的分公司是为了让法国工业集团增强世界影响力而建立的，然而为防止外汇流出而阻碍对外投资这个举措却极大地限制了未来的潜在出口能力。人们最终发现，法国政府已经逐渐地意识到外汇管制的危害性，并且已经撤销了管制。作为其中主要受益者，法国企业可以自由地支配所持外汇，可以根据其自身需求向外国机构申请银行信贷。

2. 货币贬值的不确定性

虽然法国货币在外汇市场上遭遇贬值，不过货币贬值一定程度上能够促进出口、制约进口。从理论上看，以下措施带来的影响是相同的。要么货币管理局通过制定新的货币平价使货币贬值；要么就像经过1971年第一次美元贬值之后的美国一样，以善意忽视的态度让货币在外汇市场上以低价浮动。然而不论采取哪种措施，只要进口制成品以及来自国外的生产材料的法郎价格上涨，国内物价就会出现上涨的趋势。反之，待出口商品的法郎价格却没有增长得那么快，因为国内的出口商根据货币贬值率按比例调低了以外国货币标价的商品价格。如此一来，一方面货币贬值加剧了外债风险，另一方面，由于出口总值增长慢于进口总值增长，法国国内面临着通货膨胀的压力。

不过从中期来看，货币贬值利大于弊。一方面，愈加高昂的进口价导致进口规模缩减，因为只要国内还有一定的生产资料储备，生产商就能够生产出外国产品的替代产品。由于外国客户更加青睐价格下跌的法国产品，法国的出口商们接到的国际订单将会逐渐增加。但是，在汇率剧烈波动的情况下，出口商就不得不反复审核价格，同时外国客户也对价格波动变得极为敏感。当出口总值增加，进口总值减少时，贸易逆差也就消失了。另一方面，国内通货膨胀压力也随之减轻，尤其是当局采用紧缩性财政政策①的时候。因为资源需要满足出口，国内内部的需求就被压缩了。反之，国内飞速上涨的物价不仅会损害出口竞争力，也会妨碍货币贬值发挥它对贸易效应的促进作用，从而导致贸易往来减少甚至消失。

在起初经历递增的贸易逆差不久，法国又基本回归到了贸易平衡状态，随后实现了贸易顺差，这就是著名的"J"形曲线效应。然而，20世纪70年代初期之后，法郎两度通过在外汇市场上以低价浮动的方式进行贬值，却没有对贸易产生什么显著性影响。而1958年财政部长比内②时期的货币贬值却为法国带来了5年之久的贸易顺差，1969年8月财政部长吉斯卡③时期的货币贬值也让法国保持了4年的贸易顺差。即便如此，法郎第一次脱离欧洲货币蛇形浮动体系④（1974年1月—1975年7月），让法国实现了1976年的贸易逆差最低纪录；第二次脱离该体系（1976年3月—1979年3月）仅仅在1978年给法国带来了十分短暂的贸易顺差，随后的第二次石油危机让法国的贸易顺差迅速消失了。在欧洲货币体系下，法郎兑德国马克平价经历了4次调整，法郎分别贬值了8.5%（1981年10月），10%（1982年6月），8%（1983年3月）

---

① 紧缩性财政政策指通过增加财政收入或减少财政支出以抑制社会总需求增长、减少货币的流通量的政策。——译者

② 安托万·比内在1958年6月1日—1960年1月13日内担任法国第五共和国财政部长。——译者

③ 瓦勒里·吉斯卡·德斯坦在1969—1974年担任法国财政部长。——译者

④ 西欧共同体各国在布雷顿森林体系面临危机时，为维持一个相对稳定的货币区域而建立的在成员国相互之间保持固定汇率，对外共同实行浮动汇率的一种汇率制度。——译者

和 6%（1986 年 4 月）。资料显示，这 4 次法郎对德国马克的贬值并没有对法德贸易产生任何影响，姑且抛开法国整个对外贸易形势不说，仅与德国相比，法国仍处于贸易逆差状态，难以回到贸易平衡已成既定事实。

其实，货币贬值产生的影响是由多个因素共同促成的，因此脱离理论是常有的事情。从 20 世纪 70 年代初期开始，法国好几次的经验就证明了这一点。1972 年后，根据《巴塞尔协议》，在欧洲货币蛇形浮动体系监管下，法国的汇率浮动受到限制，不再可以自由选择货币贬值幅度。除非退出该体系，法国才有机会与每个协议国重新商讨制定汇兑平价。然而，没有一个国家会欣然同意免费给予别国贸易优惠，各国通过观测外汇市场上自发趋势，尽量制定公平公正的新汇兑平价。1993 年后，欧洲各国货币的浮动幅度理论上是 ±15%，但实际上，为了维持紧缩货币政策，法国并没有遵守这个浮动范围，而是致力于将法郎控制在较小的浮动幅度，尽可能地接近德国马克。1998 年 12 月起，《马斯特里赫特条约》开始生效，欧元的出现让欧元区内的各货币汇兑平价固定不变，也让欧元区内任何货币贬值成为不可能，不过成员国政府首先有必要修订欧元与其他主要货币比如美元、日元的汇兑平价。

其次，法国对外贸易结构使货币贬值变得劳而无功。由于国内生产力不足，法国无法生产出进口产品的替代产品，不论进口产品价格高低，都要依赖进口才能满足国内需求。例如来自德国的机床，来自美国的电脑，来自日本的磁带录像机，这些产品还都价格不菲。无论是短期还是长期来看，生产这类产品的法国企业都无法完全满足国内需求。在出口方面，相关出口产品能在货币贬值的时候寻求出口利润。以外币标价的价格保持不变，而以本币标价的产品价格上涨，出口商们并不寻求在海外市场以正当低价提高出口规模，反而更倾向于出售以本币标价的产品，因为本土市场上价格越高，带来利润也会更多。所以货币贬值只是暂时的利好消息，但并不能有效地促进出口。

最后一点，近些年来，通货膨胀机制与货币贬值联系愈加紧密。由于开放式经济的发展，生产过程中越来越需要更多的进口原材料，这就导致了生产成本的提高。随着物价指数化的普及，某些行业的价格上涨更容易蔓延开来，这种情况一直到 1982 年 6 月紧缩经济政策的实施才得以结束。这些消极影响也并非总是由相应的经济策略所致。这些经济政策往往很无力,甚至有时连应对措施都没有。例如在 1975 年和 1981 年的时候,法国决定依靠贬值法郎找回贸易平衡,复兴经济。

在法国国内或者欧洲的框架下,所有货币贬值政策导致的结果都很不乐观。为解决贸易逆差问题重新调整货币,又或者政府直接干预对外贸易,在现在看来似乎都是徒劳。即便在短期内效果显现,但从更长远来看,主要趋势还是没有被改变。为了能让法国经济达到提升其国际竞争力的需要,货币更应服务于经济政策。

3. 服从外部限制

要想成功应对竞争对手,一国经济要么听任经济自行调节,要么借助适当的宏观政策。

控制好通货膨胀是对外取得成功的重要组成部分。任何持久的国内物价上涨只要价格高于竞争国,都会减弱本国竞争力,导致投机性资本外流,促使外汇持有者在等待货币重调时不再将外汇兑换成法郎。这样一来,法国的通货膨胀率将不利于与主要贸易伙伴国特别是德国进行贸易来往。一直持续到最近的不利通货膨胀率是导致外贸困境的罪魁祸首。通货膨胀压力上涨时期通常同时也是进口渗透加深时期,是世界市场份额相对减少的时期,还是国际收支经常账户亏损加剧的时期。

从这一点来看,对外部限制的屈服会牵扯一系列经济政策,就像通货膨胀涉及许多机制一样。不但遏制通货膨胀后的盈亏差额总是不太稳定,面对经济复苏时的政策也必须保持警惕。因此,在 1976 年、1982 年和 1986 年,法国需求量的三次增长相较于其余的工业化国家而言更加激烈,不仅减少了法国的进出口规模,还阻碍了贸易平衡的重建。不协调的需求是贸易逆差的重要原因,尤其是在面对德国的时候。当德国国内需求比法国的增加得更快时,法国的净出口会随即增加。1979 年,德国施密特总理推进经济复兴计划,德国国内总需求增长了 5.4%,而法国增长了 4.2%,法国对德国出口总值占其从德国进口总值的 87%,这个比值达到了过去 20 年的最高水平。1991 年,由于两德统一的促进作用,德国的经济增长是法国的 5 倍(3.6% 对 0.7%),但法德贸易几乎保持均衡。反之,当法国居民消费不断增长时,德国却在减少,就如

1980—1982年间（+5.2%对-2.1%），法国对德国出口总值与从德国进口总值的比值出现下降，该情况实则对法国不利，例如1982年该比值降至65%。历史教训显而易见，法国最好不要制定与其他工业化国家脱钩的经济政策，不然就会有重新经历严重的国际收支失衡的风险。

对竞争力的研究也要通过监测出口价格，不过监测更多的是绝对价格，而非年均增长幅度。绝对价格取决于生产因素的成本，例如劳动力薪资、能源与原材料价格、设备成本、利息等。在主要竞争国当中，法国的薪资位于中等平均水平，因为如果社会分摊金比重高于其他国家的话，劳动力时薪通常就会较低一些。一些突出问题在其他方面也存在，从20世纪70年代后期开始，法国的实际利率比其他国家都要高，法国企业受到巨额借贷成本的限制。法国企业也没有享受到减少能源成本的优惠政策，根本原因在于法国能源政策的主要成功以及核电计划并没有促使当时的电价大幅下降，同时其他能源又主要是从世界市场进口而来。总体而言，法国的生产成本相对高昂，但相对较高的生产率原则上也的确弥补了这一点。然而，微弱的利润在很长时间里无法让企业在出口这条道路上走得很远。如果企业想要重建股东权益，急于减少债务，它们只能频繁地将增加的生产成本转嫁到售价上。当然企业没有长期坚持出口方式也涉及其他因素，比如人们曾经常指责的法国企业的经理。对于这些经理们来说，当法国国内市场收缩时，出口只不过是出售公司生产成果的重要方式而已，然而，当国内市场扩大时，他们通常就会摒弃出口这种方式。出口并不是外国客户主动要求的结果，也不是针对外国客户销售的结果，而只是将剩余产品出口的行为。当然，所有的一概而论都是夸大其词。但这方面的历史遗留问题依然十分沉重。法国企业家习惯了在市场中受到保护，并不寻求将工业利润压缩到足以争取更多消费者的程度。

什么是国际收支？

国际收支是一个每年用对应等值本国货币金额记录一个国家与其他国家间所有外汇收入与支出的账目，无论是贸易方面、金融方面抑或是货币往来方面，国际收支分为三个部分差额。

"贸易差额"即出口总值与进口总值之间的差额。在法国，估计贸易流量的方法有两种：

第一种是海关的统计数据。经过边境时，进口需以到岸价登记在案（到岸价包括成本、保险、运输费），该价格也包括法国购买者需支付的进入国家领土的运费。出口则在货物离开国家领土时以离岸价予以清查登记，该价格除去了外国客户所需支付的运费，因此进口值会被估算高于出口值。

第二种是国际收支。运费即服务费，当进口商运输货物或者通过外国公司为他们的货物投保时，又或者当法国运输、保险公司为外国公司提供服务时，无形收支账目就记录了这些收支。因此进口和出口都以离岸价进行估值，其中除去5%的进口货物包干费（或称"国内费用"）。另外，对于法国本土与法国海外领土、海外省份之间的贸易来说，修正海关统计数据尤其必要。还有，海关总署下的对外贸易在计算国际收支时是被排除在外的，因为这些交易不以外汇结算。不过，法国海外领土、海外省份与国外之间的贸易来往需要重新记入海关收支账目中，因为是由法国来支付利息费用的。

以10亿法郎为单位，1994年的国际收支就体现了这些估值方法的不同之处。以到岸价—离岸价（+270亿）为标准，法国处于微弱的贸易顺差状态，如果将武器装备算入其内（+320亿），法国的贸易顺差就会更多；但以离岸价—离岸价为标准，贸易顺差就增加到了380亿法郎，加上武器装备贸易的话就达到了440亿法郎。

无形收支包括：

——服务交易，也就是说非物质商品的购买与销售

商业运费（运输和保险）

重大工程和技术合作（房建公司、工程公司、勘探公司缔结的合同）

企业管理服务（司法建议，广告，信息技术工程）

旅游支出

知识产权收入（购买与出售开发许可证，专利版权）

资本收入：向海外提供借贷所得利息减去需向海外偿还利息；持海外证券的本国公民所得收益减去需向本国证券外国持有者支付的收益。

——单边转移：有形商品、服务、信贷授予方面，向海外支付或海外支付给本国非直接交换式交易的数目。

可以发现，主要是外国工作人员向原籍国的汇款，还有政府向国际组织的付款，以及向其他国家提供的发展援助款项。

资本收支：

——短期资本（短于1年）。基本上是以不同地方利率以及货币稳定性决定，或者受业务员估值影响的浮动资本。

——长期资本（长于1年）

——在海外的直接投资或证券投资（外汇流出），反之，国外对内投资即外汇收入

——商业信贷借出或者银行向海外提供借贷（外汇流出），商业信贷借入或从国外银行借入贷款（外汇收入）

每个部分的收支都得出一个差额，其中包括：

——国际收支经常账户差额[①]，即贸易差额加上无形收支差额。顺差表示整一年的交易得到的是外汇净收入，得以支持能够带来未来利润的长期资本长期流出，因此就能以资本收入的形式带来新的外汇收入。对于一个工业化国家，这是再"正常"不过的情况了。不过，逆差意味着需要向海外申请借贷，发展中国家就是其中的例子。

国际收支总体差额即经常账户差额与资本收支差额的代数和。在金融机构结算时计算而得，国家外汇变化量也因而得出：

——当国际总体差额为逆差时，国家向海外出让一部分外汇储备或者向外海借贷所需外汇。外汇资产因此增加，外国所持债权增加，这是一个不利经济的征兆。

——当国际收支总体差额为顺差时，国家积累外汇储备或者偿还债务。外汇资产因此减少，外国所持债权减少，是经济利好消息。

因此，经过构建对称的国际收支账目，外汇变化量与总差额相抵。

[①] 国际收支的标准组成是经常账户、资本和金融账户。其中经常账户包括：货物（一般货物、用于加工的货物、货物修理、运输工具的采购、非货币黄金）、服务（运输、旅游、保险、金融、版权、专利使用费等）、收入（职工报酬、投资收入）、经常转移（除固定资产所有权的转移、与固定资产联系的购买或放弃为条件的资金转移、债权人不要回报的债务取消等之外的其他转移，如保险费、侨汇等）。——译者

有人指责说，法国市场规模太小。与美国企业不同，法国企业没有从事大规模生产，因而也不具备规模经济优势。无论扩大销路，还是降低生产成本，也许只有足够大的欧洲市场会促使法国经济产生明显的好转。但到头来，法国的企业规模还是不够大，比起世界其他竞争国，法国企业还是处于不利的地位。在法国前 20 个出口总值最高的企业中，只有大集团的规模能与欧洲甚至世界合作商的规模相提并论，这一点早在 20 世纪 60 年代时期就已经是事实了。

国际专业化是一国各产业适应外部限制，以获取更多利润的衡量指标。法国各产业国际专业化水平分化严重，表现在每个重要的产业内部分支优缺点并存。优势行业中，产品的出口比进口多得多；而在劣势行业中，产品的出口完全低于进口。在电器及专业电子技术方面，电话设备、探测设备的优良成就与信息处理设备的不足程度基本持平。在纺织业、服装业方面，女装成衣业发展良好，但在男装成衣业与针织品业方面，外国渗透问题严重。然而，法国这样的国际专业化过于细化了，与世界大出口商的专业化之间存在着较大的差别。如此细化的专业化阻碍了法国有效地重振出口。法国政府只要刺激出口，行业内部的相互依赖性必将引发进口的再次增加。

那么，产业政策难道不是造成这种情形的部分原因吗？几年来，法国各大企业一直都在探寻可以立足的、充满希望的、有利可图的新市场，这毋庸置疑给各企业带来了一些希望和力量。在农业方面，法国政府催促欧洲伙伴国家建立共同农业政策，包括首先满足主要基础农产品的需求，但却忽略了对农食加工业创造附加值。毫无疑问，之前的衰弱经历早已证实，法国的产业政策选择对整体前景来说也许毫无意义，但却可能会对控制贸易逆差发挥重要作用。与其他行业相同，农业内部的相互依赖性十分复杂。由于法国出口结构组成略显糟糕，连连遭遇竞争困境。盲目的经济政策导致盈亏差额更加不稳定，不过，对于一些重要产业来说，法国的经济政策还是带来了十分可观的利润。

编 年 表

时间	政体	多数党	总统	政府首脑	经财部长	经济政策
1944	临时政府	三党联合		夏尔·戴高乐	勒内·普利文	法郎贬值
1945						国有化改革；建立社会保险制度；恢复配给制—货币贬值
1946						国有化改革；印度支那战争开始
1947	法兰西第四共和国	第三力量政党	朱尔—樊尚·奥里奥尔	保罗·拉马迪埃	罗伯特·舒曼	莫内计划—马歇尔计划；罢工浪潮
1948				罗伯特·舒曼	勒内·梅耶	抗击通货膨胀、货币贬值；多重改革；罢工浪潮
1949					莫里斯·佩切	货币贬值；终止配给制；工业生产恢复至1938年水平
1950				亨利·克耶		建立最低工资保障；建立欧洲煤钢、原子能共同体；发动朝鲜战争
1951						
1952		中右派政党	勒内·科蒂	安托万·比内	安托万·比内	抗击通货膨胀
1953				约瑟夫·拉尼尔	埃德加·富尔	公共部门罢工浪潮；布热德运动
1954				皮埃尔·孟代斯—弗朗斯		首创增值税；发动阿尔及利亚战争
1955				埃德加·富尔	皮埃尔·弗林姆兰	工业开始向外省转移

续表

时间	政体	多数党	总统	政府首脑	经财部长	经济政策
1956	法兰西第四共和国	共和党阵线	勒内·科蒂	居伊·摩勒	保罗·拉马迪埃	带薪休假延长至3周
1957				费利克斯·加亚尔（1957年11月6日—1958年5月14日）	费利克斯·加亚尔	货币贬值；抗击通货膨胀；签署《罗马条约》
1958				夏尔·戴高乐（1958年6月1日—1959年1月8日）	皮埃尔·弗林姆兰	货币贬值；建立法郎可兑换机制；建立吕埃夫—阿尔芒委员会
					安托万·比内	
1959	法兰西第五共和国	戴高乐主义	夏尔·戴高乐	米歇尔·德勃雷	威尔弗里德·鲍姆加特纳	开启共同市场
1960						发行新法郎
1961						
1962				乔治·蓬皮杜	瓦勒里·吉斯卡·德斯坦	阿尔及利亚战争结束—生活在阿尔及利亚人涌入法国；农业结构性改革
1963						煤矿工人罢工；开始稳定经济计划
1964						
1965						停止稳定经济计划；建立财政抵免制度
1966					米歇尔·德勃雷	
1967						建立全国就业办事处；颁布社会保障制度
1968				莫里斯·顾夫·德姆维尔	弗朗索瓦—沙勿略·欧托里	格勒奈尔协议；欧共体达成关税同盟；恢复外汇管制
1969						

续表

时间	政体	多数党	总统	政府首脑	经财部长	经济政策
1970	法兰西第五共和国	戴高乐主义	乔治·蓬皮杜	雅克·沙邦—戴尔马	瓦勒里·吉斯卡·德斯坦	带薪休假增至四周；货币贬值
1971						试行合同工资制
						美元第一次贬值
1972						欧共体从6国增至9国
1973				皮埃尔·梅斯梅尔		第一次石油危机；贸易与手工业指导法规保护中小企业从业人员
1974		共和党	瓦勒里·吉斯卡·德斯坦	雅克·希拉克	让-皮埃尔·富尔卡德	实行经济降温计划；法郎脱离欧洲蛇形浮动体系
1975						重振经济计划；1945年后第一次工业减产
1976					雷蒙·巴尔	法郎再次脱离蛇形浮动体系；物价冻结，失业人数达百万
1977				雷蒙·巴尔		钢铁工业国有化；价格逐渐自由变动；11月美元兑法郎汇率达到最低点
1978					勒内·蒙诺里	第二次石油危机；欧洲货币体系建立
1979						
1980						
1981		左派联盟	弗朗索瓦·密特朗	皮埃尔·莫鲁瓦	雅克·德洛尔	国有化改革，重振经济；货币贬值
1982						每周39小时工作制；货币贬值；物价冻结；薪资冻结
1983						货币贬值；财政紧缩政策；石油价格下跌；失业增至200万
1984						建立失业保险体制
1985		社会党		洛朗·法比尤斯	皮埃尔·贝雷戈瓦	美元汇率达到最高点；石油产品价格自由浮动
1986						西班牙、葡萄牙加入欧共体；私有化改革；石油价格暴跌
1987		保卫共和联盟+民主联盟		雅克·希拉克	爱德华·巴拉迪尔	工业产品贸易逆差；股票暴跌，12月份美元兑法郎汇率创新低
1988						工业产量增长迅速；设立失业保障金

续表

时间	政体	多数党	总统	政府首脑	经财部长	经济政策
1989	法兰西第五共和国	社会党	弗朗索瓦·密特朗	米歇尔·罗卡尔	皮埃尔·贝雷戈瓦	
1990						石油价格暴涨
1991						经济衰退
1992				埃迪特·克勒松		实现贸易平衡；签署《马斯特里赫特条约》
1992				皮埃尔·贝雷戈瓦	米歇尔·萨潘	开放欧洲共同市场；经济衰退，失业人数达300万；欧洲各国货币汇率波动幅度增大；私有化改革计划
1993		保卫共和联盟+民主联盟		爱德华·巴拉迪尔	埃德蒙·阿尔方德里	达成关税及贸易总协定（乌拉圭回合）
1994						
1995						退休养老金改革计划；社会危机；欧盟由12个成员国扩大到15个
1996			雅克·希拉克	阿兰·朱佩	让·阿尔蒂	经济复苏；40年来通货膨胀到达最低水平
1997		社会党		利昂内尔·若斯潘	多米尼克·斯特劳斯—卡恩	每周35小时工作制
1998						开始向欧元过渡
1999						股市价格下跌；失业率低于10%
2000					洛朗·法比尤斯	欧元正式代替法郎；石油市场价格紧绷；股市萧条；经济增长放缓
2001						
2002						
2003		人民运动联盟		让-皮埃尔·拉法兰	弗朗西斯·梅尔	欧盟中止对法、德巨额财政赤字的制裁